Reisewege durch die

B r e t a g n e

Louise-Marie Tillet

Reisewege durch die Bretagne

Calvaires und romanische Kirchen

zodiaque · echter

Umschlagbild: *Der Calvaire von Tronoën.*
Umschlag-Rückseite: *Saint-Duzec en Pleumeur-Bodou, Menhir mit christlichen Symbolen.*

Aus dem Französischen übersetzt von Luisa Lässig

Alle Fotos: Zodiaque

Satz, Druck, buchbinderische Verarbeitung:
Echter Würzburg, Fränkische Gesellschaftsdruckerei und Verlag GmbH.
Die Bildseiten lieferte Zodiaque.
ISBN 3-429-01186-8

Inhalt

Einleitung

Wenn die Bretagne auch hauptsächlich durch ihre Strände und felsigen Küsten bekannt ist, so sollte man darüber nicht vergessen, daß das »Armor«, das Land des Meeres, in das »Argoat«, das Land des Waldes, übergeht, in jenes nicht nur an Wäldern, sondern auch an schönen Landschaften, Kulturdenkmälern und Traditionen reich gesegnete Binnenland.

Diese »Reisewege« wollen dem Besucher jene Aspekte einer wenig bekannten Bretagne erschließen, deren sakrale Kunstwerke – Kirchen, Kapellen, Calvaires und Kreuze – besonders reich und ursprünglich sind.

Aus ältester Zeit sind megalithische Monumente erhalten: Menhire, Stelen und Dolmen. Römer und Gallorömer haben eine Fülle von Spuren hinterlassen. Seit dem 5. Jahrhundert unserer Zeitrechnung siedelten sich in »Armorika« Gallier und Einwanderer aus dem britannischen Cornwall an, die vor den Invasionen der Angelsachsen geflohen waren, und gaben dem Land, das sie aufnahm, schließlich ihren Namen: »Kleinbritannien«.

Etwas später trafen irische Mönche auf der noch recht spärlich besiedelten Halbinsel ein, um sowohl ihre Landsleute seelsorgerisch zu betreuen als auch die Urbevölkerung zum Christentum zu bekehren. Sie fanden hier Stätten der Stille und der Meditation, an denen ihre Schüler sie aufsuchten, und gründeten auf den in den Flußmündungen gelegenen Inseln kleine Klöster, bevor sie sich auf dem Festland niederließen, um dort in größerem Umfang klösterliches Leben zu begründen.

Auf die verheerenden Normanneneinfälle im 9. und 10. Jahrhundert hin wanderten die Mönche in tiefer im Landesinneren gelegene Regionen ab, die ihnen sicherer erschienen. Die Mönche von Saint-Philbert-de-Grand-Lieu im heutigen Departement Loire-Atlantique legen in kürzeren oder längeren Etappen den Weg bis nach Tournus (Departement Saône-et-Loire) zurück. Auch die Klostergemeinschaft von Landévennec ergreift die Flucht und nimmt Heiligenreliquien und wertvolle Manuskripte mit. Die Bretagne wird verwüstet und durchlebt eine düstere Zeit.

Zu Beginn des 11. Jahrhunderts setzt wie überall auf allen Gebieten des religiösen, wirtschaftlichen und sozialen Lebens eine Erneuerung ein. Zahlreiche Sakralbauten entstehen oder werden wieder aufgebaut.

Wir wollen nun die wichtigsten, durch die geographische Lage bedingten Charakteristika der Kirchen und Kapellen aufzeigen. Das armorikanische Gebirge, das sich weit über die Grenzen der fünf bretonischen Departements – nach Süden bis zur Vendée und nach Osten bis zum Anjou – hinzieht, weist in geologischer Hinsicht Eigenheiten auf, die sich unmittelbar auf die Bauweise der an unseren Reisewegen gelegenen Bauten ausgewirkt haben.

Im Norden erstreckt sich zwischen dem Küstengebiet und den Flüssen Oust und Vilaine der Schiefergürtel. Südlich dieser Wasserläufe herrscht Granit vor. In beiden geographischen Zonen findet man jedoch Sandstein und bei Perros-Guirec sogar einen leicht brüchigen, rosagetönten Granit. In Richtung Loire-Atlantique baut man rötlichen Sandstein ab, der sich durch seine mehrfachen Verwendungsmöglichkeiten auszeichnet: Er wurde sowohl ausschließlich (wie in Saint-Gildas-des-Bois, S. 236, oder in Moisdon-la Rivière, S. 246) als auch lediglich für die dekorativen Elemente eingesetzt (Abtei von Melleray, S. 245).

In der Romanik haben die Baumeister gern das Material verwendet, das sie in den nahegelegenen Steinbrüchen vorfanden. So ist die Struktur ihrer Kirchen wesentlich von der Beschaffenheit dieser Gesteinsarten geprägt.

In den Schiefergebieten sind die Mauern in kleinen Bruchsteinen ausgeführt. Man bemühte sich um regelmäßige Steinschichtungen oder suchte ein Fischgrätenmuster zu erhalten. Mancherorts setzte man eine größere Schieferplatte horizontal, um dadurch eine bestimmte Höhe festzulegen und der Mauer einen noch besseren Halt zu geben.

Die Strebepfeiler bestehen stets aus großformatigen, sorgfältig behauenen und zusammengefügten Granitsteinen. In Stärke und Höhe – teilweise bis zum Dach – sind sie von Ort zu Ort verschieden. Um Einsturzgefahren zu vermeiden, scheuten sich die Bauleute nicht, mächtige Strebepfeiler aufzuführen, die unten sehr dick sind und sich allmählich bis zum Dach verjüngen, wie in Arbrissel (S. 24).

Auch die Fensterstürze sind stets aus Granit und bestehen entweder aus schmalen Keilsteinen, die so aneinandergefügt sind, daß ein Bogen entsteht, oder aus einem einzigen Block, der unten, um eine Wölbung anzudeuten, ausgekerbt ist oder manchmal auch durch mit dem Meißel eingehauene Linien Keilsteine vortäuscht. Diese Verwendungsform eines monolithen Granitblocks ist oft sehr archaisch.

Die Chorhäupter dieser Kirchen sind fast immer flach. Das erklärt sich aus den technischen Schwierigkeiten, eine halbrunde Apsis bei dem Kalkmangel dieser Regionen und der dementsprechenden Zusammensetzung des Mörtels zu errichten. Es gibt jedoch auch abgerundete, von Rundbogenarkaturen abgestützte Chorhäupter, wie in Langon (Bild 77; S. 231) und Saint-Jean-de-Béré (S. 247). In den Regionen, in denen Granit vorherrscht, hatte man bei Planung und Ausführung von Kirchenbauten nicht diese Schwierigkeiten.

In beiden geographischen Zonen sind die Kirchen mit einem Gebälk gedeckt oder mit Holz getäfelt. Auch in dieser Beziehung hat die Art der vorhandenen Materialien eine Rolle gespielt: Der brüchige Schiefer und der zu schwere Granit stellten für die Ausführung selbst wie auch für die Erhaltung des Bauwerks ernste Probleme dar. Außerdem gab es zur Zeit der Romanik viele Wälder, und als Nachfahren der Kelten verstanden sich die bretonischen Zimmerleute in bewunderswerter Weise auf die Holzbearbeitung und erbrachten auf diesem Gebiet außerordentliche Leistungen.

Auch die Art der Ausschmückung ist von der Beschaffenheit des Gesteins her zu verstehen, das dem Steinmetzen zur Verfügung stand. Mit Schiefer lassen sich keine Bildhauerarbeiten ausführen, allenfalls kann man ihn fein gravieren und polieren, was sich an manchen Kreuzen feststellen läßt. Der Granit ist ein hartes Material, das unter dem Meißel zerspringt, und der Kersantit-Granit, der sich leichter bearbeiten läßt, wurde erst im 15. Jahrhundert entdeckt. Auch hier liegt den abstrakten Motiven sicher eine weit zurückreichende Tradition zugrunde, vor allem den Voluten und Schnecken, die man an den Kapitellen der bretonischen Kirchen und Kapellen bewundern kann.

In der ganzen Bretagne wurden seit dem Ende des 14. Jahrhunderts bis ins 17. Jahrhundert hinein fast alle Kirchen umgebaut, vergrößert, dem herrschenden Zeitgeschmack angepaßt. Oft war die Bevölkerung gewachsen, die wirtschaftliche Lage hatte sich verbessert. Die Volksmission des Dom Le Nobletz und des seligen Maunoir weckten einen neuen Glaubenseifer: All diesen Faktoren mußte durch den Umbau und die Verschönerung der Sakralbauten Rechnung getragen werden.

Trotzdem gilt fast überall, besonders aber im Departement Ile-et-Vilaine: »... Man kann sehen, daß sich die damaligen Baumeister bemühten, einen kleinen Teil der alten Kirche ... Apsis ... Tür ... Fenster ... flache Strebepfeiler ... oder ein Fragment der Außenmauer ... als Zeugen der Vergangenheit zu erhalten« (R. Couffon).

Wir laden Sie nun herzlich ein, mit uns auf Entdeckungsreise zu diesen Zeugen der Vergangenheit zu gehen.

Die bretonischen Calvaires

Überall in Frankreich trifft man in der Nähe von Kirchen und Friedhöfen und an Wegkreuzungen mehr oder weniger häufig auf steinerne Kreuze. Aber nirgendwo scheinen die Kreuze aus Granit oder Schiefer gleichsam aus dem Boden zu wachsen wie in der Bretagne.

Wie ergreifend sind diese einfachen, dicken, unregelmäßig bearbeiteten, aus einem einzigen Steinblock gehauenen Kreuze, in die manchmal Symbole wie Speere, umrahmte Kreuzeszeichen oder Kreuzigungsszenen unbeholfen eingeritzt sind, von Wind und Regen verwittert, so daß gerade noch die Umrisse schemenhaft zu erkennen sind! Noch heute legen sie Zeugnis vom Glauben derer ab, die sie mühsam und mit unzulänglichem Handwerkszeug aus dem schwer zu bearbeitenden Granit schlugen. Mancherorts ragt ein aus einem einzigen Block gehauenes Kreuz an einer Böschung oder am Feldrand in den Himmel.

Schon in vorgeschichtlicher Zeit errichtete die Urbevölkerung der Bretagne Menhire und Stelen als Kultstätten. Die ersten Christen, die ins Land kamen, erkannten dies und zogen es vor, diese Kunstwerke zu »christianisieren«, anstatt sie zu zerstören. Entweder ritzten sie christliche Symbole ein oder sie setzten ein Kreuz darauf. In späterer Zeit veränderte man zuweilen eine Seite des Steins, um darauf Christus, die Apostel, die Passionswerkzeuge darzustellen (Rungléo: Bild 51, S. 170; Saint-Duzec: S. 133) oder man verwendete den Stein als Sockel für ein Kreuz beziehungsweise für eine Christus oder Maria darstellende Steintafel (Languidou: S. 186; Saint-Avé: Bild 71; S. 205).

Daneben errichtete man aber auch mehr oder minder komplexe Kreuzigungsgruppen (»Figurenkreuze«) oder die großen Calvaires, die nicht mehr nur Christus zwischen den beiden Schächern, seine Mutter und Johannes zeigen, sondern auch Szenen der Heilsgeschichte von der Verkündigung bis zur Auferstehung und manchmal, allerdings seltener, bis zur Himmelfahrt.

Manche Calvaires bezeichnet man als »trinitarisch«, da auf ihnen über dem Kreuz Christi Gottvater und der Heilige Geist dargestellt sind (Bild 67). Noch in unserer Zeit errichtet man Calvaires und Kreuzwege wie in Callac im Morbihan, wo man einen Hügel nutzte, um dort alle an den Leidensstationen auftretenden Figuren in Lebensgröße zu zeigen, oder in Pontchâteau im Departement Loire-Atlantique.

Man fragt sich oft, aus welchen Gründen hier so übermäßig viele dieser Kreuze anzutreffen sind. Vor allem bei den großen Calvaires verwies man auf das Trienter Konzil von 1545 oder auf die Volksmission des Dom Nobletz in der Basse-Bretagne von 1608 bis 1615 oder des Père Maunoir von 1631 bis 1683.

Doch auf den Resten eines sehr alten Calvaires nahe der Bucht von Audierne soll eine nur noch schwer zu entziffernde Inschrift die Jahreszahl 1306 angeben, und der so bewegende Calvaire von Tronoën (Titelbild, Bild 64 und S. 191) wie auch der Calvaire von Kerbreudeur en Saint-Hernin (Bild 31; S. 143) sind zwischen 1450 und 1455 entstanden, das heißt fast ein Jahrhundert vor dem Konzil von Trient, dessen Einfluß eher in den Altarretabeln der bretonischen Kirchen spürbar ist.

Viele dieser Kreuze wurden auf dem Friedhof errichtet, auf der Südseite der Kirche und oft nahe am Beinhaus. An dieser Stelle verband sich die Erinnerung an die von den Verstorbenen durchlebten Prüfungen mit dem Gedenken an die Leiden des Erlösers und an seine Auferstehung und damit die Aussicht auf ewiges Leben und ewige Seligkeit, worauf auch die Lebenden in ihren Gebeten ihre Hoffnung richteten.

Kann man sagen, der Totenkult sei ein typischer Charakterzug christlichen Volksglaubens, speziell der bretonischen Bevölkerung? Vielleicht – aber sicherlich ist er weit mehr noch ein Zeugnis echten Glaubens, eines Glaubens, der sich über die äußere Erscheinung hinwegzusetzen und weiter als bis zum Ende unseres irdischen Daseins zu sehen vermag.

Von dem schlichten Wegkreuz bis zu den »großen« Calvaires sind die Darstellungen außerordentlich vielfältig und komplex. Man muß dabei auch die regionalen Eigenheiten berücksichtigen. In der Gegend von Vannes und allgemein im Morbihan sind die Kreuze ganz anders aufgebaut als im Finistère oder im Departement Loire-Atlantique. Dabei spielt auch die Beschaffenheit des Materials eine Rolle: Manch sorgsam poliertes Schieferkreuz ist in seinem sanften Blaugrau mit seinen abgerundeten Armen und umrahmt von Blattwerk von ergreifender Schönheit.

Im allgemeinen bezeichnet man Kreuze, die außer Christus nur einige wenige Personen – auf der Höhe des Kruzifixes, auf einer oder zwei Konsolen oder zu Füßen des Kreuzes – zeigen, als *croix-calvaires.*

Die *grand-calvaires* weisen auf einer mächtigen Basis eine große Zahl von über hundert Statuen auf. Sie sind weithin bekannt und bewundert. Die berühmtesten stehen im Pays de Léon oder im Nord-Finistère und sind größtenteils von bekannten Werkstätten geschaffen worden, die durch die Ausführung, die jeweils verwendeten Materialien unterschiedlicher Steinbrüche und durch die Abrechnungen zu identifizieren sind. Wir haben sie in die Reisewege einbezogen. Zwischen diesen beiden Kategorien findet man viele Werke von unterschiedlicher künstlerischer Bedeutung.

Wir haben uns bemüht, auf unseren Reisewegen auch die weniger bekannten, abseits der Touristenstraßen gelegenen Monumente von gleichwohl hohem künstlerischen Rang zu berücksichtigen, die Träger einer echten Botschaft sind. Dabei wollten wir weniger minuziös beschreiben als vielmehr versuchen, das aufzuzeigen, was der Künstler ausdrücken wollte.

Bemerkenswert ist, daß der Christus der Calvaires zwar meistens expressiv dargestellt ist, aber im großen und ganzen nach einer einheitlichen Konzeption. Dies läßt sich dagegen nicht von den Mariengestalten sagen, die auf der Rückseite oder zu Füßen des Kreuzes dargestellt sind. Maria erscheint hier manchmal allein, recht oft bekrönt, mit ihrem Kind auf dem Arm, wodurch die Verbindung zwischen Weihnachts- und Passionsgeschichte herausgestellt wird, oder aber als Pietà, die den leblosen Körper ihres Sohnes in den Armen hält.

Diese Mariengestalten sind nicht »idealisiert«. Ganz offensichtlich hat der Bildhauer sein Modell aus der Bevölkerung des Ortes gewählt, wo er das betreffende Werk ausführen sollte. Maria und die heiligen Frauen von Brasparts (Bild 38; S. 150) stammen aus den rauhen Bergen von Arrée und sind gewohnt, sich in ihren Gefühlsäußerungen zurückzuhalten. Die Pietà von Plussulien (S. 139) ist eine vornehme Dame, willensstark und ihres Schmerzes bewußt, den sie jedoch nicht zur Schau stellt. Die feine und zarte Madonna von Saint-Servais erscheint so jung angesichts eines solchen Schmerzes! Alle Gefühle, die eine Mutter empfinden kann, finden sich – von Calvaire zu Calvaire anders – in Stein ausgedrückt. Und es ist anzunehmen, daß der Bildhauer sich lange innerlich vorbereitet hat, ehe er mit der Ausführung seines Werkes begann.

Abgesehen von den großen Calvaires weiß man über die Künstler, die diese Werke geschaffen haben, sehr wenig. Nur selten haben sie ihre Arbeiten signiert. Manchmal zeigt sich in der Anordnung eine gewisse Stilrichtung oder ein Detail der Kleidung verrät eine bestimmte Handschrift; die meisten Calvaires lassen sich jedoch in keiner Weise bestimmten Künstlern zuordnen, und es erschien uns nicht ratsam, den Text durch kühne Vergleiche unnötig zu belasten. Hingewiesen sei auf eine Eigenheit, die den Betrachter sicher in Erstau-

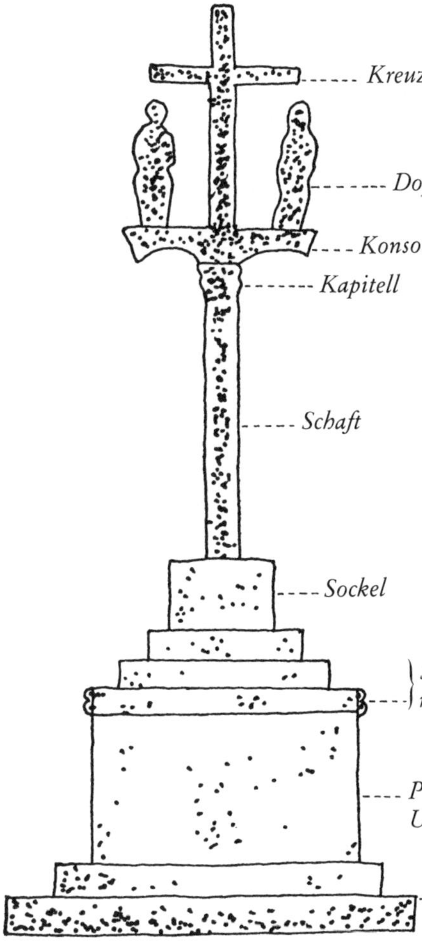

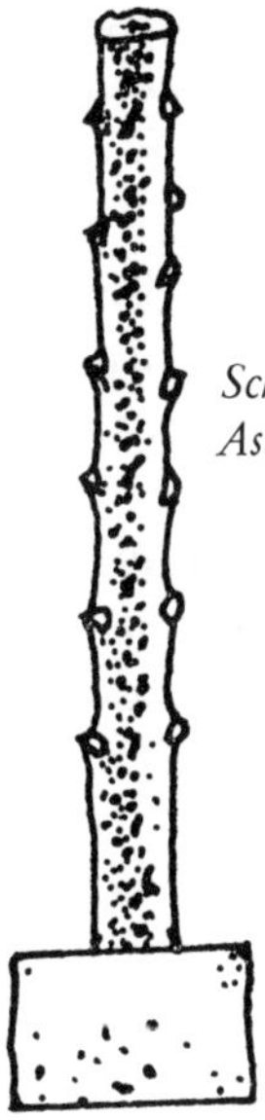

nen versetzen wird. Manche Kreuze stehen auf einer als *écoté* bezeichneten Säule, die wie ein Baumstamm mit den Stumpfenden der abgehauenen Äste aussieht. Zur Erklärung beruft man sich auf zwei Überlieferungen: Nach der einen war das Kreuz Christi sicher aus einem schlecht abgeästeten und abgevierten Baum, so daß die Astansätze am Stamm auf das Bemühen um eine realistische Wiedergabe deuten. Die andere Überlieferung besagt, daß diese Kreuze anläßlich einer Pestepidemie errichtet wurden und daß die Knoten die Pestbeulen darstellen. Solche Kreuze heißen dann *kroaztou ar vossen* (Pestkreuze). Sie sollen zum Dank für das Ende der Pest errichtet worden sein.

Außerdem werden Kreuze oder Calvaires auffallen, die sich über einem in das Kunstwerk integrierten Altartisch erheben. Manchmal stehen sie in der Nähe von Kapellen, die Ziel einer sehr bekannten Wallfahrt (Pardon) sind, so daß sie benutzt werden konnten, wenn sich die Kapelle für die in Massen herbeigeströmten Gläubigen als zu klein erwies. Wenn sie mitten auf dem Kirchhof einer Pfarrkirche stehen, dienten sie hauptsächlich den Zeremonien für die Verstorbenen.

Schließlich findet man auch außerhalb dieser Stätten Altar-Calvaires. Eine durch Dokumente aus Pfarrarchiven belegte Überlieferung besagt, daß vor allem im Morbihan vor der Revolution die Eltern eines jungen Geistlichen zum Andenken an die Priesterweihe ihres Sohnes in ihrem Dorf ein Granitkreuz errichteten, vor dem der junge Priester dann seine erste Messe zelebrierte. Solche Altar-Calvaires stehen nicht unbedingt in der Nähe von Kirchen oder Kapellen, sondern manchmal mitten in der Landschaft. An entlegenen Stellen befindliche wurden zuweilen in der Revolutionszeit von Priestern aufgesucht, die dort heimlich die Messe zelebrierten.

Genannt seien auch die Kanzel-Calvaires: Sie wurden bei Wallfahrten und Volksmissionspredigten genutzt. Einige stehen auf Friedhöfen. Im Plougasnou (S. 155) wurde der Kanzel-Calvaire zusammen mit dem Friedhof verlegt und kam auf dem neuen Friedhof zu neuen Ehren. Auf diese Weise hat die Gemeinde ihren Willen bekundet, an einer jahrhundertealten Tradition festzuhalten.

Wenn Sie abseits der beschriebenen Reisewege an einer Wegbiegung, bei einer Kirche oder einer schlichten Kapelle ein Kreuz entdecken, dann machen Sie halt, auch wenn es nicht gut erhalten oder sehr bescheiden sein sollte. Wir konnten sie nicht alle aufführen und wollten Ihnen auch die Freude lassen, selbst das eine oder andere Beispiel dieser bewegenden Zeugnisse jener an diesen Orten aufeinanderfolgenden Generationen zu entdecken, die angesichts des Kreuzes wieder Vertrauen und Hoffnung geschöpft haben.

Die schon in dem Buch »Romanische Bretagne« (zodiaque-echter, Würzburg 1985) genannten Bauwerke sind mit * RB bezeichnet, soweit sie dort in einer Kurzbeschreibung erwähnt werden, und mit ** RB, wenn sie eingehender behandelt sind. Bei diesen letztgenannten hielten wir es nicht für angebracht, Abbildungen in das vorliegende Buch aufzunehmen.

Die große Anzahl der Aufnahmen erschien uns durch die Verschiedenartigkeit und den künstlerischen Rang der Calvaires, denen dieses Buch im wesentlichen gewidmet ist, gerechtfertigt. Dem Leser sei dadurch die Originalität und die Tiefe ihrer Aussage vermittelt.

Einige Worterklärungen

Ankou. Todesengel. Er ist als Skelett dargestellt und trägt entweder eine Sichel oder eine Lanze. Oft befindet er sich an Fassaden oder Giebeln von Beinhäusern, manchmal am Kirchengiebel oder sogar über einem Weihwasserbecken. Er kann von einem Text begleitet sein, der zur Fürbitte für die Toten anhält.
Beinhaus (**ossuaire;** als *reliquiaire* bezeichnet, wenn es sich in bescheidenen Dimensionen hält). Mehr oder weniger großes Gebäude mit Fensteröffnungen, das Gebeine oder Relikte aus Gräbern aufnahm. Da der Friedhofsbereich nur begrenzten Raum bot, mußte man die Gräber von Zeit zu Zeit auflassen. Das Beinhaus kann sich an die Kirche anlehnen, man nennt es dann *reliquiaire d'attache*, oder ganz allein stehen, wie in den großen umfriedeten Pfarrbezirken.
Enclos Paroissial vgl. **Placître**.
Kamin. In manchen bretonischen Kirchen findet man Kamine, meistens in der Nähe des Taufbeckens. Man hat lange über ihre Bestimmung gerätselt. Da sich einige in den an Pilgerrouten gelegenen Kirchen befinden, hätten sie für die Pilger vorgesehen sein können. Sie scheinen jedoch eher zum Anwärmen der Luft gedient zu haben, um so zu verhindern, daß sich der Täufling in diesen im Winter oft feuchten und sehr kalten Kirchen erkältete, andererseits auch, um das Wasser bei Immersionstaufen etwas anzuwärmen.
Ker. Am Wortanfang bezeichnet diese Silbe einen aus wenigen Häusern bestehenden Weiler.
Kersanton (Kersantit). Kersanton-Granit, benannt nach dem Steinbruch am Rande der Reede von Brest, wo er abgebaut wird. Es handelt sich um einen dunklen, fast schwarzen und sehr fein gekörnten Stein vulkanischen Ursprungs mit der Besonderheit, daß er sich unmittelbar nach Abbau aus dem Steinbruch leicht bearbeiten und polieren läßt und dann an der Luft härtet. Er ist daher besonders witterungsbeständig.
Lan. Gefolgt von einem Heiligennamen bezieht es sich meistens auf eine geweihte Stätte, eine Einsiedelei, ein kleines Kloster oder eine Kirche (ebenso alt wie **Plou.**); z.B. Lanmodez = Einsiedelei des heiligen Maudez.
Loc. Erscheint nicht vor dem 11. Jahrhundert, ähnelt in seiner Bedeutung dem vorher genannten Wort: Loctudy = Kloster des heiligen Tudy. Locmaria = der Jungfrau Maria geweihte Kirche oder Kapelle.
Pfarrpriorat. Priorat, dem eine Pfarrei angegliedert ist. Oder eine Pfarrkirche, die einem Kloster untersteht, und in der Mönche den liturgischen Dienst versehen.
Placître (Begriff feudaler Herkunft). Der Placître ist ein relativ großer, unbebauter Grund um eine Kirche ohne ein anderes Bauwerk (Calvaire, Brunnen). Er kann eingefriedet sein und einen oder mehrere Eingänge haben, wobei der westliche die größte Bedeutung hat. Das Wort wird in der Bretagne häufig verwendet.
Plou oder **Poul, Pleu, Ple, Plo** usw. In den meisten Fällen schließt sich der Name des heiligen Gründers an. Weist auf eine sogenannte »Urgemeinde« (*paroisse primitive*) hin, die demnach zwischen dem 6. und 7. Jahrhundert von Emigranten der britischen Insel (Groß-Britannien) gegründet wurde. Ein recht großes Gebiet mit natürlichen Grenzen: Flüsse, Höhenzüge usw.; Beispiele: Plougasnou, Ploufragant, Plumeliau, Pleudaniel.
Priorat. Ursprünglich waren dies meistens Gehöfte (oder sonstige landwirtschaftliche Anwesen, Weingüter u. ä.), die als Schenkungen in den Besitz einer Abtei übergegangen waren. Zu ihrer Nutzung entsandte der Abt Mönche, die einem Propst oder Prior unterstanden.
Ty. Am Anfang eines Wortes oder Ausdrucks: Einzelhaus.
Übertritt (échalier). Steinerne Trittplatte, die im allgemeinen mit ihrer Schmalseite auf zwei bis drei Stufen aufliegt und sich am Eingang von Kirchhöfen befindet. Damit sollte das Eindringen von Tieren in diesen eingefriedeten Bereich, die Ruhestätte der Toten, verhindert werden.

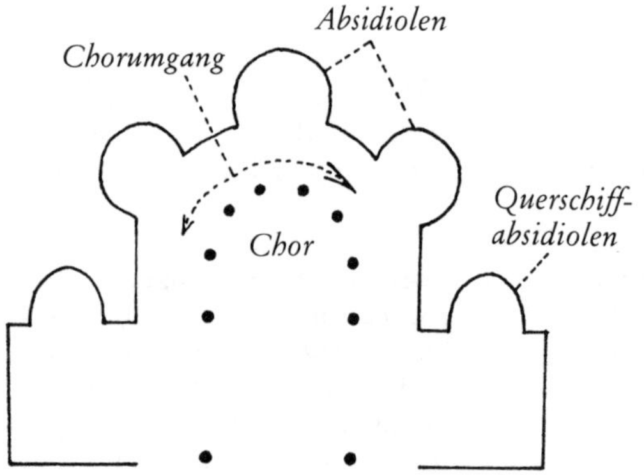

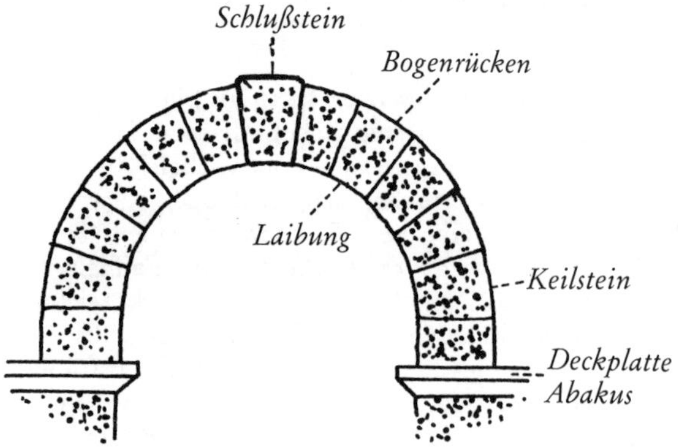

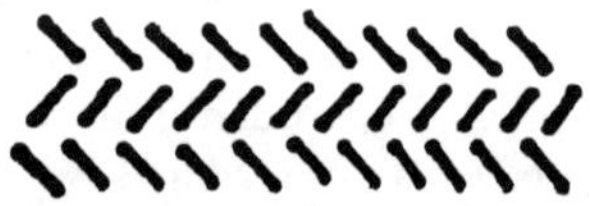

opus spicatum
Mauerwerk mit ährenförmig oder fischgräten-ähnlich gelegten Steinen

Spitzbogen

Bogen mit doppeltem Bogenlauf

gestauchter Spitzbogen

benediktinischer Grundriß

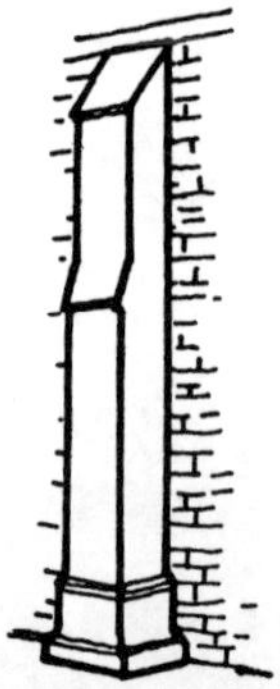

Strebepfeiler

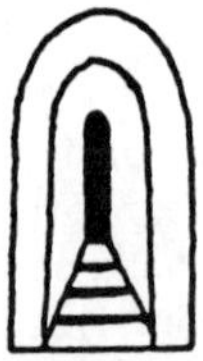

romanisches Fenster
mit breiter Ausschrägung
– unten abgetreppt

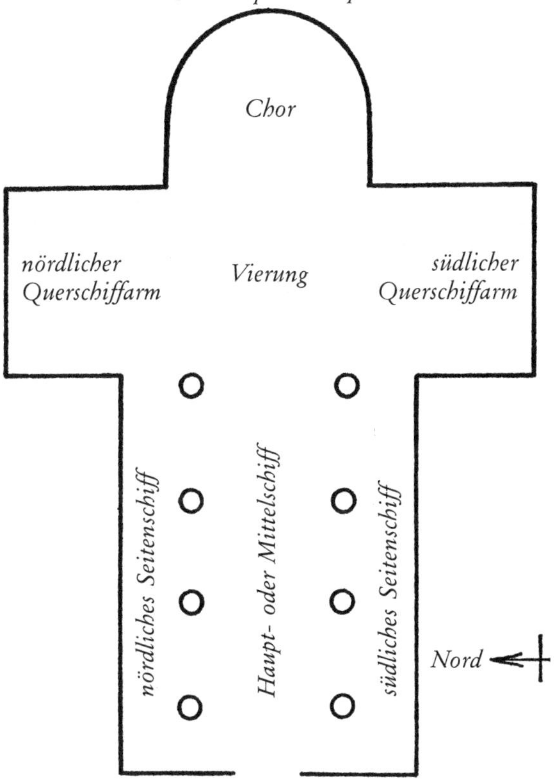

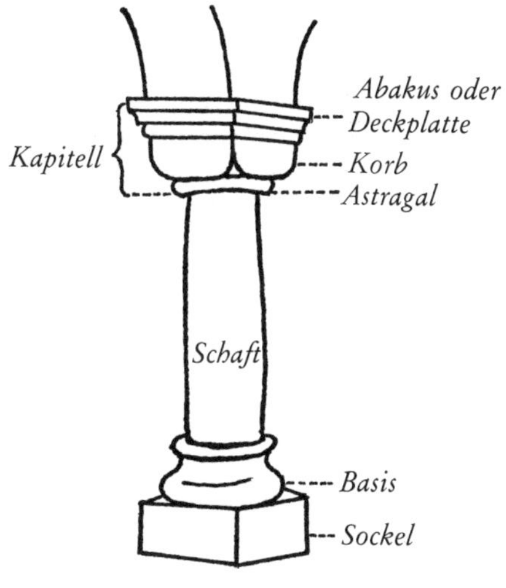

Pfeiler

Erklärung einiger kunstgeschichtlicher Fachbegriffe

Soweit möglich, vermeiden wir allzu spezielle Fachausdrücke. Trotzdem erschien es sinnvoll, einige Elemente der romanischen Architektur zu erklären, die der Besucher in fast allen auf unseren Rundreisen besuchten Sakralbauten vorfinden wird.
Begriffe, die den allgemeinen Aufbau der Kreuze und Calvaires betreffen, haben wir gesondert (Seite 13) angegeben.

Absidiolen. Um die Hauptapsis können kleinere Nebenapsiden oder Absidiolen, auch Radialkapellen genannt, angeordnet sein. Auch die Seitenschiffe enden gelegentlich in Apsiden oder Absidiolen. Den Begriff verwendet man ebenso für die parallel zur Hauptapsis an die Querschiffarme angefügten Kapellen.

Apsis. Abgerundeter Abschluß des Hauptschiffs, enthält den Chor.

Ausschrägung. Schrägstellung der Seitenwände einer Maueröffnung im Verhältnis zur Mauerachse. Durch diese Ausschrägung lassen die romanischen Fenster, die schmal wie Schießscharten sind, ebensoviel Licht einfallen wie breitere Fensteröffnungen.

Die Ausschrägung kann innen, außen oder beidseitig sein. In manchen alten Kirchen sind die Fenster unten »abgetreppt«, d. h. in Stufen ausgeschrägt.

Basis. Siehe Säule oder Pfeiler.

Bogen. Krümmung eines Gewölbes oder des oberen Teils einer Maueröffnung, durch Keilsteine gebildet. Für unsere Belange sind der Rund-, der Spitz- und der gestauchte Spitzbogen von Bedeutung. Am Bogen unterscheidet man außen den Bogenrücken und innen die Laibung

Der Schlußstein ist der manchmal etwas größere Keilstein in der Mitte, d. h. im Scheitel des Bogens.

Bogenläufe. Konzentrische Bögen über einem Portal oder Fenster, die gegeneinander zurücktreten.

Chor. Teil der Kirche, der sich an das Langhaus oder an das Querschiff anschließt. Normalerweise nach Osten orientiert, wo sich der Hauptaltar befindet; wird auch als Sanktuarium, Altarraum, bezeichnet.

Chorhaupt. Äußerster Teil der Kirche hinter dem Hochaltar. Kann als Vieleck, Halbrund oder Rechteck angelegt sein; letzteres wird dann als gerades oder flaches Chorhaupt bezeichnet.

Chorumgang. Fortführung der Seitenschiffe um Chor und Apsis herum.

Deckplatte (Abakus). Siehe Kapitell.

Fassade. Normalerweise nach Westen ausgerichtet. In der Bretagne sind die romanischen Fassaden im allgemeinen flach und enden in einem Dreiecksgiebel. Meistens sind ihnen vier Strebepfeiler vorgelegt, zwei an den Ecken und zwei beiderseits des Portals.

Fenster- oder Türsturz. Stein-, Holz- oder Eisenblock, der den oberen Abschluß einer rechteckigen Maueröffnung bildet. Er wird von den Pfosten oder dem Gewände getragen. Kann bei alten Bauwerken mit dem Meißel bearbeitet sein: entweder, um einen romanischen Rundbogen vorzutäuschen, oder um Keilsteine nachzuahmen. Man spricht dann von »falschen Keilsteinen«.

Joch. Zwischen vier Pfeilern (zwei auf jeder Seite) befindlicher Teil der Kirche.

Kapitell. Stein mit Profil oder Verzierungen, der den Schaft einer Säule oder eines Pfeilers krönt. Besteht aus mehreren Elementen: dem Astragal, einem im allgemeinen abgerundeten Gesims, das das Kapitell vom Schaft trennt; dem Korb, dem umfangreichsten Teil, dessen Form je nach Epoche oder Region leicht variieren kann; der Deckplatte (Abakus), einem flachen, mehr oder weniger dicken und verzierten Teil, auf dem die ersten Keilsteine des Bogens unmittelbar aufliegen.

Keilstein. Keilförmig behauener Stein, Bestandteil eines Bogens.

Kirche. Normalerweise befindet sich die Fassade im Westen, und die Kirche ist mit Chor und Apsis nach Osten ausgerichtet. Besteht aus: Hauptschiff, das von Seitenschiffen flankiert sein kann; Querschiff, dessen Zentrum Vierung genannt wird; Chor; Apsis; Chorhaupt; kann auch Absidiolen in verschiedener Größe und Anordnung aufweisen.

Mauerwerk. Das Mauerwerk einer Kirche kann entweder aus Bruchsteinen bestehen, (festzementierten Steinen in verschiedener Form und Größe) oder aus großen Steinquadern, die sorgfältig in Form gehauen und ausgemessen sind, beziehungsweise aus mittelgroßen, ebenfalls zugerichteten, aber kleineren Steinen.

Je nach Epoche können die Steine in regelmäßigen Lagen im Fischgräten- oder Ährenmuster, d.h. einander schräg gegenüberliegend angeordnet sein. Dabei handelt es sich um sehr altes Mauerwerk, in dem kleinformatiges Material, im allgemeinen so flach wie Ziegel, verwendet wurde. Schließlich kann das Mauerwerk auch in regelmäßigen Querstreifen aus viereckigen, ebenmäßigen kleinen Bruchsteinen sein, die manchmal durch Lagen von Flachziegeln getrennt sind (eine der römischen Bauweise verwandte Technik).

In den bretonischen Schiefergebieten besteht das Mauerwerk der Kirchen im allgemeinen aus Bruchsteinen, doch sind die Strebepfeiler dann aus großen Granitquadern und die Fensterstürze aus schmal zugerichteten Granit-Keilsteinen.

Pfeiler. Stützglied mit meist viereckigem Schaft, stärker als eine Säule. Oft liegen einzelne oder mehrere Säulen unmittelbar an oder sind in den quadratischen oder rechteckigen Pfeilerkern eingebunden.

Portal. Große, mehr oder minder ausgeschmückte Eingangspforte. Bestandteil der Kirchenfassade.

Portalvorbau. Vor dem Kirchenportal, Tiefe im Verhältnis zur Kirchenfassade unterschiedlich. In der Bretagne befindet sich der Vorbau überwiegend an der Südmauer der Kirche und ist auf beiden Seiten mit einer Steinbank ausgestattet. Er diente im Mittelalter als Versammlungsort für kirchliche und weltliche Gemeindeversammlungen.

Quermauer. Quer zur Hauptrichtung liegende, durch eine Bogenstellung geöffnete Wand, die oft die Vierung zum Lagerhaus oder zum Chor hin begrenzt. Der Bogen nennt sich dann Triumphbogen.

Querschiff. Siehe Kirche.

Pfette. Holzbalken, der als Teil der Dachkonstruktion der Länge nach auf der Oberkante einer Mauer aufliegt und die Enden anderer Dachbalken abstützt. [Anmerkung des Übersetzers: Der französische Begriff *sablière* leitet sich davon ab, daß diese manchmal roh geschnitzten Balken in Sand (sable) gebettet wurden.]

Säule. Vertikale Stütze, im allgemeinen in zylindrischer Form. Unterscheidet sich vom Rundpfeiler durch die Schwellung (Entasis) des Schaftes.

Schaft. Hauptteil einer Säule zwischen Basis und Kapitell.

Seitenschiff. Ein das Hauptschiff längs flankierendes Nebenschiff, im allgemeinen schmaler als das Hauptschiff.

Strebepfeiler. Ein hervortretender Mauerblock, der zur Abstützung oder Verstärkung der Mauer errichtet wurde; kann gleichzeitig mit der Mauer oder später entstanden sein.

Endet entweder mehr oder minder abgeschrägt, wodurch das Regenwasser leichter abfließt, oder als »Traufdach« – tritt aus einer darunter ausgehöhlten Rinne hervor, so daß das Regenwasser möglichst weit von der eigentlichen Mauer abtropfen muß.

In den Schiefergebieten der Bretagne sind die Strebepfeiler meistens aus großen Granitquadern. Man sieht dort auch stützbalkenartige Strebepfeiler (*contreforts-étais*), die an der Basis sehr stark sind und sich dann verjüngen (Arbrissel, 1. Reiseweg, S. 24).

Triumphbogen. Bezeichnung für die Bogenstellung am Choreingang, die sich im allgemeinen in der Querwand öffnet und bis zum Deckengewölbe reicht.

Turm. In der Bretagne befindet sich der Turm meistens über der Vierung.

Tympanon. Bogenfeld zwischen Türsturz und Bogenlauf eines Portals.

Die Reisewege in der Bretagne

1 St. Mathieu
2 Locmaria-Plouzané
3 Lamber
4 Lanrivoaré
5 Locmaria
6 St-Guévroc
7 Lochrist
8 Brélenévez
9 Plounéventer
10 St-Servais
11 Lampaul-Guimiliau
12 St-Thégonnec
13 Guimiliau
14 Ploudiry
15 La Martyre
16 Bot-Caërel
17 Le Tréhou
18 Sizun
19 Notre-Dame de Lorette
20 Daoulas
21 Plougastel Daoulas
22 Ste Marguerite
23 Landévennec
24 Commana
25 Brennilis
26 St-Herbot
27 Lannédern
28 Brasparts
29 St-Sébastien
30 Pleyben
31 Ploéven
32 N-D de Kérinec
33 Pont-Croix
34 Meilars
35 Mahalon
36 Pouldergat
37 Plozévet
38 Guengat
39 Trois-Fontaines
40 St-Venec
41 Kergoat
42 Quilinen
43 Quimper
44 Kerdevot
45 St-Goazec
46 Laz
47 Leuhan
48 Coadry
49 Ile de Batz
50 St-Pol-de-Léon
51 Locquénolé
52 Plougasnov
53 Notre-Dame de Kernitron
54 Lanmeur
55 Plougonven
56 Le Relecq
57 Plourac'h
58 Carhaix-Plouguer
59 Cléden-Poher
60 Kerbreudeur
61 St-Hernin
62 Motreff
63 Langonnet
64 Priziac
65 Ploërdut
66 Ploujean
67 Persquen
68 Perros-Guirec
69 St-Uzec
70 Kergrec'h
71 Pleubian
72 Tréguier
73 Lanleff
74 Brélevénez
75 Plou Bezre
76 Guingamp
77 Gurunhuel
78 Bourbriac
79 Guerduel
80 Pestivien
81 Senven-Léhart
82 Lanrivain
83 Kergrist-Moëlou
84 Plussulien
85 Rostrenen
86 Hillion
87 Morieux
88 Erquy
89 Lamballe
90 Boquen
91 La Trinité-Porhoët
92 St-Lormel
93 St-Lunaire
94 St-Malo
95 Aleth
96 Pleurtuit
97 Dinan
98 St-Esprit
99 Lehon
100 Lannouée
101 St-André-des-Eaux
102 Le Quiou
103 Tréfumel
104 St-Maden
105 Yvignac
106 St-Méén-le-Grand
107 Gaël
108 Mont-Dol
109 Dol-de-Bretagne
110 St-Domineuc
111 Bazouges-s-Hédé
112 Hédé
113 St-Brieuc-des-Iffs
114 Le-Loup-du-Lac
115 St-Uniac
116 La Nouaye
117 Pleumeleuc
118 Clayes
119 Partenay-de-Bretagne
120 Pacé
121 Rennes
122 Antrain
123 Tremblay
124 Romazy
125 St-Marc-le-Blanc
126 Baillé
127 Le Tiercent
128 St-Hilaire-des-Landes
129 St-Sauveur-des-Landes
130 Vieux-Vy-sur-Couesnon
131 Gahard
132 Aubigné
133 St-Sulpice-la-Forêt
134 St-Marc-sur-Couesnon
135 Livré-sur-Changeon
136 Vitré
137 Bréal-sur-Vitré
138 Penhors
139 Languidou
140 Trégoat
141 Notre-Dame de Tronoën
142 Plonivel
143 Loctudy
144 Perguet
145 Fouesnant
146 Quimperlé
147 Cléguer
148 Calan
149 Trescouet
150 St-Gilles
151 Locoyarne
152 Merlévénez
153 Locquénin
154 St-Cado
155 Larmor-Plage
156 Melbrand
157 Port-Arthur
158 Plumergat
159 Brech
160 St-Avé
161 Ile d'Arz
162 Locmariaquer
163 St-Gildas-de-Rhuys
164 Lanouée
165 St-Meleuc
166 Josselin
167 Guegon
168 Guéhenno
169 St-Jean-Brévelay
170 Monterrein
171 b. Sérent
172 Malestroit
173 St-Marc
174 Ruffiac
175 St-Nicolas-du-Tertre
176 St-Colombier
177 Larré
178 Sulniac
179 Cran
180 Rochefort-en-Terre
181 Noyal-Muzillac
182 Surzur
183 Ambon
184 Lantierne
185 Guérande
186 St-Malo-de-Beignon
187 La Renaye
b. - Guer
188 Maure-de-Bretagne
189 Le Temple
190 Redon
191 Rieux
192 Béganne
193 St-Gildas-des-Bois
194 La Magdeleine
195 Châteaugiron
196 Brie
197 Argentré-du-Plessis
198 Visseiche
199 Arbrissel
200 Rannée
201 Pléchâtel
202 Bagaron
203 Bain-de-Bretagne
204 Messac
205 Langon
206 Grand-Fougeray
207 Châteaubriant
208 Moisdon-la-Rivière
209 Melleray
210 Nantes
211 Basse-Indre
212 Le Loroux-Bottereau
213 Le Moutiers
214 Prigny
216 St-Philibert-de-Grand-Lieu
217 Le Pallet
218 Clisson

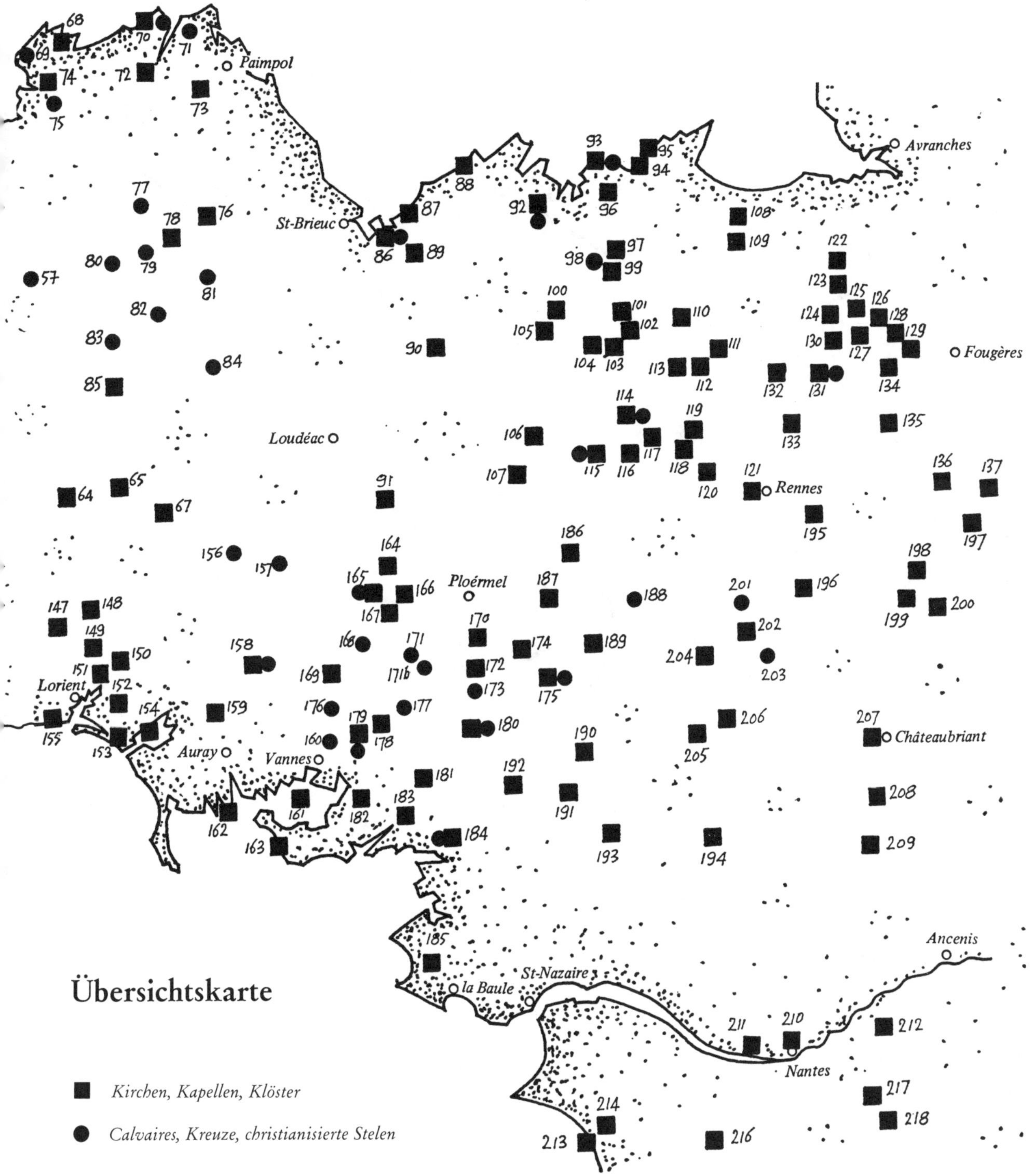

Übersichtskarte

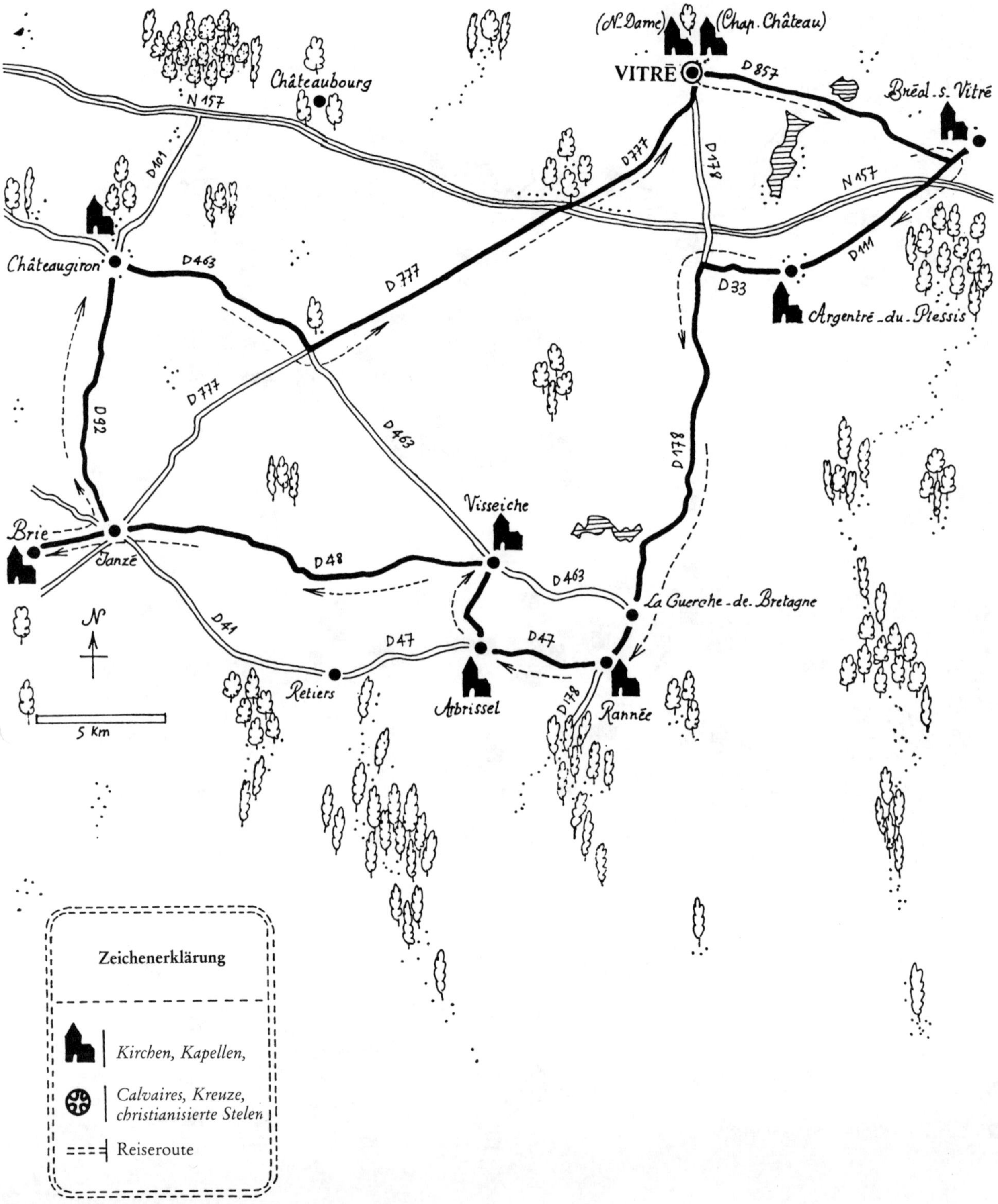

1 VITRÉ 110 km

1. Reiseweg: Südlich von Vitré

Michelin-Karten Nr. 59, Falte 18; Nr. 63, Falte 7–8. Insgesamt ca. 100 km

In diesem sanft konturierten Teil des Departements entspringt östlich von Vitré die Vilaine. Burgen und befestigte Herrensitze waren in dieser geschichtsträchtigen Grenzmark zwischen der Bretagne und dem fränkischen Reich zur Absicherung von großer Wichtigkeit. La Guerche de Bretagne, eine bedeutende Templerkomturei, die später auf den Johanniterorden überging, besaß hier ausgedehnte Ländereien, die sie der Freigebigkeit des Grafen der Bretagne, Conan III., verdankte, so daß sich ihr Einflußbereich über die ganze Region erstreckte. Bis in die Gegend von Saint-Malo stand das Land unter ihrem Schutz.

Um das im 11. Jahrhundert auf einem Felsvorsprung erbaute Schloß von VITRÉ entstand die von Mauern umgebene mittelalterliche Stadt. Im frei zugänglichen Burghof sieht man noch die Reste einer romanischen Fassade (Bild 1), die sich rechts an die Kurtine und links an einen dicken Strebepfeiler anlehnt. Es hat ganz den Anschein, als gehörte dieses bis zum ersten Geschoß erhaltene Mauerwerk zur ersten Burgkapelle. In der Mitte öffnet sich ein dreifach abgestuftes Rundbogenportal, dessen Bögen leicht überhöht sind und auf kleinen Ecksäulen aus schwärzlichem Schiefer aufliegen. Das übrige Mauerwerk besteht aus grauem, rötlich schimmernden Granit. Die Keilsteine des Portals sind abwechselnd aus Schiefer und aus Sandstein, ebenfalls die des Türsturzes, über dem ein kleines Tympanon aus hellem Granit gemauert ist, und die der Bögen über den Seitennischen. Rechts und links über dem Portal befindet sich eine Schießscharte. Die Verwendung von sorgfältig zugerichteten, in Farbe und Korn unterschiedlichen Steinen läßt ein Bemühen um schmückende Wirkung erkennen. Schwarzen Schiefer findet man auch in den Mauern und im Strebepfeiler, doch scheint er hier nicht wie am Portal bewußt verwendet worden zu sein.

Außen am Westteil der Burganlage kann man noch die Reste des allerdings nur schwer zugänglichen Oratoriums Saint-Julien sehen. Der kleine romanische Bau ist vor kurzem bei der Restaurierung der Burgmauern freigelegt worden. Einst war es ein kleines rechteckiges Gebäude, das mit einer halbrunden Apsis abschloß. Die Mauern stehen noch, die Überdachung aber ist verschwunden.

Von der Burg geht es zur Kirche Notre-Dame, in der aus der Romanik ein sehr tiefer Chor mit flachem Chorhaupt, ein sogenannter »Mönchschor«, die Vierung und das zweiarmige Querschiff sowie romanische Strebepfeiler an den Südecken des Chorhaupts und des Querschiffs erhalten sind. Alles übrige an diesem Gebäude wurde in späterer Zeit, vor allem im 15. und 16. Jahrhundert, umgebaut oder erneuert.

Eine interessante polygonale Außenkanzel könnte unter ihrem Skulpturenschmuck eine symbolhafte Darstellung der heiligen Dreifaltigkeit aufweisen: Ein menschlicher Kopf ist zugleich als ein- und als dreigesichtig zu erkennen. Kaufleute haben ihre Zeichen eingraviert. Darunter datiert eines aus dem Jahre 1499. Vitré war eine berühmte Tuchweber- und Handelsstadt. Auch im Innern der Kirche sieht man solche Zeichen.

In der Sakristei wird ein Triptychon des 16. Jahrhunderts aus Limosiner Emaille verwahrt, das auf 32 Tafeln das Leben Christi und Mariens schildert. In einer Seitenkapelle ist ein schönes Glasfenster vom Beginn des 15. Jahrhunderts erhalten. Die Kirche besitzt viele Kunstwerke aus dieser Zeit, darunter ein Gemälde der flämischen Schule.

Wir verlassen Vitré auf der D 857 in südöstlicher Richtung und biegen nach 11 Kilometern links auf die D 111 nach BRÉAL-SOUS-VITRÉ ab. Zunächst gab es hier eine schlichte Kapelle, die Guy II. de Laval zu Anfang des 11. Jahrhunderts einem gewissen Renaud mit dem Beinamen »Papillon« (Schmetterling) zur Schenkung machte. Dieser gab die Schenkung alsbald an die Abtei Saint-Serge in Angers weiter. Die Abtei richtete ein Priorat ein, in dem gemäß der Schenkungsurkunde mindestens zwei Mönche lebten.

Gegen 1080 vermehrte Guy de Laval den Besitz dieses Priorats, indem er den Mönchen viel Grund im Umkreis der Kapelle überließ: drei Hufe, das heißt mindestens 50 Hektar.

Die ursprüngliche Kapelle war, wie damals üblich, vermutlich aus Holz errichtet, wurde jedoch recht bald durch den heutigen Bau ersetzt. Sie war zunächst für das Priorat bestimmt, doch bewirkte die Ansiedlung der Mönche einen allgemeinen Zuzug, und nach kurzer Zeit wurde sie Gemeindekirche. Das interessante Bauwerk hat kaum Veränderungen erfahren. Es stellt den Prototyp der kleinen romanischen Landkirchen, vor allem des 11. Jahrhunderts, dar (Bild 5). Ein einfaches Schiff ist durch einen Triumphbogen von einem Chor aus Chorjoch und halbrunder Apsis getrennt. Der Chor trägt kein Gewölbe und ist etwas niedriger und auch schmaler als das Schiff. Über der Wand des Triumphbogens erhebt sich der schiefergedeckte Glockenturm. Der Chor wird von fünf Fenstern erhellt: im Chorjoch von einem auf jeder Seite – diese Fenster wurden sicher kurz nach Abschluß der Bauarbeiten verändert und vergrößert – und von dreien im abgerundeten Teil der Apsis. Letztere sind nach innen stark ausgeschrägt und unten abgetreppt – ein recht seltenes Verfahren, dem wir auf dem 4. Reiseweg (Parthenay de Bretagne, S. 39) wiederbegegnen werden. Die unregelmäßigen Keilsteine an der Rundung des Triumphbogens scheinen aus dekorativen Gründen so angeordnet zu sein. Die Mauern der Kirche sind ansonsten aus Schiefer-Bruchsteinen aufgeführt. Am Chorhaupt wechseln einige Schichten regelmäßig zwischen kleineren und größeren Steinen ab. Die Mauern werden von recht mächtigen Strebepfeilern gestützt, die in langgezogenen Schrägflächen auslaufen.

In der Westfassade öffnet sich zwischen zwei Strebepfeilern ein von einem gedrehten Rundstab eingerahmtes Rundbogenportal, das von einem kleinen Holzvorbau überdacht wird; darüber liegt eine enge Schießscharte. Der monolithe Taufstein im Kircheninnern ist mit einem dreiblättrigen Ornament verziert.

ARGENTRÉ-DU-PLESSIS erreicht man auf der D 111, die die D 857 und anschließend die N 157 überquert. Zur Kapelle Saint-Pierre (Bild 2), der früheren Pfarrkirche, die heute nicht mehr als Kirche benutzt wird, fährt man am Rathaus vorbei links in die Rue Ambroise Paré bis zum Altersheim. Unmittelbar davor biegt man rechts ab und hat dann das kleine Gebäude vor sich.

Vom ursprünglichen Bau blieb eine halbrunde, durch drei Fenster erhellte Apsis erhalten. Auf der Nordseite besteht ein Fenstersturz aus einem einzigen Steinblock, in den ein Rundbogen gehauen wurde, während ein anderes Fenster einen Kleeblattbogen trägt. Die Mauer auf der Südseite ist in einer sehr altertümlichen Technik aus kleinen Steinen errichtet. Kirchenschiff und Fassade sind jünger.

Die Kapelle ist innen in einem schlechten Zustand und deshalb nicht zu betreten. Auffallend schön ist der Triumphbogen, dessen Rundung aus sorgfältig behauenen hellen Granit-Keilsteinen auf einer Art rollenförmiger Kapitelle ruht und in einen schmaleren Chor führt. Man kann nur inständig wünschen, daß diese interessante Kapelle, ein Zeugnis vergangener Jahrhunderte, wiederhergerichtet und in ihrem Wert erkannt wird.

Wir fahren nun auf die D 33 bis zur D 178 nach La Guerche de Bretagne und durch diesen Ort weiter bis RANNÉE. Hier gab es schon im 10. Jahrhundert eine Pfarrgemeinde, die bis zur Französischen Revolution das gesamte Gebiet von La Guerche umfaßte. Die Kirche brannte vor 1168 nieder. Bis 1178 wurde sie von Stephan von Fougères, dem Bischof von Rennes, wiederaufgebaut, dessen Memoiren teilweise erhalten sind. Man liest dort unter dem Stichwort Rannée: »Nachdem die Kirche vollständig abgebrannt war ... wurde sie mit den Spenden der Armen wiederaufgebaut«. Daraus läßt sich schließen, daß die Gemeinde den Wiederaufbau der Kirche fast ausschließlich selbst finanzierte. Von dieser Kirche aus dem 12. Jahrhundert sind der Chor, die Westfassade und der untere Teil des Turms erhalten geblieben.

Der Chor schließt mit einer halbrunden Apsis ab, in die mehrere schmale, hohe, zum Teil zugemauerte Fenster und ein großes Rundbogenfenster eingelassen sind. Die unten abgekanteten flachen Strebepfeiler gehen teilweise bis zum Dach, andere sind abgeschrägt. Der Apsis geht ein Chorjoch voraus, dessen Fenster – abgesehen von einem auf der Südseite – später verändert wurden.

Die Westfassade ist typisch romanisch: Der flache Giebel ruht in der Mitte auf zwei flachen Strebepfeilern, die das Portal einrahmen. Der Bogen des Portals ist leicht zugespitzt und mit zwei fortlaufenden Bändern verziert, die unten in kleinen, geraden Sockeln enden; darüber verläuft ein schmales Band in Form eines Rundstabs und ein Würfelfries. Über dieser Tür befindet sich ein Fenster, dessen Bogen ebenfalls leicht zugespitzt ist.

Die Ecken der Fassade werden von mächtigen Strebepfeilern abgestützt, die denen am Turm ähneln und unten abgekantet sind. Der wuchtige quadratische Turm steht am Ostende des südlichen Querschiffs. Die romanische Basis wird von Strebepfeilern abgestützt, die unten sehr massiv sind, sich aber allmählich bis zur Dachhöhe verjüngen. Stellenweise sieht man im Mauerwerk zugerichtete Steine mit eingemeißelten Schräglinien, die ein Fischgrätmuster nachahmen.

Im Innern wird das gotische Kirchenschifff durch einen romanischen Triumphbogen vom alten Chor abgetrennt. Der Innenlauf ruht auf Halbsäulen mit kegelstumpfförmiger Basis und skulpturengeschmückten Kapitellen: Rechts sieht man ein Lamm, darüber Flechtwerkmotive, links eine »Halskrause« aus Wasserblättern und darüber Voluten.

Interessant ist die Ausstattung: Die sehr schön gearbeitete holzgeschnitzte Kanzel aus dem 16. Jahrhundert ist die älteste im Departement. Das rechteckige Granit-Taufbecken stammt aus dem 15. Jahrhundert. Bemerkenswert sind die schönen Altarretabeln. Das Bild über dem Hauptaltar zeigt eine Pietà mit dem Stifter zu ihren Füßen, vermutlich der Kommandeur von La Guerche in der Tracht eines Johanniterritters.

Nach 5,5 km auf der D 47 erreichen wir ARBRISSEL. Wir sind hier in der Heimat von Robert von Arbrissel, der im Jahre 1106 die Abtei Fontevrau gründete und dessen Schüler Raoul Radulf von La Fustaye seinerseits die Abtei Saint-Sulpice-la-Forêt (3. Reiseweg, S. 33) ins Leben rief. Wir finden eine kleine Landkirche vor, die in manchen Teilen Anfang des 11. Jahrhunderts an Stelle einer früheren Kirche entstanden sein könnte, vielleicht eines Holzbaus, denn die Pfarrgemeinde ist schon im 9. Jahrhundert erwähnt.

Der Bau wirkt massiv und wird von wuchtigen Strebepfeilern abgestützt. Der Grundriß entspricht dem der Kirchen jener Zeit in der Region, wie beispielsweise dem von Bréal-sous-Vitré. Bemerkenswert ist das Kranzgesims mit seinen ausdrucksstarken Kragsteinen – man findet sie auch unter der Dachschräge wieder (Bild 3) – und der aus sternförmigen Blumen gebildete Schmuck des Portals. Im Inneren steht die einzige bekannte Statue von Robert von Arbrissel, die ihn in ein Priestergewand gekleidet zeigt.

Das Holzgebälk, das den Glockenturm vom Boden ab trägt, steht auf Steinsockeln. Auf diese Weise ließ sich in dieser sumpfigen Gegend das Aufsteigen von Feuchtigkeit vermeiden.

Die D 310 führt uns nach VISSEICHE. Die ursprüngliche Kirche aus dem 11. Jahrhundert wurde im 16. Jahrhundert und in der Neuzeit umgebaut, hat jedoch den romanischen Grundriß behalten. Man nimmt allgemein an, daß das antike *Sipia*, das auf den Theodosianischen Tafeln genannt wird, hier an der Römerstraße von Rennes nach Angers lag. Archäologische Funde von römischen Anlagen scheinen diese Theorie zu bestätigen.

Die Kirche wird in alten Quellentexten genannt und besteht spätestens seit dem 11. Jahrhundert. Von dem ersten romanischen Bau sind erhalten: die Südmauer mit einem für diese frühe Zeit sehr typischen Mauerwerk, das von Strebepfeilern aus der gleichen Zeit gestützt wird, sowie ein kleines romanisches Fenster in Schießschartenform, das auf dieser Seite noch gut zu sehen ist. Auf der Nordseite erweiterte man das romanische Schiff um 1537 durch ein Seitenschiff; damals verlängerte man auch den Chor, der nun mit einem geraden Chorhaupt abschließt.

Der aus sauber zugerichteten Quadern gemauerte Glockenturm stand früher seitlich an der Kirche, wurde aber 1828, als man das Kirchenschiff nach Westen verlängerte, an die Fassade angegliedert, wobei man sich strikt an die alte Bauweise hielt und dasselbe Material wiederverwendete. Im Mauerwerk entdeckt man seltsame figürliche Skulpturen. Über dem sorgsam wiederhergestellten Rundbogenportal ist eine archaische Darstellung eines Christus am Kreuz zu sehen.

Von Visseiche aus fahren wir in westlicher Richtung auf der D 42 bis nach Janzé und erreichen nach knapp vier Kilometern BRIE. Im Dorf sieht man Spuren eines viereckigen, von Wassergräben umzogenen Burghügels mit den Fundamenten eines Turms aus dem 11. Jahrhundert. Daneben befindet sich ein kleiner Rundhügel, wohl der einstige Wohnsitz der Herren von Brie.

Die Kirche hat einen Chor aus dem 11. Jahrhundert mit einem äußerst interessanten geraden Chorhaupt. Der gerade Abschluß ist recht selten für jene Zeit, als man den Chor normalerweise mit einer halbrunden Apsis versah. Der freistehende und außergewöhnlich hohe einjochige Chor ist sehr sorgfältig gemauert und von zwei breiten Strebepfeilern eingefaßt, die die Ecken ganz ummanteln. In der Giebelmitte erhebt sich ein schlanker, ebenso hoher Strebepfeiler, der auf halber Höhe von zwei sehr alten, schmalen romanischen Fenstern flankiert wird.

Die übrige Kirche wurde im 16. Jahrhundert umgebaut. Im 17. Jahrhundert wurden zwei Kapellen angefügt, so daß ein Querschiff entstand. Trotzdem kann man annehmen, daß die Südmauer des Schiffs, die wie der Chor aus Schiefer-Bruchsteinen besteht, aus dem 11. Jahrhundert stammt.

Von Brie fährt man nach Janzé zurück, wo man auf die D 92 nach CHATEAUGIRON abbiegt. Die Baronie Châteaugiron war sehr mächtig und umfaßte viele Ortschaften. Aus der strategischen Lage der Burg, von wo sich ein weiter Blick bietet, erwuchsen dem Baron viele Rechte, aber auch Verpflichtungen. Ein großer Teil der Gebäude, die nach der Kapelle errichtet wurden, ist noch in der alten Pracht erhalten.

Links von der Burg steht unmittelbar im Burghof die alte Magdalenenkirche, die zunächst Burgkapelle war und dann Pfarrkirche wurde. Es ist ein schöner Bau aus dem 12. Jahrhundert. Wegen Bauarbeiten ist er vorübergehend nur von außen zu besichtigen. Das Mauerwerk besteht aus Schiefer-Bruchsteinen und ist mit flachen, verschieden hohen und stark hervortretenden Strebepfeilern aus großen Quadern abgestützt. Die kleinen Rundbogenfenster sind nicht viel größer als einfache Schießscharten. Lediglich die Nordmauer des Schiffs und die Westfassade wurden im 18. Jahrhundert erneuert.

In ihrem Grundriß, im Mauerwerk, und in der Art und der Anordnung der Strebepfeiler hat diese Kirche viel mit der Kirche von Rannée wie auch mit der Magdalenenkirche in Clisson (30. Reiseweg, S. 241) gemeinsam.

Der schnellste Weg zurück nach Vitré führt auf der D 463 bis zur Kreuzung »Le Ballon«. Über die D 777 erreicht man dann den südlichen Stadtrand von Vitré.

2. Reiseweg: Im Westen und Nordwesten von Fougères

Michelin-Karte 59, Falte 17–18. Insgesamt 69 km

In einer lieblichen, heckenreichen Landschaft werden wir eine Reihe von Kirchen sehen, die sich insgesamt sehr ähneln und wie die in der Gegend von Vitré fast alle im 11. und 12. Jahrhundert entstanden sind.

Es läßt sich gleichwohl nicht von einer »Schule« sprechen, sondern eher von Ähnlichkeiten: im Grundriß (einfaches Rechteck, keine Nebenschiffe, eingezogener, das heißt gegenüber dem Langhaus schmalerer Chor, recht wuchtiger Triumphbogen); im verwendeten Material (Schiefer und Sandstein, wobei Ziegel eingemauert wurden, die einen warmen Rotton geben); in den Mauertechniken (mehr oder weniger vollendet im Fischgrätenmuster ausgeführter Verband); in den flachen, sorgfältig zugerichteten Granit-Strebepfeilern oder den Stützen, die unten sehr dick sind; in den kleinen, schießschartenartigen Fenstern, über denen man Fensterstürze aus einem einzigen Granitblock antrifft, die als Rundbogen zugerichtet und innen stark ausgeschrägt sind; in einem gewissen Bestreben, Dekorationseffekte zu erzielen, indem man die äußeren oder inneren Keilsteine in kontrastierenden Farben alternieren läßt.

Sind diese Ähnlichkeiten in Architektur und Dekor dem Einfluß von bestimmten Mutterabteien zuzuschreiben? Fast alle diese Kirchen waren nämlich Prioratskirchen, die den Abteien Saint-Melaine in Rennes oder Saint-Florent in Saumur unterstanden. Oder sind sie der Arbeit örtlicher Handwerker zu verdanken, die jene in der Region vorhandenen Materialien in bester Weise zu nutzen verstanden? Vielleicht sind sie auch das Werk einer Gruppe von Steinmetzen, die von einer Pfarrei zur nächsten zogen und die Pläne verwirklichten, die ein als Architekt wirkender Mönch lieferte?

Nachdem wir damit die allgemeinen Grundzüge der auf diesem Reiseweg besuchten Kirchen skizziert haben, beschränken wir uns im folgenden darauf, die besonderen Merkmale jeder einzelnen Kirche zu nennen.

Wir verlassen Fougères auf der N 12 in Richtung Rennes und nehmen in Romagné die D 18 nach SAINT-SAUVEUR-DES-LANDES. Hier gab es seit 1040 ein bedeutendes Priorat, das der Abtei Marmoutier in der Touraine unterstand. 1325 trat der Abt von Marmoutier der Pfarrgemeinde einen Teil des Gebäudes ab, doch verblieben der Chor, die Marienkapelle und der auf der Seite des Priorats gelegene Flügel weiterhin im ausschließlichen Besitz der Mönche. Die heutige Kirche stellt nur noch einen Teil der alten Klosterkirche dar.

Wir fahren weiter auf der D 18 bis SAINT-HILAIRE-DES-LANDES. Diese Pfarrgemeinde wird schon im 11. Jahrhundert genannt. Ihre Kirche ist dem hl. Hilarius von Poitiers geweiht.

Romanisch sind noch relativ große Teile der Süd- und der Nordmauer aus rötlichem Sandstein, außerdem in der Nordmauer zwei schmale Fenster mit behauenem Fenstersturz und ein schlanker Strebepfeiler. Das einschiffige Langhaus wurde im 15. Jahrhundert nach Westen verlängert, wobei eine neue Westfassade entstand. Auf der Südseite befindet sich unter einem mit Bänken ausgestatteten Vorbau ein schönes Renaissance-Portal, das unter Denkmalschutz steht.

Auf derselben Straße gelangt man nach weiteren zwei Kilometern nach BAILLÉ. Die Mauern der Kirche sind unbestreitbar romanisch, ebenso das schlichte Schiff. Sie weisen die zu Beginn dieses Reiseweges genannten Charakteristika auf. Der Chor wurde im 16. Jahrhundert umgebaut und der Turm 1827 errichtet.

Wir setzen unseren Weg auf der D 18 bis nach SAINT-MARC-LE-BLANC fort. Die dem heiligen Médard, dem Bischof von Noyon, geweihte Kirche trug diesen Namen bis zur Revolution. Sie gehörte den Herren von Aubigné.

Der obere Teil des Kirchenschiffs, in dessen Nord- und Südmauer archaische, heute zugemauerte Fenster liegen, ist romanisch. Der Bogen des Nordfensters besteht aus einzelnen Keilsteinen, während sich über dem Südfenster ein dicker, fast quadratischer Fenstersturz befindet, der im unteren Teil ausgehöhlt ist, um einen Rundbogen zu erzielen, und oben mit dem Schabmeißel bearbeitet wurde, um einen weiteren Rundbogen und »falsche« Keilsteine vorzutäuschen. Im Innern der Kirche sind zwei Arkaden der Vierung rundbogig. Das Weihwasserbecken am Südportal scheint ein ausgehöhltes altes Kapitell zu sein.

In Saint-Marc-le-Blanc geht es auf die D 298 nach LE TIERCENT. Die Kirche steht etwas außerhalb des Dorfes auf einer kleinen Anhöhe, die das Tal des Couesnon beherrscht. Das nahegelegene Pfarrhaus war vermutlich früher einmal ein befestigter Herrensitz. Dieser reizvolle Ort wird seinen Eindruck auf den Besucher nicht verfehlen.

Von einem ersten romanischen Bau verblieben die Südmauer des Kirchenschiffs sowie der West- und der Ostgiebel. Das an den Ecken von zwei flachen, grobgemauerten Strebepfeilern flankierte Chorhaupt wird durch zwei hohe Rundbogenfenster erhellt. Auf der Südseite liegt ein romanisches Portal unter einem Vorbau geschützt, in dessen Mauern Grabplatten eingelassen sind. Dieser Vorbau verdeckt teilweise ein romanisches Fenster.

Der Niveauunterschied im Innern erklärt sich aus der Bodenbeschaffenheit. Der Boden ist mit vielen Grabplatten gepflastert, von denen eine, in der Südkapelle, besonders bemer-

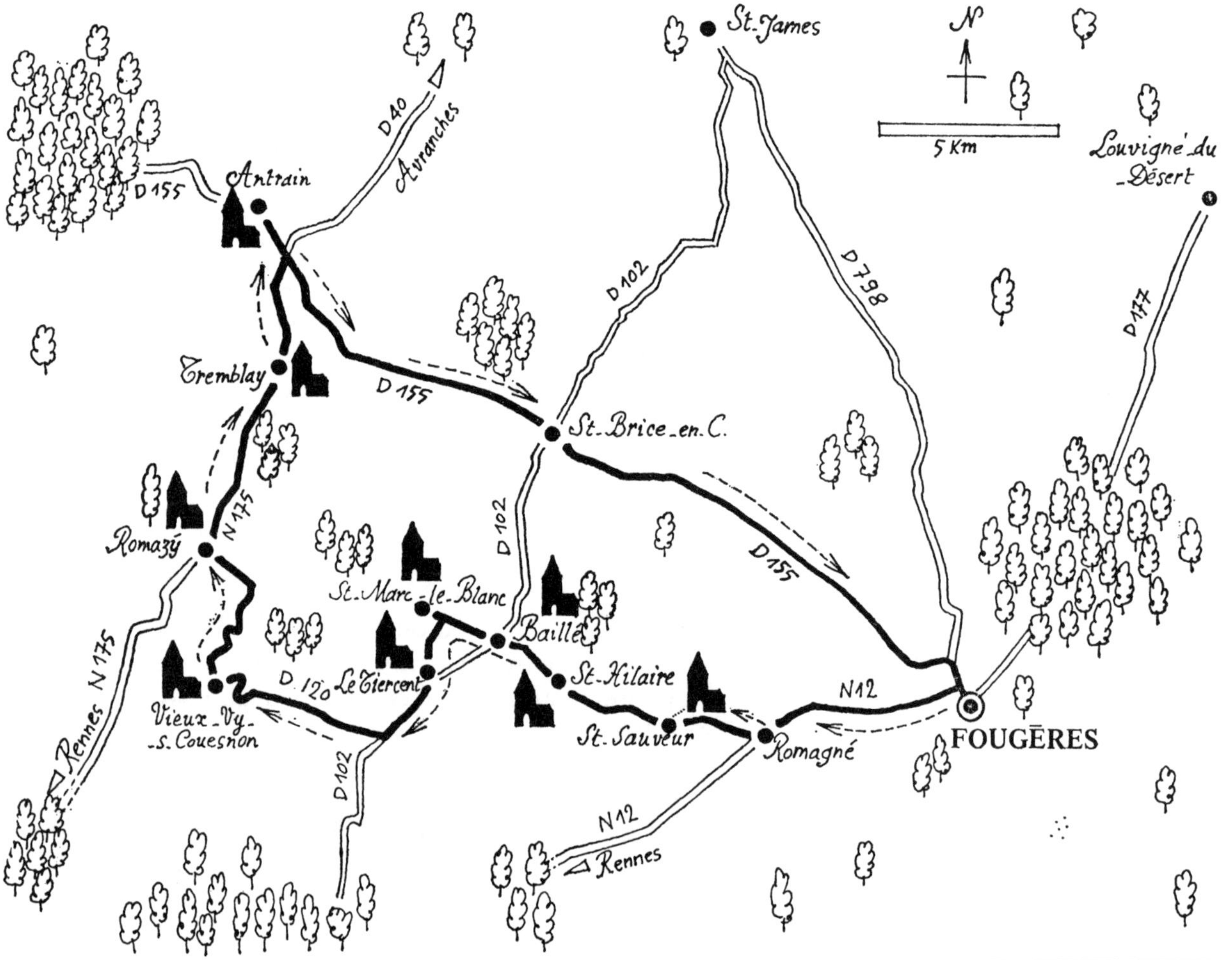

2 FOUGÉRES 69 km

kenswert ist. Bei den Grabungen, die kürzlich von Schülern aus Saint-Brice-en-Coglès durchgeführt wurden, kamen etwas unterhalb des südlichen Seitenschiffs zu beiden Seiten einer kleinen Quelle mehrere merowingische Sarkophage zutage, für die man teilweise den Fels ausgehöhlt hatte.

Von Le Tiercent führt eine Straße über Saint-Christophe-de-Valains nach VIEUX-VY-SUR-COUESNON. Hier machen wir nur einen kurzen Halt, um eine Arkade aus dem 11. Jahrhundert links vom Chor zum nördlichen Querschiff hin zu beachten. In ihren alternierenden Farben kommen die Keilsteine ausgezeichnet zur Geltung.

Auf der D 97 und anschließend der D 397 kommt man in das an der N 175 gelegene ROMAZY. Im 11. Jahrhundert gehörte die Gemeinde zu einem kleinen, von Hervé, dem Sohn des Burchard, gegründeten Rittergut. Die damalige Kirche wurde als *omnius lignea et inhonesta*, ganz aus Holz und unwürdig, beschrieben. Sie gehörte den Erben des Stifters, dessen Name nicht überliefert ist. Um 1060 gaben diese Erben dem Drängen ihres Lehnsherrn Hervé nach und überließen die Kirche von Romazy sowie den Zehnten und die verschiedenen Einkünfte aus diesem Kirchenbesitz den Mönchen von Saint-Florent in Saumur als Schenkung. Die wichtigste Bedingung, die an diese Schenkung geknüpft war, war diejenige, daß die ersten eingehenden Zehnten zum Bau einer angemessenen Kirche aus Stein verwandt werden sollten – *lapideam et honestam.* War diese Bedingung erfüllt, so konnten die Mönche nach Gutdünken zugunsten ihres Klosters über die Einkünfte verfügen. Eine andere Bedingung betraf den Friedhof im Zusammenhang mit dem Asylrecht.

In der heutigen, dem heiligen Petrus geweihten und im 18. Jahrhundert umgebauten Kirche sind die romanischen Elemente großenteils erhalten: so das Kirchenschiff mit dem geraden Chorhaupt und einem Querschiff, das den Übergang zum höhergelegenen Chor bildet. Die Arkaden des Querschiffs sind zwar rundbogig, scheinen aber später entstanden zu sein. In der Südmauer liegt eine schmale Schießscharte, deren Rundbogen aus einem monolithen Fenstersturz ausgehöhlt wurde. Die beiden – heute zugemauerten – Fenster auf der Nordseite sind höher und etwas breiter. Das eine wird oben durch schmale, behauene Keilsteine abgeschlossen, das andere durch einen mit dem Meißel bearbeiteten monolithen Fenstersturz.

Im Innern entdeckte man bei einer kürzlich erfolgten Renovierung des Bodenpflasters eine wunderschöne Grabplatte aus dem 14./15. Jahrhundert mit einer Liegefigur in Hochrelief. Die Platte lag umgedreht, so daß die schöne Steinmetzarbeit erhalten blieb, die nun zu neuen Ehren kommt.

Nach 5 Kilometern auf der N 175 ist man in TREMBLAY. Diese Pfarre, die drei Laien gehörte, stand unter der Oberherrschaft von Hervé (Sohn Burchards), den wir schon in Romazy genannt haben. Er hatte als erster vor 1057 den Benediktinern von Saint-Florent in Saumur die Hälfte des Zehnten und andere Rechte an der Kirche von Tremblay abgetreten. Die beiden anderen Eigentümer folgten seinem Beispiel, 1057 auch der Sohn des Pfarrverwesers, dem die übrigen Anrechte gehörten. Bedingung war, daß die Mönche die Kirche neu errichteten und für immer den Pfarrdienst versähen.

Die Mönche bauten eine Kirche mit typisch »benediktinischem« Grundriß: einfaches Langhaus, zweiarmiges Querschiff, Apsidiolen mit Halbkuppelgewölbe, von schönen Arkaden eingefaßte Vierung, Chorjoch mit Steingewölbe, abgestützt von vier flachen Strebepfeilern, zwischen denen fünf Schießschartenfenster eingelassen sind, halbrund den Chor abschließende Apsis.

Im sehr dunklen Kirchenschiff sind schmale Fenster erhalten, von denen eines nach innen abgetreppt ist. Auch in der Südwand liegt ein Fenster mit einem als Rundbogen zugerichteten monolithen Fenstersturz. Im 16. Jahrhundert baute man auf der Nordseite ein Nebenschiff an; die Rundbogenarkaden ruhen auf dicken Rundpfeilern, deren feinverzierte Granitbasis romanisch ist. In der Vierung stammen die Südarkade und die Arkade, die sich auf den Chor öffnet, noch aus dem 11. Jahrhundert. Die Nordseite wurde umgestaltet und die Arkade zum Langhaus hin im 16. Jahrhundert erneuert. Dennoch haben sich in dieser Vierung Schwung und Schönheit der zweifach gestuften Bögen, die auf hohen Deckplatten ruhen, bewahrt. Auffällig ist die eigenartige Schrägpassage, die das Kirchenschiff mit dem südlichen Querschiffarm verbindet.

Die Vierungspfeiler tragen die noch mit einem romanischen Fenster versehene Basis eines quadratischen Laternenturms.

Im Jahre 1795 waren durch den Krieg Brandschäden verursacht worden, die 1801 den Abriß der Absidiolen zur Folge hatten. Damals wurde auch der Westgiebel erneuert, doch befindet er sich nicht in der Turmachse. Spätere Grabungen auf dem Friedhof erbrachten Rückschlüsse auf Form und Maße der Apsidiolen.

Zwei romanische Portale, das eine im Süden, das andere im Norden, haben leicht zugespitzte Bögen. Die mit feinem Profil versehenen Archivolten ruhen auf einem Gewände von gleichem Profil und auf Konsolen, die mit Menschenköpfen oder Masken verziert sind. Das Südportal ist von einem mit Bänken ausgestatteten Steinvorbau überdacht. Zwei eigenartige Weihwasserbecken in Wiegenform (Bild 4) finden sich beiderseits des Eingangs. Das linke, dessen Schiffchen hübsch verziert ist, dürfte in Anbetracht seiner mittelalterlichen Form romanisch sein. Das rechte ist aus übereinanderliegenden Rundstäben gebildet und scheint als Pendant zum ersten gedacht zu sein, ist aber in der Formgebung ungeschickter. Unter dem Vordach bemerkt man verzierte Kragsteine, die sicher ein Kranzgesims tragen sollten.

Der Hauptaltar und der Baldachin aus Marmor und Holz, aus dem 18. Jahrhundert, stammen vom Kloster Rillé bei Fougères und bilden zusammen mit dem Dreieck der Dreifaltigkeit in einer riesigen Glorie eine symbolträchtige Einheit.

Wir fahren weiter auf der N 175 bis ANTRAIN. Die spätromanische Kirche hat einen ähnlichen Grundriß wie die Klosterkirche von Saint-Sulpice-la-Forêt und Tremblay, ist also »benediktinisch«. Die bereits gotischen Elemente, wie das Gewölbe der Vierung, passen sich der überwiegend romanischen Anlage gut an: Der Übergang von dem einen zum anderen Stil vollzieht sich hier bruchlos.

Wie die beiden vorhergehenden Kirchen gehörte auch diese ursprünglich als Prioratskirche zur Abtei Saint-Florent in Saumur. Jene gab sie an die Abtei Marmoutier in der Touraine weiter. 1197 übernahm der Bischof von Rennes die Schirmherrschaft über die Kirche und erhielt von ihr gewisse Abgaben.

Die Innenausschmückung ist romanisch. Die Motive der Kapitellplastik bieten das gesamte bretonische Repertoire dieser Epoche. Den Chor zieren Schnitzarbeiten des aus Antrain stammenden Tischlers Le Bezot aus dem Jahre 1753; die Vergoldung erfolgte erst fünf Jahre später.

Der Weg zurück nach Fougères führt über die D 155, wobei man das sogenannte Coglès-Gebiet durchfährt.

3. Reiseweg: Rennes, die Stadt und der Nordosten

Michelin-Karte 59, Falte 17–18. Insgesamt 103,5 km

Charakteristisch für den Norden und Nordosten von Rennes sind einige dichte Wälder. Das Gebiet wird von verschiedenen Flüssen umsäumt, hauptsächlich vom Couesnon, der Vilaine und dem Canal d'Ille-et-Rance. Darin münden gewundene, zuweilen von Stauseen und Teichen unterbrochene Wasserläufe.

In RENNES, wo unser Weg seinen Anfang nimmt, raten wir nachdrücklich zu einem Besuch des Musée de Bretagne, das am Vilaineufer, Quai Emile Zola, liegt. Hier sind einige interessante Stücke ausgestellt wie die »Orantenstele« (Bild 45) aus Saint-Guévroc en Tréflez (15. Reiseweg, S. 161), ein Kapitell aus dem Kreuzgang von Daoulas (17. Reiseweg, S. 170) und Kapitelle aus den Klöstern Saint-Melaine und Saint-Georges in Rennes.

Anschließend überqueren wir die Vilaine und gehen zur Place Saint-Melaine und zum schönen Jardin du Thabor; nahebei liegt die Kirche Notre-Dame, die einstige Klosterkirche Saint-Melaine.

Wie bei vielen anderen bretonischen Kirchen verbirgt sich hinter der Fassade des 17. Jahrhunderts ein schönes romanisches Bauwerk, das hier bereits aus dem 11. Jahrhundert stammt. Saint-Melaine ist das älteste Kloster des Departements. Seine Gründungsdaten kennt man nicht, doch ist es schon im 7. Jahrhundert bezeugt, denn im Jahre 650 unterzeichnete Bertulf, ein Abt dieses Klosters, auf dem Konzil von Châlons.

Über dem Grab des heiligen Melaine (Melanius) wurde eine erste, von Gregor von Tours Ende des 7. Jahrhunderts beschriebene Kirche errichtet.

Kloster und Klosterkirche wurden immer wieder von Unglück heimgesucht: durch Brand und Verwüstungen durch die Normannen, die sich 875 hier verschanzten und dann nochmals im 10. Jahrhundert das Kloster zerstörten, das im 11. Jahrhundert wiederaufgebaut wurde, durch den Hundertjährigen Krieg und anschließend durch die Erbfolgekriege um die Bretagne; und schließlich brannte in der zweiten Hälfte des 17. Jahrhunderts auch noch der Schlafsaal der Mönche. Trotz all dieser Prüfungen verließen die Benediktinermönche von Saint-Melaine ihr Kloster aber erst mit der Revolution.

Nachdem zunächst die Artillerie dort untergebracht worden war, übernahm die Stadt Rennes die Klostergebäude im Jahre 1793 und richtete dort ein Krankenhaus ein. Die Kirche wurde 1791 Pfarrkirche, dann geschlossen und von der Armee als Pferdestall genutzt. 1803 wurde sie vorübergehend – bis 1844 – Kathedrale und dem heiligen Petrus geweiht; gleichzeitig ersetzte sie die Pfarrkirchen Saint-Jean und Saint-Pierre-en-Saint-Georges. 1844 erhielt sie den Namen Notre-Dame-en-Saint-Melaine, den sie bis heute beibehalten hat.

Der Grundriß zeigt die Form eines lateinischen Kreuzes: An ein fünfjochiges Langhaus mit Seitenschiffen, Vierung und Querschiff, dessen Arme nur wenig hervorspringen, schließt sich ein ebenfalls mit Seitenschiffen versehener, vierjochiger Chor an, der in einer schmaleren Apsiskapelle mit flachem Chorhaupt endet.

Manche Teile sind bereits vor dem 11. Jahrhundert entstanden. Das ist vor allem an den Querschiffarmen zu erkennen, die auf vorromanischen Mauern errichtet wurden. Die unter dem Turm sichtbare Westfassade ist einer der ältesten Bauteile. Eine Art Narthex steht dem Eingangsportal voran, das von drei Bogenläufen aus sehr regelmäßigen Keilsteinen, die in einer einzigen ebenmäßigen Linie ohne jeden Vorsprung bis zum Boden reichen, gebildet wird. Zwei freistehende Säulen tragen Kapitelle mit sehr tief eingemeißeltem Skulpturenschmuck, manche Teile sind gehämmert. Das rechte Kapitell (Bild 9) zeigt sowohl auf dem Korb als auch auf der Deckplatte Fabeltiere, die sich jedoch nur schwer interpretieren lassen. Das linke Kapitell scheint einmal restauriert worden zu sein.

Die mächtigen rechteckigen, von der Westfassade aus gesehen ersten beiden Jochpfeiler des Langhauses stammen aus der ersten Bauphase. Die beiden anschließenden Jochpfeiler wurden in der Gotik erneuert und tragen Spitzbogenarkaden.

Die Vierung bilden große, leicht hufeisenförmige Rundbogenarkaden, deren Pfeiler denen am Anfang des Langhauses ähneln. Die kleinen Säulen in den Ecken der Vierung nehmen Bogenansätze auf, die wahrscheinlich ein – niemals ausgeführtes – Gewölbe tragen sollten. Über den Arkaden liegt jeweils ein rundbogiges Zwillingsfenster mit zwei Oculi. Sehr weit oben auf der Südseite zeigt eine kleine Bildhauerarbeit (Bild 10) zwei jeweils unter einem mit dem Meißel herausgearbeiteten Bogen sitzende Personen.

Die Querschiffarme, die aus sehr altem Schieferbruchstein errichtet sind, werden von ebenso breiten wie hohen Fenstern erhellt, die sowohl innen wie außen abgeschrägt sind. Die Bögen einiger dieser Fenster sind aus Ziegelsteinen zusammengesetzt, woraus ihr hohes Alter ersichtlich wird. Auf halber Höhe des nördlichen Querschiffarms verschaffte eine heute zugemauerte romanische Tür über eine Treppe Zugang zum Schlafsaal der Mönche. Zwei Rundbogenfenster an der Ostwand sind jeweils mit einem Oculus versehen. Außen werden die Mauern der Querschiffarme von grobgemauerten Strebepfeilern abgestützt, die offensichtlich später vorgesetzt wurden, um die Mauern des vorromanischen Baus abzusichern, die man in den Neubau aus dem 11. Jahrhundert integriert hatte.

Die Chorarkaden erinnern in vielem an die Arkaden im Kirchenschiff. Das rechte Chorhaupt wurde im 19. Jahrhundert renoviert.

Bei neueren Restaurierungsarbeiten legte man einen Teil des alten Mauerwerks und die Anfänge zweier Arkaden sowie den Ansatz eines darüber befindlichen Blendbogens frei.

Der Kreuzgang lag nördlich des Langhauses. Der Thabor-Garten und der daran anschließende Botanische Garten gehörten zum Klosterbesitz.

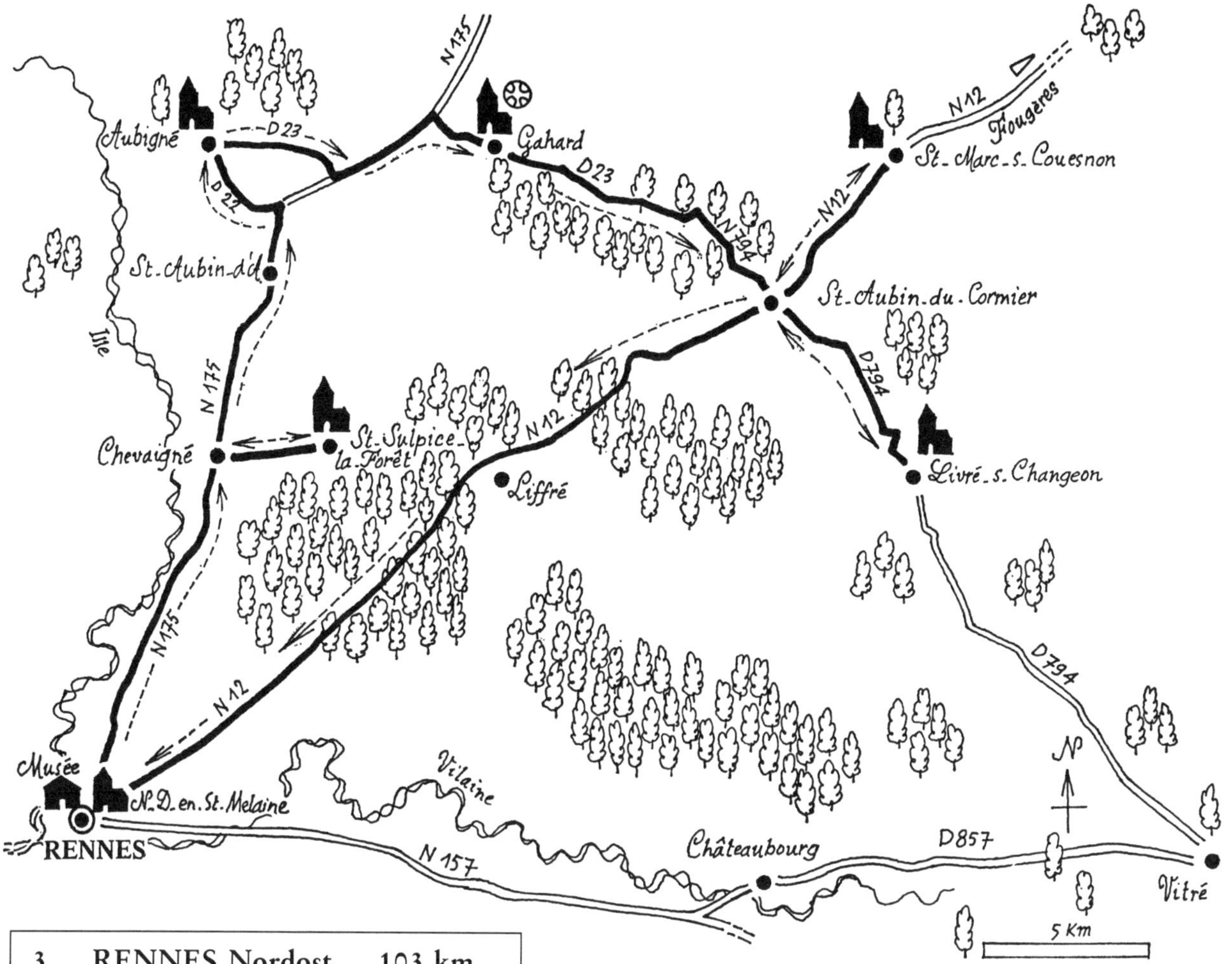

3 **RENNES Nordost** 103 km

Wir verlassen Rennes auf der N 175 in Richtung Rennes-Pontorson und fahren bis Chavaigné. Dort geht rechts die Straße nach SAINT-SULPICE-LA-FORÊT ab. Die sehr alte Pfarrkirche ist nach dem heiligen Sulpicius, dem Bischof von Bourges, benannt. Ihr Entstehen verdankt sie dem nahegelegenen Kloster. Vermutlich wurde sie für die Gottesdienste der vom Kloster Abhängigen errichtet, als hier allmählich eine Ortschaft zu entstehen begann, die im 13. Jahrhundert zu einer regelrechten Pfarrgemeinde herangewachsen war. Die Pfarrkirche hat bescheidene Ausmaße, ist einschiffig und schließt mit einem flachen Chorhaupt ab. Der Bau geht auf den Beginn des 12. Jahrhunderts zurück und wurde mehrmals verändert.

Ein Außenanstrich aus neuerer Zeit läßt eine genauere Untersuchung des Mauerwerks nicht zu. Die vier romanischen Fenster an der Nordseite fanden ihre Entsprechung auf der Südseite, wo man noch Spuren dieser Fenster ausmachen kann. Eines wurde in der Gotik verändert und mit einem Kleeblattbogen versehen, ein anderes im 18. Jahrhundert vergrößert. Die Westfassade ist 1675 erneuert worden. Im Innern findet sich ein im 15. Jahrhundert geschaffenes Taufbecken aus Granit und ein Altarretabel, das auf die Zeit der Äbtissin

Marguerite d'Argennes zurückgeht, die das Kloster zu Beginn des 17. Jahrhunderts neu aufbaute. Die Wappen der Äbtissinnen zeigen die enge Verbindung, die zwischen der Pfarrei und dem etwa 300 Meter entfernten, an der Straße nach Liffré gelegenen Kloster bestand.

Die davon übriggebliebenen Gebäude und die Ruinen der großen Abteikirche sind heute Privatbesitz und gehören einem Kinderheim. Man erhält ohne weiteres Zutritt zu den Ruinen, die auch schon von der Straße aus zu sehen sind.

Der Gründer des Klosters, Radulf von La Fustaye, Benediktinermönch aus Saint-Jouin-de-Marnes, hatte sich Robert von Arbrissel angeschlossen und wirkte ebenfalls als Wanderprediger. Nach dem Beispiel Roberts gründete er im Wald von Rennes am sogenannten »Amselnest« zu Anfang des 12. Jahrhunderts zwei Klöster, ein Mönchs- und ein Nonnenkloster, die beide der Äbtissin des Nonnenklosters unterstellt waren. Das Mönchskloster existierte nicht über das 14. Jahrhundert hinaus. Südlich von der Straße nach Liffré findet man in der Nähe einer alten Wassermühle aus dem 14. Jahrhundert ein großes, von Wallgräben umzogenes Geviert, das »Mönchshügel« genannt wird. Das Nonnenkloster bestand jedoch bis zur Revolution. Die Klostergründung war nach 1117 erfolgt. Die erste Äbtissin, Maria, Tochter von Stephan von Blois, starb am 6. Mai 1159.

Der Einfluß dieses Klosters, das von den bretonischen Herzögen Conan III. und Conan IV. zahlreiche Schenkungen erhielt, war so groß, daß Bischöfe ihm die Klöster ihrer Diözesen unterstellten. Andererseits strahlte Saint-Sulpice-des-Bois auch durch Neugründungen aus, so daß es als Mutterabtei betrachtet wurde.

Da es in der Revolution geplündert und zerstört wurde, blieb bis auf ein großes gotisches Portal aus weißem Stein fast nichts von den einstigen Klostergebäuden erhalten.

Von der großen, im 12. Jahrhundert erbauten Kirche hat sich im wesentlichen die Vierung bewahrt. Die vier Rundbogenarkaden zeichnen sich dadurch aus, daß die sorgsam ausgewählten und zugerichteten Keilsteine des doppelten Bogenlaufs zwischen Granit und Schiefer abwechseln. Die Innenrundung endet auf eingebundenen Säulenvorlagen mit einfach verzierten Kapitellen (überkreuzte Krummstäbe, Zahnschnitt, Würfelfries, flache Blätter usw.). Die Deckplatten sind einfach abgeschrägt. Über den kegelstumpfförmigen Basen befinden sich mehrere, allerdings schlecht erhaltene Rundstäbe.

Man sieht noch die Nordabsidiole mit dem Halbkuppelgewölbe, und von außen kann man unter dem Efeu die Spuren eines alten Schießschartenfensters mit monolithem Fenstersturz ausmachen.

Da die Fundamente noch erhalten sind, läßt sich der gesamte ursprüngliche Grundriß der Kirche rekonstruieren: Ein breites und recht kurzes Schiff öffnet sich auf ein kaum hervortretendes Querschiff. An der Ostseite jedes Querschiffarms liegt eine Absidiole. Der Chor, von dem man lediglich den Ansatz wiederentdeckte, mußte nach »benediktinischem« Grundriß mit einer halbrunden Apsis abschließen. Über der Vierung erhob sich vermutlich ein Turm.

An der Stirnseite des südlichen Querschiffarms finden sich Reste einer kleinen, niedrigen Kapelle mit sehr tief abgesenktem Gewölbe. Wahrscheinlich diente sie als Grabkapelle. Albert le Grand, ein Dominikaner des 17. Jahrhunderts, der die Viten der bretonischen Heiligen aufzeichnete, sagt, er habe die Gräber von Radulf von La Fustaye und dessen Schüler Autbertus gesehen. Nach einer anderen Überlieferung war dies die Gruft der Äbtissinnen.

Wegen der Großartigkeit dieser Ruinen und der Schönheit ihres technisch bemerkenswerten Mauerwerks bleibt zu hoffen, daß man sie wieder von dem wildwuchernden Pflanzenwuchs befreien und als Zeugen dieser einst so bedeutenden Abtei durch behutsame Restaurierung in ihrem gegenwärtigen Zustand erhalten kann.

Wir fahren den Weg, den wir gekommen sind, auf der N 175 zurück und biegen nach Saint-Aubin d'Aubigné links zur D 22 nach AUBIGNÉ ab. Die alte Pfarrgemeinde existierte sicher schon im 11. Jahrhundert. Es soll zwei Kirchen gegeben haben: eine Pfarrkirche, von der nichts mehr übriggeblieben ist, und die dem Kloster Saint-Melaine in Rennes unterstellte Prioratskirche, die heute nahe dem Friedhof liegt. Ihr einschiffiges Langhaus wurde im 18. Jahrhundert nach Westen erweitert, das Chorhaupt 1780 erneuert.

Von außen erkennt man sofort das romanische Langhaus, das im Norden und Süden von noch heute vorhandenen Eckstrebepfeilern flankiert wird. An der Nordmauer, die von einem recht urtümlichen Strebepfeiler mit stark verlängerter Abschrägung gestützt wird, sieht man ein romanisches Fenster, etwas breiter als eine Schießscharte, und in einigen Partien des Mauerwerks Lagen von Fischgrätenmuster. In die Südwestecke sind zwei in zwei Teile geschnittene Grabsteine eingelassen. Auf beiden ist ein von einem Kreis umrundetes Kreuz mit einem langen Schaft eingraviert, der sich an der Basis verbreitert. In der Südmauer des Kirchenschiffs entdeckt man außen ein kleines Kruzifix von einfacher Machart. Trotz der ungelenken Proportionen ist der friedliche Ausdruck des Bildes Christi ergreifend. An der südlichen Friedhofsmauer findet man ein weiteres kleines Kreuz dieser Art, das jedoch unvollständig ist.

Im Innern trennt ein wuchtiger Triumphbogen – in der Tat eine schlichte Aussparung der Chorwand – das Schiff vom eingezogenen Chor. Das mächtige Holzgebälk, das den Glockenturm trägt, steigt vom Fußboden auf, in dem einige Grabsteine liegen. Ein achteckiger Granitblock aus dem 15. Jahrhundert dient als Taufbecken. Er steht unter Denkmalschutz, ebenso wie das große Weihwasserbecken ähnlichen Stils. Es ist mit einer Menschengestalt, einem Löwen und umlaufend mit acht Löwenköpfen skulptiert.

Das nördlich der Kirche gelegene ehemalige Priorat ist heute Privathaus.

Von Aubigné aus gelangt man über die D 23 zur N 175 und auf ihr weiter zur Abzweigung der D 92. Auf letzterer erreicht man nach 2 Kilometern GAHARD. Im 9. bis 10. Jahrhundert gab es dort ein dem heiligen Exuperius, dem Bischof von Toulouse, geweihtes Kloster, das allerdings im Verlauf der Normanneneinfälle zerstört wurde. Die bretonischen Herzöge schenkten die Ruinen einem Laien namens Guiddenoc, der sie zu Beginn des 11. Jahrhunderts seinerseits der Abtei Marmoutier in der Touraine weitergab. Diese nahm ihre Besitzrechte bis zur Revolution wahr.

Es handelt sich demnach um eine sehr alte Pfarrgemeinde, vielleicht um die älteste des Departements. Die Kirche, die spätestens auf das 11. Jahrhundert zurückgeht, wurde wie viele andere bretonische Kirchen im Laufe der Jahrhunderte vergrößert und umgebaut, ist aber im ganzen, trotz einiger Anfügungen, die ihr einen ungewöhnlichen Umriß verleihen, romanisch geblieben. Das Schiff ist der älteste, entweder Ende des 10. oder zu Beginn des 11. Jahrhunderts entstandene Teil. Es wurde von kleinen romanischen Fenstern erhellt, die heute zugemauert sind.

Schenkt man einer Inschrift am Portal des nördlichen Seitenschiffs Glauben, so wurde das Langhaus im Jahre 1405 durch Seitenschiffe erweitert und durch sehr einfache Rundbogenarkaden, die man in die Mauern des Hauptschiffs einschnitt, mit diesem verbunden. Das als »allée du trésor« (Schatzallee) bezeichnete südliche Seitenschiff endet in der alten Sakristei, der »Schatzkammer«, einem überwölbten Raum, der ursprünglich die Propstkapelle gewesen sein könnte. Dort steht eine schöne Schnitztruhe aus dem 15. Jahrhundert. In der Vierung sind die romanischen Arkaden erhalten geblieben. Über dem Steingewölbe erhebt sich ein recht niedriger, schiefergedeckter Spitzturm mit romanischer Basis. In der Renaissance hat man ein Treppentürmchen auf der Nordseite hinzugefügt. Der fensterlose Chor lehnt sich an das ehemalige Wohnhaus des Priors an.

Im Innern verdienen verschiedene Werke unsere Aufmerksamkeit: Was von den Glasfenstern aus dem 16. Jahrhundert verblieb, wurde im Fassadenfenster zusammengefaßt. Man sieht dort Gottvater, als Papst gewandet, von Engeln umgeben und die Schöpfung segnend. Ein Kruzifix aus dem 15./16. Jahrhundert stand früher über einem Lettner. Bewahrt haben sich auch einige alte Holzfiguren, darunter die der heiligen Barbara. Der granitene Taufstein stammt aus dem 16. Jahrhundert. Ein eigenartiges quadratisches Weihwasserbekken (Bild 7) ist in die Wand eingelassen und trägt als Reliefschmuck eine eindrucksvolle Menschenmaske, wie man sie ähnlich am Wasserbecken im Kreuzgang von Daoulas (17. Reiseweg, S. 170) oder auch an den Blendarkaden des südlichen Querschiffarms der Kirche von Merlévénez (22. Reiseweg, S. 201) findet.

Auf dem nahen Friedhof überragt ein schlanker Calvaire die Gräber. Der achteckige Schaft endet in vier Schilden, über denen die feingearbeitete, formmäßig dem Schaft angepaßte Deckplatte hervortritt.

Die Kreuzigung (Bild 6) ist aus einem einzigen, zart durchbrochenen Granitblock gemeißelt. Aus dem zur Seite geneigten Haupt Christi sprechen Schmerz und Erschöpfung. Zu beiden Seiten des Gekreuzigten stehen auf leicht gebogenen Konsolen Maria und wahrscheinlich Maria Magdalena. Ein leichtes, mit Knospen besetztes Satteldach beschützt wie ein Baldachin die ganze Gruppe.

Von Gahard gelangt man über die D 23 und die D 794 nach Saint-Aubin-du-Cormier und von da aus dann auf der N 12 nach SAINT-MARC-SUR-COUESNON. Der eigentliche Kirchenpatron ist hier der heilige Médard oder Medardus, dessen Namen sich jedoch im Laufe der Jahrhunderte wandelte. Ein Dokument aus dem 13. Jahrhundert nennt die Kirche *Ecclesia sancti Medardi super Coesnon.* Sie gehörte zu einem Priorat des Mont-Saint-Michel und wurde zur Zeit der Romanik errichtet. Bei den Umbauten von 1517 blieb der Grundriß unverändert, und die Spuren des ursprünglichen Baus lassen sich unschwer ausmachen: das Langhaus ohne Nebenschiffe, das Querschiff, der Chor mit dem geraden Chorhaupt und die flache Fassade mit dem hohem Giebel. Das kleine Rundbogenfenster im Chorhaupt ist sehr stark ausgeschrägt. Ein romanisches Portal in der Südwand des Kirchenschiffs ist zugemauert. Unmittelbar über dem Portalbogen befindet sich eine ursprüngliche Bogenstruktur. In den Mauern sind einige alte Bauelemente wiederverwendet, wie der Fenstersturz und das Gewände des Sakristeifensters. Der spitz zulaufende Triumphbogen im Innern ruht auf zwei abgekanteten Mauerflächen. Die eine ist oben mit einem Menschenkopf zwischen zwei Laubzweigen verziert.

Eine Madonnenstatue aus dem 15. Jahrhundert und das Taufbecken von 1554, das mit Engeln, Palmetten und Rankwerk skulptiert ist, weisen zwei Inschriften auf.

Man setzt den Weg auf der N 12 in Richtung Saint-Aubin-du-Cormier fort und kommt von dort aus auf der D 794 nach LIVRÉ-SUR-CHANGEON. Schon im 10. Jahrhundert gab es im Bereich dieser Gemeinde, die den Grafen von Rennes gehörte, eine der Heiligen Jungfrau geweihte Kirche. Durch die wiederholten Normanneneinfälle wurde das Gebiet völlig verwüstet, und da die Bewohner flohen, wurde aus dem Ackerland wieder Wildnis. Gottfried I., Graf von Rennes und 992–1008 Herzog der Bretagne, war bestrebt, dieser Region wieder aufzuhelfen und schenkte sie dem Abt des Benediktinerklosters Saint-Florent in Saumur, Robert.

Einige Jahre später siedelten sich dort Mönche an und gründeten ein Priorat. Die Söhne Gottfrieds bestätigten der Abtei Saint-Florent die vollen Besitzrechte an Livré und gestanden ihnen zusätzlich nicht nur sämtliche Rechts- und Verwaltungsbefugnisse, sondern auch völlige Abgabenfreiheit zu. Mehrere Päpste bestätigten diese Stiftung des Priorats Livré, das keinem Bischof, sondern unmittelbar dem Papst unterstand, wie dies auch für das Priorat Gahard der Fall war.

Die Kirche Notre-Dame wurde in den allerersten Jahren des 11. Jahrhunderts errichtet. Sie ist in der Bretagne eines der seltenen Beispiele für einen Bau nach benediktinischem Grundriß: An das Langhaus, mit dem kaum hervortretenden Querschiff schließt sich im Osten der Chor aus einem Chorjoch und einer halbrunden Apsis an, auf jeder Seite von einer Absidiole flankiert. Diesen Grundriß findet man auch in Saint-Martin in Josselin (26. Reiseweg, S. 223) und in Saint-Sulpice-la-Forêt (S. 33) wieder.

Schon in der Romanik waren dem Langhaus Seitenschiffe angefügt, die im 16. Jahrhundert erneuert wurden. Es blieben zwei Rundbogenarkaden, die sich auf die Seitenschiffe öffnen. Die Vierung besteht aus vier leicht hufeisenförmigen Rundbogenarkaden. Zu den Querschiffarmen hin sind jeweils zwei Rundbogenarkaturen übereinandergesetzt, so daß eine Fensteröffnung entsteht (Bild 8). Diese originelle Lösung – sie ist in ihrer Art im Departement Ille-et-Vilaine einzigartig – sollte den Schub der sehr starken Mauern abfangen helfen. Der Wechsel zwischen verschiedenfarbigen Keilsteinen unterstreicht diesen besonderen architektonischen Effekt in glücklicher Weise.

Von den beiden Absidiolen ist nur die südliche in ihrem ursprünglichen Zustand verblieben. Sie trägt ein Halbkuppelgewölbe und wird durch ein Fenster erhellt, das sich in ihrer Achse öffnet.

Der Chor liegt dem Schiff gegenüber erhöht. Im Chorjoch befindet sich auf jeder Seite ein Fenster, während das anschließende, von einer Halbkuppel überwölbte Halbrund durch vier Fenster erhellt wird, getrennt von kleinen, auf Konsolen ruhenden Säulen, die nicht bis zum Boden reichen.

Das Querschiff wird von einem quadratischen Turm überragt, der oberhalb der Dächer schlanker wird. Aus romanischer Zeit datieren die vier gekuppelten Fenster in der Nord- und Südseite. Ihre Rundbögen ruhen auf kleinen Säulen mit einfachen Würfelkapitellen. Die schmalen Fenster in der Ost- und der Westseite wurden im 16. Jahrhundert verändert.

Die im selben Jahrhundert erneuerte Fassade ist teilweise noch romanisch, was an den Strebepfeilern ersichtlich wird, die sie zu beiden Seiten flankieren. Links vom Giebel sieht man unten am Strebepfeiler Fragmente von Grabsteinen, die verschiedene, schwer deutbare Zeichen tragen. Manche sind mit Malteserkreuzen versehen.

In alten Schriftquellen werden zwei unmittelbar benachbarte Kapellen genannt, und es ist belegt, daß diese dem Templer- und später dem Johanniterorden gehörten. Die eine ist der heiligen Anna geweiht und steht in dem Dorf »La Chevalerie« nahe dem gleichnamigen Herrensitz. Am Chorhaupt sind noch die romanischen Strebepfeiler zu sehen.

Zur Rückfahrt nach Rennes kehrt man am besten auf der D 794 bis nach Saint-Aubin-du-Cormier zurück und nimmt dann die N 12.

4. Reiseweg: Westlich von Rennes

Michelin-Karte 59, Falte 16–17. Insgesamt 112 km

Unser Reisegebiet westlich von Rennes liegt zwischen den Flußläufen der Rance und der Vilaine. Es ist ein waldreiches, von gewundenen Flüssen und Bächen durchzogenes Land, das sich in harmonischen Linien darbietet. Seine Südgrenze bildet der alte Wald von Paimpont, einst *Forêt de Brocéliande* genannt. Noch immer gibt es hier ausgedehnte Wälder – Reste jenes Märchenwaldes, in dem so viele Sagen spielen. Im sanften Frühjahrslicht, das die Konturen weichzeichnet, prangt diese Landschaft mit ihren vielen Obstgärten voller Apfelbäume in einem herrlichen Blütenschmuck.

Wir verlassen Rennes auf der N 12 und fahren bis nach PACÉ. Die Pfarrkirche war früher Prioratskirche und unterstand der Abtei Saint-Melaine in Rennes. Ab 1152 bestätigten die Bischöfe von Rennes, der Erzbischof von Tours und Papst Lucius III. den Mönchen von Saint-Melaine mehrmals während des 12. Jahrhunderts deren Besitzrechte an der Kirche von Pacé. Das Priorat muß jedoch schon lange zuvor bestanden haben. Der erste Bau scheint aus dem 11. Jahrhundert zu stammen. Für diese Datierung spricht das Fischgrätenmuster in der Südmauer der Kirche sowie der als Rundbogen zugerichtete granitene Fenstersturz eines kleinen Fensters. Damals war die Kirche nur einschiffig. Im 15. und 16. Jahrhundert wurde sie dann um zwei Seitenkapellen erweitert. An der Südmauer sieht man sehr deutlich, wo das Hauptschiff in den Querschiffarm übergeht. Die Westfassade ist mit drei kleinen Kreuzen geschmückt und hat ein Portal aus dem 15. Jahrhundert. Ein kleiner Glokkenturm mit kielförmigem Dach und ein kleiner Campanile am Chorhaupt – beide sind schiefergedeckt – bewirken die originelle Silhouette der Kirche.

Innen ist die nördliche Querschiffkapelle mit dem Hauptschiff durch zwei Spitzbogenarkaden verbunden, die auf der einen Seite auf einer dicken zylindrischen Säule mit skulptiertem Kapitell und auf der anderen Seite auf zwei in die Mauer eingebundenen Halbsäulen ruhen.

Auf der N 12 geht es weiter, bis rechter Hand die D 231 nach PARTHENAY-DE-BRETAGNE abzweigt. Die im 16. Jahrhundert restaurierte und vergrößerte Kirche hat noch Elemente der ersten romanischen Kirche aus dem 11. Jahrhundert bewahrt. Aus einer archaischen Mauer in dem durch ein Oculus erhellten Chorhaupt sowie aus den Unterschieden im Mauerwerk, die deutlich zeigen, wo angebaut wurde, lassen sich die Dimensionen der ursprünglichen Kirche rekonstruieren. Im Innern ist ein kleines romanisches Schießschartenfenster in der Nord- und in der Südwand des Hauptschiffs erhalten.

Ein Taufbecken aus dem 16. Jahrhundert ist mit skulptierten Köpfen geschmückt. Auf einem Gemälde aus dem 17. Jahrhundert ist eine Madonna mit Kind und der Stifter dargestellt.

Ab Parthenay nimmt man die D 31 und biegt dann links auf die D 21 nach CLAYES ab. Die kleine, dem heiligen Petrus geweihte Kirche wurde im 16. Jahrhundert umgebaut, man findet jedoch noch Reste aus dem 11. Jahrhundert, wie ein – heute zugemauertes – romanisches Rundbogenportal mit zwei übereinanderliegenden Bögen an der Ecke des nördlichen Querschiffarms und des Kirchenschiffs. Dicht daneben läßt sich aus dem Fischgrätenmuster des Mauerwerks das Alter der Kirche ablesen.

Im Innern beobachtet man ein deutliches Gefälle von der Westfassade zum Chor hin. Der Triumphbogen in der Mitte des Schiffs trug den alten Glockenturm, den man 1740 durch den jetzigen an der Fassade ersetzte.

Das von einem satteldachartigen Baldachin überwölbte Granitkreuz auf dem Friedhof zeigt mehrere Personen aus der Passionsgeschichte. Die Basis trägt die Jahreszahl 1779, aber der Calvaire selbst – er steht unter Denkmalschutz – ist dem ausgehenden 15. oder dem beginnenden 16. Jahrhundert zuzuordnen.

Von Clayes führt eine direkte Straße knapp fünf Kilometer weiter nach PLEUMELEUC. Auch die dortige Kirche ist dem heiligen Petrus geweiht und gehörte wie die vorige den Mönchen von Saint-Melaine, die hier ein Priorat besaßen.

Die gesamte nördliche Außenwand ist in schönem Fischgrätenverband gemauert und läßt sich deshalb in das 11. Jahrhundert datieren. Bei kürzlich erfolgten Restaurierungsarbeiten kam an einem Teil der Wand, von dem man den Anstrich entfernte, auch im Innenraum eine ähnliche Mauerstruktur zum Vorschein, die man nun bewußt so beläßt, um dieses Zeugnis der Vergangenheit dem Besucher unmittelbar vor Augen zu führen. Ansonsten wurde das Gebäude im 15. Jahrhundert umgestaltet, beziehungsweise neu errichtet, dazu auch in neuerer Zeit, als unter anderem der schiefergedeckte Glockenturm entstand.

Der achteckige Taufstein mit seinen beiden skulpturengeschmückten Granitbecken stammt aus dem 16. Jahrhundert. Auch das alte Weihwasserbecken ist erwähnenswert.

Die Kirche ist von einem Friedhof umgeben, dessen Eingang von zwei Löwen flankiert wird. Sie gehörten zum einstigen Calvaire von La Nouaye (siehe weiter unten).

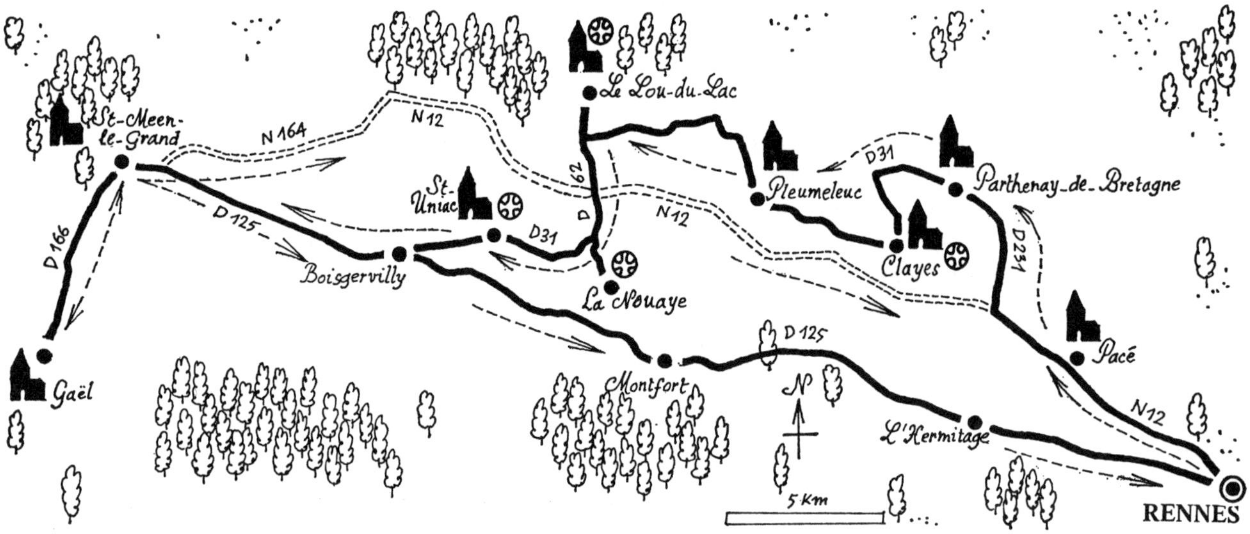

4 RENNES West 112 km

Von Pleumeleuc aus begibt man sich nach links biegend wieder auf die D 28, überquert die D 72, fährt weiter bis zur Kreuzung mit der D 62, auf der man sich dann nach rechts Richtung LE LOU-DU-LAC wendet. Im Bürgermeisteramt bittet man um den Schlüssel der bescheidenen Kirche, die an einem kleinen romantischen See in der Nähe eines Schlosses liegt, zu dem sie früher einmal als Schloßkapelle gehörte. Das Wort Louc'h, das auf bretonisch einen von Menschenhand angelegten See bezeichnet, hat dem Ort seinen Namen gegeben. Das genaue Gründungsdatum der sehr alten Pfarrgemeinde ist unbekannt, doch war sie eine Enklave der alten Diözese Dol, der sie direkt unterstand. Diese »Enklaven«, die es auch in anderen bretonischen Diözesen gab, entstanden alle vor 848, dem Jahr, in dem Dol Sitz des Erzbischofs wurde (siehe 6. Reiseweg, S. 52).

Der Legende nach verschlang der See eine erste Kirche, die dann durch die heutige ersetzt wurde. Sie ist dem heiligen Lupus oder Loup geweiht. Die romanischen Züge des in das 11. Jahrhundert zurückgehenden Langhauses sind trotz späterer Veränderungen unschwer in dem Farnblattmuster des Mauerwerks zu erkennen, das man oben an den Außenwänden sieht, in den schmalen, zugemauerten romanischen Fenstern, sowie in dem an Arbrissel (1. Reiseweg, S. 24) erinnernden Triumphbogen, der das Schiff von einem ziemlich tiefen, niedrigeren und schmaleren Chor abtrennt.

Über dem Portal der Westfassade bemerkt man ein Wappen mit einem Kaufmannszeichen, das an die vielen Zeichen erinnert, die in die Mauern von Notre-Dame in Vitré eingeritzt sind (1. Reiseweg, S. 21). Der Westgiebel und das gerade Chorhaupt wurden im 16. Jahrhundert erneuert.

Vor der Weiterfahrt sollte man sich noch ein interessantes Kreuz auf dem Friedhof ansehen.

Auf der D 62 gelangen wir über die N 12 nach LA NOUAYE, das wie Le Lou-du-Lac zur Diözese Dol gehörte, d.h. ebenso alt ist. In einer Urkunde von 1189 ist die Kirche als *Ecclesia Lamnoas* erwähnt. In diesem Namen ließe sich das Wort »Lann« wiederfinden, das entweder eine kleine Einsiedelei oder einen geweihten Ort beziehungsweise eine meist einem keltischen Heiligen geweihte Kirche bezeichnete.

Ende des 12. Jahrhunderts ging die Kirche als Schenkung an die Abtei Montfort, die dort ein Priorat gründete. Vom ursprünglichen Gebäude ist nichts erhalten. Die jetzige Kirche stammt vom Ende des 15., Anfang des 16. Jahrhunderts. Der mächtige Vorbau aus grauem Granit bildet einen schönen Farbkontrast zum Kirchenschiff aus rotem Sandstein.

Auf dem Friedhof trifft man die Reste eines sehr schönen skulpturengeschmückten Calvaires an, der unter Denkmalschutz steht und teilweise wiederhergestellt wurde. Das, was aus dem 16. Jahrhundert erhalten blieb, lohnt unseren Besuch.

Der Sockel zeigte außer verschiedenen Szenen aus der Passionsgeschichte jeweils paarweise die Evangelistensymbole: Engel und Stier auf der Südseite, Adler und Löwe auf der Nordseite. Auf der Westseite findet sich eine schöne Darstellung der heiligen Veronika. Ferner gab es verschiedene Tierstatuen, von denen an Ort und Stelle ein Löwe verblieb, während zwei weitere den Friedhofseingang von Pleumeleuc bewachen. Da diese Skulpturen sehr schön und ausdrucksvoll sind, kann man den Verlust der übrigen Teile nur bedauern.

Von La Nouaye fahren wir auf der D 62 in Richtung Saint-Uniac, dann links auf die D 31. Nach knapp zwei Kilometern stößt man rechts auf eine direkte Straße nach SAINT-UNIAC. Die noch vor dem 9. Jahrhundert entstandene Kirche ist nach einem irischen Abt benannt, der im 6. Jahrhundert lebte und ein Schüler des heiligen Samson und des heiligen Méen (Meenus) war. Sie wurde zu wiederholten Malen umgebaut, erweitert und renoviert. Trotzdem sind die aus der Romanik erhaltenen oder in später errichtete Bauteile einbezogenen Elemente sichtbar. Das nicht direkt beleuchtete Schiff ist von dem erhöhten Chor durch einen Triumphbogen abgetrennt, der auf einer Seite auf einer hohen, aus drei übereinanderliegenden Rundstäben gebildeten romanischen Basis ruht. Die Westfassade scheint innen weitgehend erhalten zu sein, durchbrochen von vier Rundbogenfenstern, dreien unten, wobei das mittlere höher ist, und einem darüber. Sie sind ziemlich groß und haben weder Verzierungen noch sind sie in die Mauer eingestuft, so daß sie sich in das 11. Jahrhundert zurückdatieren lassen. Auch die Außenmauern erscheinen sehr alt, hauptsächlich die Südmauer des Kirchenschiffs, wo man stellenweise ein unregelmäßiges Mauerwerk aus kleineren Sandsteinen bemerkt.

Im Chor findet man eine geschnitzte Holztafel aus dem 15. Jahrhundert und Reste von Glasfenstern aus dem 16. Jahrhundert, ebenso in der Nordkapelle.

Die warmen Farben des zum Bau der Kirche verwendeten Gesteins, Sandstein und Schiefer, sind nicht ohne Reiz; zudem wird die Fassade von Strebepfeilern aus großen Granitquadern flankiert.

Etwas links von der Kirche stehen auf einem gemeinsamen Sockel zwei feine, sehr schlanke und elegant wirkende Zwillingskreuze. Das etwas kleinere ist aus einem einzigen Stein gearbeitet. Wie sind sie entstanden? Die Dorfbewohner erzählen, sie seien von zwei Schwestern errichtet worden, aber wir wissen nichts Näheres. Es sind mehrere Zwillingskreuze bekannt, hauptsächlich im Morbihan, wo man sie oft als »Hochzeitskreuze« bezeichnet. Manchmal sollten sie die Grenze einer Gemeinde oder Diözese markieren, doch in solchen Fällen sind sie gleich groß.

Schließlich sei an eine Überlieferung erinnert, wonach es hinter dem Chor eine sehr alte Kapelle ausschließlich für die Mönche des dem Kloster Saint-Méen unterstellten Priorats gegeben haben soll.

Von Saint-Uniac erreicht man über die D 71 in Boisgervilly die D 125, die am Ortseingang von SAINT-MÉEN-LE-GRAND die N 164 schneidet. Dieser Ort verdankt seine Entstehung der im 7. Jahrhundert gegründeten Abtei, die neben der Abtei Saint-Melaine in Rennes die älteste im Departement war.

Der in Großbritannien geborene heilige Méen war ein Verwandter des heiligen Samson und des heiligen Magloire (Maglorius) und schloß sich dem ersteren an, der sich bei Dol niederließ. Mit der Erlaubnis des heiligen Samson gründete er nach 557 auf Ländereien, die ein frommer Grundherr namens Caduon mit Billigung des bretonischen Königs Juthaël oder Hoël III. gestiftet hatte, ein Kloster. Im Jahre 799 setzten die Truppen Karls des Großen die Abtei in Brand. Der Kaiser gestattete den Wiederaufbau, was dann auch 816 durch Patente Ludwigs des Frommen bestätigt wurde. Dieser setzte hier zwei Jahre später den Benediktinerorden ein. Im 10. Jahrhundert zerstörten die Normannen Kirche und Klostergebäude vollständig. Die Mönche flohen und nahmen die Reliquien des heiligen Méen sowie des bretonischen Königs Judicaël mit – der Mönch des Klosters geworden und dort auch gestorben war. 1008 nahm man den Wiederaufbau in Angriff, 1074 wurden die Reliquien des heiligen Méen in die Abteikirche zurücküberführt, wo das Grab des Heiligen noch heute ist.

Im Lauf der Jahrhunderte wurde oft umgebaut. Aus dem 12. Jahrhundert blieb nur noch der Turm, der auf einer wesentlich älteren Basis errichtet ist. Das Querschiff stammt aus dem 13., der Chor aus dem 14. Jahrhundert. Die Sakristei (12. Jh.) scheint früher eine Kapelle oder möglicherweise sogar der Kapitelsaal gewesen zu sein. Im Südflügel des Querschiffs kann man die Reste einiger Glasfenster sehen, die vom Ende des 13. oder Anfang des 14. Jahrhunderts datieren und zu den ältesten in der Bretagne zählen.

Ein Mauerwerk aus kleinen Schieferbruchsteinen bildet die Basis des Turms. Zwei schmale Strebepfeiler an der Westseite weisen an der Basis das gleiche Mauerwerk auf, ebenso wie die Mauern des alten Kirchenschiffs, die man heute in der Umfassungsmauer des Friedhofs wiederfindet, nachdem sich die Ausrichtung der Kirche geändert hat.

Das später errichtete erste Turmgeschoß scheint mit den beiden gekuppelten Rundbogenfenstern, die in der Nord- und Südseite liegen, vom Ende des 12. Jahrhunderts zu stammen. Auch das zweite Geschoß hat Zwillingsfenster, allerdings auf allen Seiten und mit leicht spitz zulaufenden Bögen. Die inneren Archivolten liegen auf einer kleinen Säule mit Schmuckkapitell auf. Das Kranzgesims darüber wird von Kragsteinen getragen, die mit Menschen- und Tierköpfen versehen und durch kleine, in Spitzbögen unterteilte Rundbögen verbunden sind. Der Turmhelm wurde im 15./16. Jahrhundert aufgesetzt.

Von Saint-Méen-le-Grand führt die D 166 nach GAËL. Mehrere bretonische Könige oder Herzöge residierten in Gaël, und an den Ufern des Meu sieht man noch die Stelle, an der das Königsschloß stand. Die Abtei Saint-Méen besaß hier ein Priorat, dessen Kirche dem heiligen Petrus geweiht und zu Beginn des 11. Jahrhunderts von der Herzogin Havoise gegründet worden war. Diese Kirche, die später Pfarrkirche wurde, steht noch heute vor uns. Das einst von fünf Rundbogenfenstern erhellte einschiffige romanische Langhaus endet in der Vierung des Querschiffs. Der Triumphbogen, der sich in der Chorwand öffnet, hat zum

Schiff hin einen Rundbogen, zum Chor hin einen Spitzbogen. Auf der Südseite wurde das Querschiff im 15. Jahrhundert ganz erneuert, während es auf der Nordseite seinen ursprünglichen Charakter bewahrte. Der romanische Chor ist außen am Chorhaupt durch drei parallele Strebepfeiler abgestützt. Zwei heute zugemauerte kleine Fenster zu beiden Seiten des mittleren Strebepfeilers ließen Licht einfallen. Die sehr archaischen Außenmauern sind aus Schiefer-Bruchsteinen und werden von flachen, bis zum Dach reichenden Strebepfeilern abgestützt, von denen der eine eine sehr breite Basis aufweist und sich dann in einer langen Schräge nach oben verjüngt. Leider ist die romanische Fassade nicht mehr sichtbar, seitdem ein moderner Vorbau mit Glockenturm davorgesetzt ist.

Um nach Rennes zurückzugelangen, fährt man bis Saint-Méen-le-Grand auf der D 166 und kann dann zwischen zwei etwa gleich weiten Routen wählen: Entweder nimmt man die D 125 über Montfort oder die N 164 und N 12 (Schnellstraße).

5. Reiseweg: Im Nordwesten von Rennes und Südosten des Departements Côtes-du-Nord

Michelin-Karte 59, Falte 15–16. Insgesamt 121 km, nach Rennes zurück direkt auf der N 12

Diese von zahlreichen Flüssen und dem Canal d'Ille-et-Rance durchzogene Gegend mit ihren zahlreichen Quellen, Teichen, Stauseen und kleinen Wäldern ist eine eigene, in üppigem Grün prangende Welt voller Charme, in der im Lauf der Jahrhunderte viele Völker ihre Spuren hinterlassen haben.

Von Rennes aus fährt man auf der N 137 nach HÉDÉ. Die große Kirche beherrscht einen weiten Horizont, aus dem der oberhalb liegende Felsvorsprung herausragt, auf dem auf Resten eines römischen Kastells eine Burg errichtet wurde, von der aus sich die umliegenden Ebenen kontrollieren ließen. Diese Burg, von der nach ihrer Zerstörung während der Religionskriege im Jahre 1598 nur noch Ruinen übrigblieben, verdankt der Ort Hédé seine Existenz. Die Burg gehörte zum Besitz der bretonischen Herzöge und war wegen ihrer strategischen Lage sehr wichtig. Daher erklärt sich offensichtlich auch die Größe der Kirche. In Hédé gab es ein Priorat, das der Abtei Saint-Melaine in Rennes unterstellt war. Alten Urkunden zufolge gab es zwei Kirchen, die eine, sicherlich die Pfarrkirche, war eine Marienkirche, doch blieb von ihr keine Spur.

Pfarrkirche wurde also die ehemalige Prioratskirche. Wenn man sie auch insgesamt in das 12. Jahrhundert datieren kann, so läßt sich doch annehmen, daß es schon ein älteres Bauwerk gegeben haben muß, denn das romanische Fenster im nördlichen Seitenschiff, das dieses nahe der Fassade erhellt, scheint älter zu sein als sein Pendant auf der Südseite. Die schöne Fassade ist im klassischen, für die Bretagne typischen romanischen Stil erbaut und hat alle wesentlichen Stilmerkmale bewahrt. Die Basis des Glockenturms über der Querschiffvierung ist romanisch, die Turmspitze hingegen neueren Datums.

Im Innern schließt das siebenjochige Schiff mit großen Arkaden zum Chor hin ab. Von der Südseite aus sieht man den schönen Bogen, der die Vierung vom Querschiffarm trennt. Ein Granitaltar auf derselben Seite wird in das 12. Jahrhundert datiert.

Von Hédé aus gelangt man auf der D 87 nach BAZOUGES-SOUS-HÉDÉ. Das Wort »Bazouges« kommt vom lateinischen *Basilica,* womit man im Mittelalter eine Kirche bezeichnete, in der Mönche den Pfarrdienst versahen. Diese Kirche gehörte in der Tat seit 1158 der Abtei Saint-Melaine in Rennes. Angesichts der Nordmauer des Kirchenschiffs hat man aber allen Anlaß, anzunehmen, daß es hier schon im 11. Jahrhundert oder noch früher eine Kirche gegeben hat. Das Mauerwerk ist im Fischgrätenmuster gesetzt, und zwei – heute zugemauerte – Fenster, kaum größer als Schießscharten, haben Fensterstürze aus einem einzigen Block, der jeweils als Rundbogen zugerichtet wurde. Außerdem erkennt man am Chorhaupt über der abgeschrägten Basis ein Mauerband aus Ziegeln.

Im Innern trifft man auf der Nordseite auf ein Arkadengrabmal mit einer Liegefigur in Ritterrüstung, deren Füße auf einem Löwen ruhen. Eine skulptierte Grabplatte, die kürzlich unter einem Holzaltar entdeckt wurde, befindet sich nun rechts vom Hochaltar.

Auf der D 87 geht es zurück nach Hédé, dann auf der D 221 nach SAINT-BRIEUC-DES-IFFS. Die dem heiligen Brieuc, einem Mönch des 6. Jahrhunderts, geweihte Kirche liegt in einem felsigen Tal inmitten von Wäldern, also in einer äußerst reizvollen Umgebung.

Die Gemeinde ist sehr alt und findet schon im 11. Jahrhundert Erwähnung. Zeugnis jener Zeit ist das Mauerwerk der Nord- und der Südwand vom Langhaus und der südliche Querschiffarm des heutigen Gebäudes, das im 17. Jahrhundert auf den Mauern der alten Kirche errichtet wurde. Dieses Mauerwerk besteht aus sehr regelmäßigen kleinen Granit-Bruchsteinen, die von groben Schichten größerer Steine unterteilt werden – eine von den römischen Baumeistern ererbte Technik.

Im Innern haben sich schöne Retabeln aus dem 17. Jahrhundert, eine geschnitzte Holzkanzel mit der Jahreszahl 1755 und eine Granitstatue des heiligen Brieuc bewahrt.

Die D 81 stößt in Tinténiac auf die N 137, auf der man in nördlicher Richtung SAINT-DOMINEUC erreicht. Seit der Bronzezeit war dieses Gebiet ständig besiedelt. Auch die gallorömische Zeit hinterließ hier ihre Spuren. Saint-Domineuc ist nach einem Eremiten des 6. Jahrhunderts, Domnec'h, benannt, der sich an diesem Ort mit der großzügigen Erlaubnis eines »Tiern« (Stammesoberhaupts) namens Meliau ansiedeln durfte. Die Archive der Abtei Saint-Georges in Rennes enthalten viele Urkunden, die sich auf dieses Gelände beziehen. Erst zu Beginn des 12. Jahrhunderts entstand eine Gemeinde. Auf einer Urkunde von 1060 findet man die Worte *Terra sancti Domelli,* womit die Erinnerung an den Eremiten, der diesen Ort geheiligt hatte, wachgehalten wird.

Die kleine Kirche wurde im 16. Jahrhundert auf einem vorromanischen Gebäude neu errichtet, von dem noch die Nord- und Südmauer des Schiffs erhalten sind, die auf jeder Seite von einem Fenster durchbrochen sind. In deren monolithe Fensterstürze sind jeweils »falsche«, durch den Meißel nur vorgetäuschte Keilsteine eingetieft. Verschiedene alte Grabsteine wurden beim Mauerbau mitverwendet. Der Westgiebel trägt die Jahreszahl 1515, doch ist er durch einen im 19. Jahrhundert errichteten Turm verdeckt.

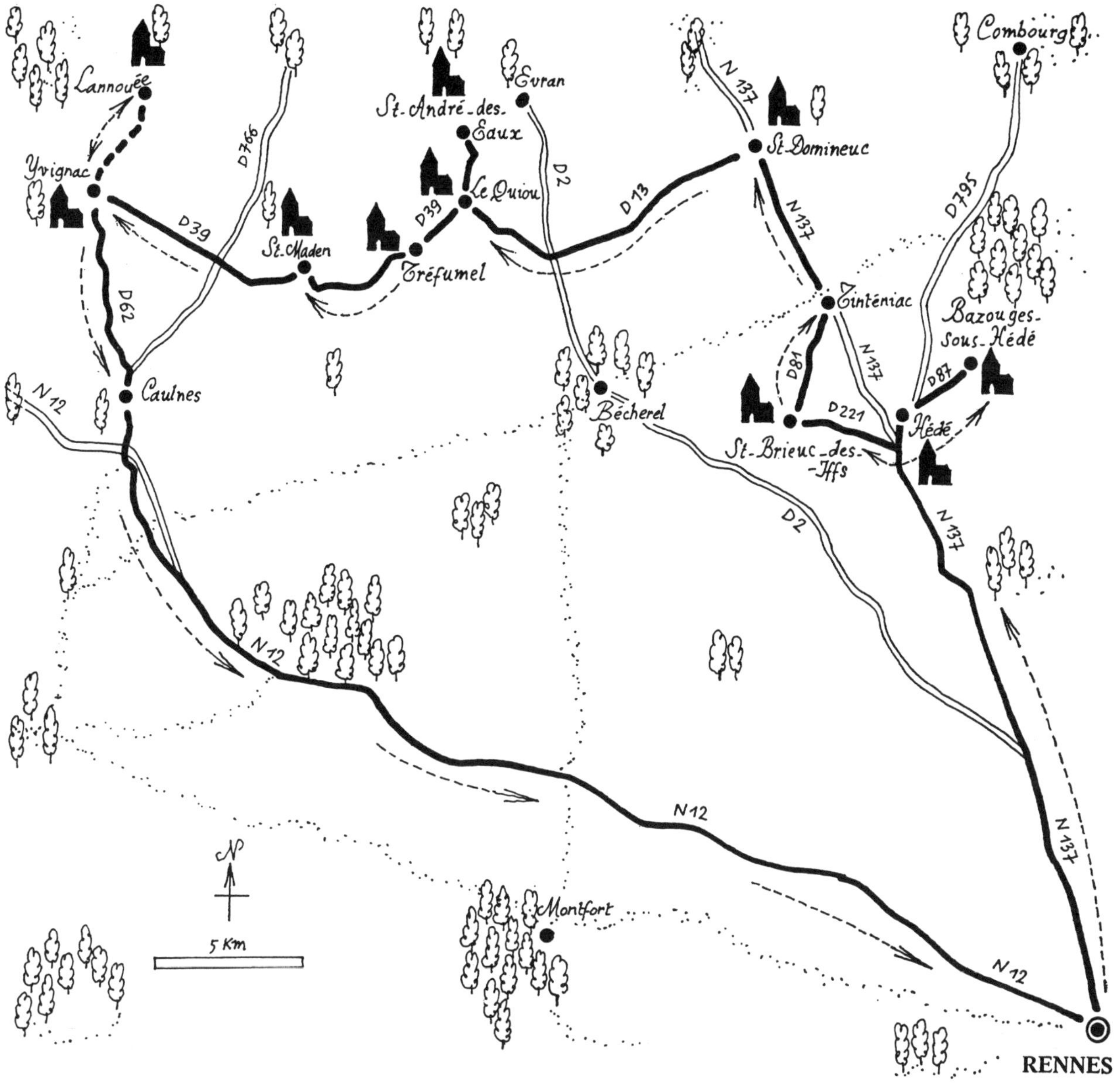

5	RENNES Nordwest	121 km

Von Saint-Domineuc fahren wir auf der D 13 bis zur D 68, überqueren diese, um auf der D 26 nach LE QUIOU zu gelangen. Lediglich der romanische Glockenturm ist von der alten Kirche erhalten. Er verdient einen kurzen Halt. Schwer und gedrungen flankiert dieses quadratische, schmucklose, an einen Donjon erinnernde Bauwerk die Westfassade. Oben sind auf jeder Seite kleine rundbogige Schießschartenfenster eingelassen. Tür und Fenster im ersten Geschoß stammen aus dem 17./18. Jahrhundert.

In Quiou fahren wir wieder auf die D 26 und zweigen nach knapp zwei Kilometern auf die Straße nach SAINT-ANDRÉ-DES-EAUX ab. Diese Pfarrei gehörte zur alten Diözese Dol. In der Nähe eines schönen Teiches erheben sich die Ruinen der einstigen Kirche, von der interessante Partien erhalten sind. An das relativ kleine, rechteckige Schiff schließt sich ein ziemlich tiefer, ebenfalls rechteckiger Chor an. Die dazwischenliegende Chorwand wird von einer gestuften Bogenstellung durchbrochen, deren regelmäßige Keilsteine mit großer Sorgfalt gesetzt sind.

Das kleinteilige, regelmäßige Granitmauerwerk ist mit roten Ziegeln durchsetzt. Die Ecken bestehen aus großen Hausteinen. Die verhältnismäßig hoch an der Nord- und Südwand angebrachten Rundbogenfenster sind außen sehr schmal und nach innen weit ausgeschrägt. Am Chorhaupt befindet sich ein ebenso schmales Fenster, in dessen aus einem einzigen Kalkstein bestehenden Rundbogen drei konzentrische Kreise eingemeißelt sind, die die mit dem Schabmeißel vorgetäuschten Keilsteine umrunden.

Das Südportal (Bild 11) scheint etwas später als das übrige Gebäude entstanden zu sein. Die beiden Bogenläufe gehen in ein scharfkantiges Gewände über. Sie werden von einem Rundstabgesims umrahmt, über dem ein schmuckloser Dreiecksgiebel liegt. In seiner Gesamtstruktur erinnert dieses Portal an die Portale von Perros-Guirec (10. Reiseweg, S. 132) und Notre-Dame-de-Kernitron in Lanmeur (14. Reiseweg, S. 155). Zwei nahegelegene Kirchen, Tréfumel und Saint-Maden, weisen ebenfalls vergleichbare Aspekte auf, die, wenngleich rudimentärer, dieselben Grundzüge wie in Saint-André-des-Eaux erkennen lassen.

Vom Gesamteindruck wie auch von einigen Details her kann man darauf schließen, daß dieses mit großer Sorgfalt errichtete Gebäude sehr alt ist. Wahrscheinlich stammt es aus dem 10. Jahrhundert. Dies scheinen auch die Fresken an den Innenwänden des Langhauses zu bestätigen: Vier Perioden lassen sich unterscheiden, wobei die ältesten Fresken aus der Karolingerzeit zu stammen scheinen. Im Palais de Chaillot in Paris ist die Kopie einer sehr schönen Kreuzigung – wahrscheinlich aus dem 11. Jahrhundert – ausgestellt. Man kann nur beklagen, in welchem Zustand sich die Ruinen dieses künstlerisch hochrangigen Bauwerks heute befinden.

Von Saint-André-des-Eaux fährt man auf der D 26 nach Le Quiou zurück und dann auf der D 39 nach TRÉFUMEL. Die der heiligen Agnes geweihte Kirche hat insgesamt ihren ursprünglichen Charakter bewahrt. Die geringfügigen, im 17. Jahrhundert vorgenommenen Änderungen bezogen sich vor allem auf die Fenster, und außerdem wurde das kleine Südportal mit einem Vordach versehen. Das rechteckige Langhaus ist in kleinteiligem, kubischen Mauerwerk aufgeführt und hat keinerlei Strebepfeiler. Das kleine Rundbogenportal auf der Südseite besteht aus wechselfarbigen Keilsteinen, die ein gemauertes Giebelfeld und einen aus drei Steinblöcken gebildeten Türsturz überwölben. Über dem Bogen deutet sich ein Dreiecksgiebel in schwachem Relief an. Die Fenster an der Nordseite und am Chorhaupt ähneln Schießscharten, die sich nach innen deutlich verbreitern. Im Innern öffnet sich ein schöner Triumphbogen in der Chorwand und gewährt Zugang zum Chor. Die Empore auf der Nordseite des Chors war sicher dem örtlichen Adel vorbehalten.

Wie in anderen schon genannten Kirchen steht auch hier der Glockenturm unmittelbar auf einem Holzgerüst, das direkt vom Boden aufsteigt – ein altertümliches Verfahren, das neben anderen Merkmalen in Grundriß und Mauerwerk Rückschlüsse auf das hohe Alter der Kirche zuläßt. Sie ist vielleicht zur selben Zeit entstanden wie die Kirche in Saint-André-des-Eaux.

Drei Retabeln und einige alte Statuen sowie eine Holzfigur schmücken diese Kirche; Hauptaltar und Taufbecken stammen aus dem 17. Jahrhundert.

Unser Weg führt zurück auf die D 39 nach SAINT-MADEN. Patron der im Laufe der Jahrhunderte vor allem nach Brandschäden recht oft veränderten Kirche ist der heilige Johannes vor der Lateinischen Pforte.

Aus der Romanik sind die Nord- und Südmauer des Langhauses und das Chorhaupt erhalten, das von drei Strebepfeilern gestützt wird. In dem mittleren, etwas niedrigeren Strebepfeiler öffnet sich ein schmales romanisches Fenster. An der Nordwand liegt ein Portalvorbau mit einem Dreiecksgiebel, besser ausgearbeitet als in Tréfumel, aber schlichter als in Saint-André-des-Eaux. Man könnte sich vorstellen, daß die Steinmetzen von einem bestimmten Vorbild stark beeindruckt waren, dies jedoch nicht zu imitieren vermochten ...

Zur interessanten Innenausstattung der Kirche gehören alte Statuen, ein Retabel im Querschiff, ein Weihwasserbecken aus dem 15. Jahrhundert und das Ensemble von Kanzel und Beichtstuhl aus dem 18. Jahrhundert. Außerdem stehen einige Grabplatten unter Denkmalschutz.

Von Saint-Maden fährt man auf der D 39 nach YVIGNAC weiter. Die alte Pfarrgemeinde gehörte bis zum Konkordat (1801) zur Diözese Saint-Malo und seitdem zur Diözese Saint-Brieuc-Tréguier. Ihre Kirche – zunächst eine einfache Kapelle, die gegen Ende des 11. Jahrhunderts Pfarrkirche wurde – ist dem heiligen Malo geweiht. Seit 1150 wurde sie mehrmals umgebaut, zuletzt kam in der zweiten Hälfte des 19. Jahrhunderts der Turm hinzu. Trotzdem ist sie von kunsthistorischem Interesse, einmal wegen ihrer Baustruktur, zum anderen wegen der reich verzierten Kapitelle und einiger Pfeilerbasen mit keltisch inspirierten Motiven, die denen in der Abteikirche von Landévennec ähneln (18. Reiseweg, S. 175).

Etwas nördlich von Yvignac lag eine bedeutende Templerkomturei, die später an den Johanniterorden überging. In LANNOUÉE ist die alte, Johannes dem Täufer geweihte Kapelle erhalten, in der jedoch keine Gottesdienste mehr stattfinden. Sie wird derzeit restauriert.

Zur Rückfahrt nach Rennes benutzt man zunächt die D 39 und biegt nach 5 Kilometern rechts auf die D 766 ab, die zur Schnellstraße N 12 führt.

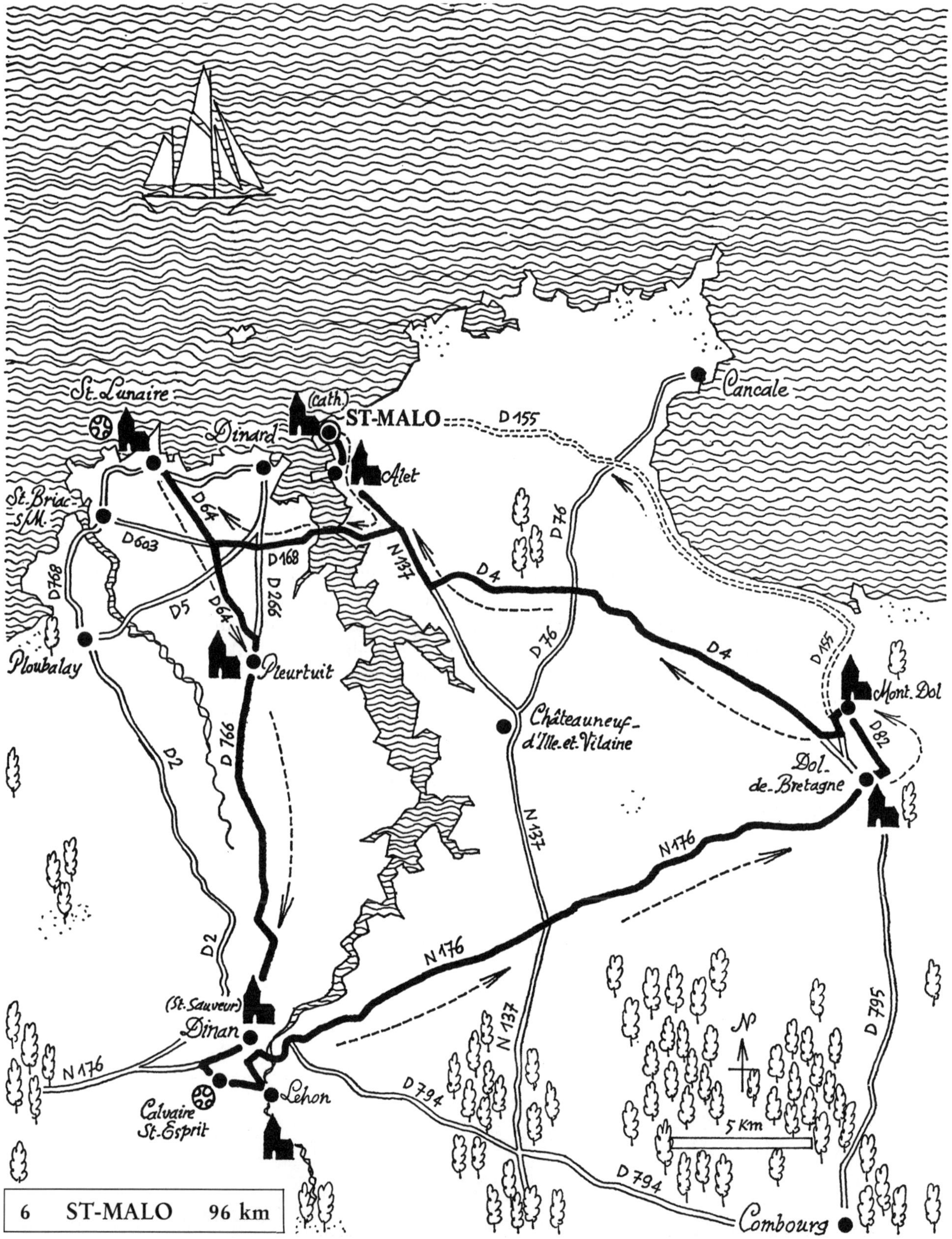

6 ST-MALO 96 km

6. Reiseweg: Saint-Malo und das Tal der Rance

Michelin-Karte 59, Falte 5–6. Insgesamt 96 km

Auf diesem Reiseweg folgen wir den Spuren der Heiligen, die in Armorika als erste das Evangelium verkündigten und hauptsächlich aus Wales kamen. Es hat ganz den Anschein, als habe es schon vor ihrer Ankunft zumindest in Corseul kleine christliche Gemeinden gegeben. Die Einwohner dieses einst bedeutenden Ortes wechselten später nach Aleth über, das zum gallorömischen Bischofssitz wurde, wie es die dort noch andauernden Grabungen zu belegen scheinen.

Die innerhalb der Stadtmauern *(intra muros)* gelegene, dem heiligen Vinzenz geweihte Kathedrale von SAINT-MALO (** RB S. 107 f.) wurde 1944 wiederholt bombardiert und stark beschädigt. Dadurch wurde es jedoch möglich, die Spuren der ersten karolingischen Bauten wiederzufinden wie auch Teile des romanischen Kreuzgangs, die man seither nach Möglichkeit wiederhergestellt hat. Ein Teil des Langhauses und der nördliche Querschiffarm sind romanisch. Ein doppeltes Weihwasserbecken am Nordportal und ein weiteres Weihwasserbecken am Westeingang stammen aus der gleichen Epoche, wobei das letztere in das 12. Jahrhundert datiert wird und wahrscheinlich etwas älter ist.

In ALETH, dem ersten Bischofssitz im heutigen Stadtgebiet von Saint-Servan, finden sich noch wesentliche Spuren der ersten Kirche, die man mit großer Wahrscheinlichkeit in das 10. Jahrhundert datieren kann.

Man verläßt Saint-Servan in Richtung des Gezeitenkraftwerks und zweigt dann nach 1,5 Kilometern rechter Hand auf die D 64 nach SAINT-LUNAIRE ab. Der in Großbritannien geborene heilige Lunaire (Lunarius) wanderte in der ersten Hälfte des 6. Jahrhunderts nach Armorika aus. Er war im berühmten Kloster St. Iltud erzogen und vor seiner Abreise zum Bischof geweiht worden. Von mehreren seiner Adepten begleitet, ging er westlich der Rancemündung in einer menschenleeren, waldreichen Gegend an Land. Dort gründeten sie ein kleines Kloster und begannen mühsam zu roden. Der Ruf der Heiligkeit, der dem heiligen Lunaire vorauseilte, wie auch die durch die Arbeit der Mönche verbesserten Bodenverhältnisse bewirkten, daß hier eine Ansiedlung entstand, aus der sich der heutige Ort entwikkeln sollte. Der heilige Lunaire starb um 580 und wurde in einem gallorömischen Sarkophag beigesetzt, der wahrscheinlich etwa dort gefunden wurde, wo der Heilige selbst deutliche Spuren einer früheren Besiedlung entdeckt hatte, vor allem eine goldene Statuette, die er dem Frankenkönig Childebert zum Geschenk machte.

Die dem Heiligen geweihte Kirche wurde im 11. Jahrhundert am Ort des Klosters errichtet und im 17. Jahrhundert durch den Umbau der romanischen Seitenschiffe erweitert. Wie man an den Fenstern des Mittelschiffs erkennt, die sich heute auf die Dachfirste der Seitenschiffe öffnen, waren die Seitenschiffe ursprünglich niedriger (Bild 17). Das dreijochige Langhaus ist zum Chor hin leicht abschüssig. Die viereckigen Pfeiler haben keine Kapitelle, sondern tragen die Rundbögen auf einer einfachen abgeschrägten Deckplatte. Auf der Nordseite liegen die Fenster oberhalb der Pfeiler, auf der Südseite hingegen über den Arkaden. In ihre monolithen Fensterstürze sind Linien eingeritzt, die Keilsteine andeuten.

Das Hauptschiff ist vom Querschiff durch eine Querwand getrennt, in der sich ein Rundbogen öffnet. Vor der Querwand geht vom Boden aus ein Holzbalkengerüst, das das Gebälk des schiefergedeckten Glockenturms trägt. Diese altertümliche Bauweise findet man in etlichen Kirchen im Departement Ille-et-Vilaine und auch in einigen im Morbihan, wie in Arbrissel (S. 24), Le Lou-du-Lac (1. und 4. Reiseweg), Saint-Meleuc in Pommeleuc (S. 223) und Noyal-Muzillac (S. 209).

Das Grab des heiligen Lunaire in der Mittelachse des Kirchenschiffs besteht aus einem wohl gallorömischen Sarkophag. Eine urtümliche Inschrift, auf die schon Archäologen im 19. Jahrhundert hingewiesen haben, könnte den Namen desjenigen preisgeben, der als erster darin beigesetzt war. Der Sarkophag steht auf zweifellos älteren Skulpturen- und Säulenteilen. Die aus dem 14. Jahrhundert stammende Grabplatte zeigt den Heiligen im Bischofsornat mit vor der Brust gekreuzten Händen, zu seiner Rechten eine Taube, die eine Tafel im Schnabel hält und an jene Altartafel erinnern soll, die der heilige Lunaire von der britischen Insel mitbrachte.

Die beiden Querschiffarme erhalten Licht durch ein Rundbogenfenster im Giebel und sind durch Spitzbogenarkaden, die bis zum Boden fein verziert sind, von der Vierung getrennt.

Im Querschiff sind Wandnischengräber zu sehen: auf der Nordseite solche aus dem 12. und 14. Jahrhundert, auf der Südseite aus dem 15. Jahrhundert.

Die Fassade entspricht ganz dem für die Bretagne klassischen romanischen Stil mit dem hohen Dreiecksgiebel und den ziemlich weit oben ansetzenden Seitenschiffen. Heute jedoch ist das ganze Gebäude von einem einzigen Dach überfangen.

In dem Pfarrbezirk, der die Kirche umgibt, stand früher ein den Friedhof beherrschendes, hohes Granitkreuz aus dem 14. Jahrhundert.

Von Saint-Lunaire geht es zurück auf die D 64, die die D 168 schneidet und dann am Ortseingang von PLEURTUIT in die D 266 mündet. Die einstige Pfarrgemeinde wird schon in einer Urkunde von 1181 genannt, die sich auf die Mönche des Klosters Lehon bei Dinan bezieht. Anstelle der Kirche aus dem 12. Jahrhundert hat man 1873 eine neue errichtet, wobei künstlerisch wertvolle romanische Bauteile wiederverwendet wurden.

Die Säulen der Eingangshalle unter dem Fassadenturm sind die alten Vierungspfeiler; sie sind von Halbsäulen flankiert, tragen romanische Kapitelle und stehen jeweils auf einer skulptierten Basis. Bei den Basen handelt es sich um alte romanische Kapitelle, die man verkehrt herum aufgestellt hat (Bild 14–15). Der Skulpturenschmuck dieser Kapitelle ist üppig, abwechslungsreich und mit bemerkenswerter Sorgfalt gearbeitet: Menschen- und Tierfiguren, Eckmasken, Palmetten – alles entspricht ganz der klassischen romanischen Ikonographie. Auch die beiden skulpturengeschmückten Weihwasserbecken im Innern sind offensichtlich ausgehöhlte alte Kapitelle.

Weiter auf der D 766 kommen wir nach DINAN (Côtes-du-Nord) zur Besichtigung der Kirche Saint-Sauveur (* RB S. 101 ff.). Die Fassade und die Südmauer des Langhauses fallen durch ihre eigenwillige, in der Bretagne einmalige Gliederung auf.

Einige Kapitelle auf der Rückseite der Westfassade zeigen ungewöhnliche Motive: Kamele und stilisierte Palmen, ein Meeresungeheuer. In einer Chorkapelle links vom Altar sind zwei weitere Kapitelle aus etwas späterer Zeit erhalten. Auch das steinerne Weihwasserbekken aus dem 12. Jahrhundert ist interessant, obwohl die Personen, die das Becken tragen, beschädigt sind; man wird an ähnliche Figuren in der Kathedrale von Saint-Malo erinnert.

Bemerkenswert sind schließlich noch die Marienfigur aus dem 16. Jahrhundert und zahlreiche Altarretabeln. In dieser Kirche ruht das Herz des Ritters Du Guesclin.

Den Calvaire du Saint-Esprit bei Lehon erreicht man am besten, wenn man Dinan in Richtung Lanvallay verläßt und an der »Saint-James«-Kreuzung rechts abbiegt. Man überquert die D 12 und fährt bis zu dem Calvaire, etwa 1,5 Kilometer von Lehon entfernt, weiter.

In LEHON, einem ehemaligem Vorort von Dinan, gab es ein Kloster, das nach der Überlieferung im 9. Jahrhundert von Nominoë gegründet wurde, um die Reliquien des heiligen Magloire zu verwahren, doch stand an diesem Ort sicherlich schon vorher ein kleines Kloster. Zu Beginn des 11. Jahrhunderts sorgten die Mönche der Abtei Saint-Magloire in Paris für den Wiederaufbau des durch die Normannen verwüsteten Klosters. Dieses Kloster wurde 1181 an die Abtei Marmoutier in der Touraine angeschlossen. Später wurde die Abteikirche mehrmals ganz oder teilweise zerstört. In ihrer heutigen Gestalt stammt sie aus dem 19. Jahrhundert. Von der romanischen Kirche blieb ein schönes Rundbogenportal aus dem späten 12. Jahrhundert, das einfühlsam in die Westfassade einbezogen ist.

Von der einstigen, 1897 abgerissenen Pfarrkirche Notre-Dame ist nur noch ein romanisches Portal erhalten, das in die alte Friedhofsmauer eingefügt wurde.

Der Calvaire du Saint-Esprit (Bild 12 und 13) aus dem 15. Jahrhundert hat trotz der Beschädigungen und der klimabedingten Verwitterung seine Schönheit bewahrt. Die Figuren treten vollplastisch hervor, da die umgebenden Teile aus dem Granit herausgemeißelt wurden, so daß sich ein zart durchbrochenes Skulpturwerk ergibt – eine technische Raffinesse, die wir an den Calvaires von Rochefort-en-Terre (S. 227) und Sérent (S. 219) sowie an mehreren Kapitellen der Kirche von Priziac (S. 197) wiederfinden.

Unter dem steinernen Baldachin erkennt man auf der einen Seite einen Gnadenstuhl: Gottvater hält das Kreuz seines Sohnes. Es handelt sich um einen Calvaire, der die Dreifaltigkeit darstellt.

Wir fahren auf demselben Wege nach Dinan zurück und gelangen auf der N 176 nach DOL-DE-BRETAGNE. Die Bischofsstadt ist einer der berühmtesten Orte der Bretagne. Sie kann auf eine reiche geschichtliche Vergangenheit zurückblicken. Ihre Kathedrale ist das bedeutendste Bauwerk des Departements. Obwohl die Stadt nur noch verhältnismäßig wenig aus der Zeit der Romanik vorzuweisen hat, erscheint sie wegen ihrer sozialen, religiösen und politischen Bedeutung doch einen kurzen Abstecher wert.

Wie Tréguier, Redon, Quimperlé und viele andere Städte verdankt auch Dol seine Entstehung einer Klostergründung durch einen der Abtbischöfe, die im 6. Jahrhundert von der britischen Insel herüberkamen. Im Jahre 548 landete der heilige Samson an der Guioul-Mündung. Die mit legendenhaften Zügen durchsetzte Überlieferung will, daß er bei seiner Ankunft am Meeresufer nur ein einziges Haus vorfand, in dem zwei Frauen, Mutter und Tochter, krank darniederlagen, von einem verzweifelten Mann betreut, der aufs Meer hinausstarrte und trotz allem auf Hilfe hoffte. Der Mönch heilte die beiden Frauen und erhielt von dem Mann, der Herr über das ganze Land war, die Erlaubnis, ein Kloster zu bauen, wo es ihm beliebte: Er wählte den Ort, an dem dann Dol entstehen sollte.

Der heilige Samson war ein Missionsbischof, der ständig das Land bereiste. Er machte das Land urbar, predigte und versah die Menhire mit christlichen Symbolen. »Stets mit einem Eisenwerkzeug bewaffnet, ritzte er das Kreuzeszeichen in die Stelen«, liest man in seiner Vita. Samson spielte unter dem Frankenkönig Childebert I., dem Sohn Chlodwigs, eine politische Rolle. Er starb im Jahre 565.

Schon damals beherrschte das Kloster-Bistum Dol wahrscheinlich einen großen Teil der Bretagne. Das erklärt den Entschluß Nominoës, sich 850 in der Bischofskirche zum König der Bretagne krönen zu lassen und Dol zum Erzbistum zu erheben, zum Sitz des Erzbischofs, dem die ganze Bretagne unterstand. Gleichzeitig wurden alle anderen bretonischen Diözesen neu organisiert. Man kann sich denken, welche Konflikte hieraus erwuchsen. Trotzdem blieb Dol bis zur Revolution Sitz des Erzbischofs.

Die erste Kathedrale, in der die Krönung Nominoës stattfand, wurde von den Normannen in Brand gesetzt und hat daher keinerlei Spuren hinterlassen. Im 12. Jahrhundert errichtete man eine neue Kirche. Einer alten Urkunde zufolge soll der Hochaltar dieser romanischen Kathedrale am 11. August 1194 geweiht worden sein. Am selben Tag wurden die Reliquien des heiligen Samson feierlich dorthin überführt. Als Johann ohne Land 1203 die Stadt Dol einnahm, brannte die Kathedrale ein zweites Mal ab. Um das Jahr 1223 wurde sie unter dem Erzbischof Jean de Lizannet wieder aufgebaut. Von dem romanischen Bauwerk sind die Grundmauern der Westfassade und die dicken Säulen des Kirchenschiffs erhalten. Beim Wiederaufbau im 13. Jahrhundert wurden wahrscheinlich zur Abstützung vier Säulen hinzugefügt.

Die Kathedrale von Dol ist ein imponierendes, majestätisches Bauwerk. Im Chorhaupt fällt Licht durch ein wunderbares Glasfenster aus dem 13. Jahrhundert (einige Medaillons stammen aus dem 16. Jahrhundert). Nach den Beschädigungen von 1944 wurde die Kirche in bemerkenswerter Weise restauriert. Beachtenswert sind mehrere alte Statuen, darunter eine Madonna mit Kind und eine Verspottung Christi sowie die holzgeschnitzten Figuren des Chorgestühls, die Holztäfelung eines Beichtstuhls und schließlich das Chorpult.

Man verläßt Dol auf der D 155 und erreicht nach 3 Kilometern den MONT-DOL, von dem sich ein weiter Ausblick bietet. An diesem seit dem Neolithikum bewohnten Ort gab es einst ein Druiden- und dann ein Mithrasheiligtum. Der heilige Magloire gründete hier im 6. Jahrhundert eine Einsiedelei.

Die alte Kirche ist schon 1156 erwähnt. Aus romanischer Zeit blieb das Kirchenschiff erhalten. Die Arkaden ruhen auf quadratischen Pfeilern, denen man im 19. Jahrhundert Säulen vorlegte. Ein kleines Schießschartenfenster auf der Nordseite stammt aus derselben Zeit. An den romanischen Außenmauern des Kirchenschiffs verläuft oben ein Kranzgesims mit kleinen Kragsteinen. Die Innenwände waren mit Fresken aus dem 12. und 14. Jahrhundert bemalt, aber es ist nichts mehr von ihnen zu sehen.

Zurück fährt man entweder auf der D 155, die über Paramé großenteils an der Küste entlangführt (29 km), oder auf der D 4, die in Saint-Jouan-des-Guérets in die N 137 mündet.

7. Reiseweg: Lamballe, Le Penthièvre

Michelin-Karte 59, Falte 3–5. Insgesamt 121 km

Diese Region, die im Norden durch die weite Bucht von Saint-Brieuc begrenzt wird, die sich nach Osten bis zum Cap Fréhel erstreckt, war schon seit der frühen Antike bewohnt, wie man aus »keltischen« Funden oder wenig jüngeren Münzfunden schließen kann. Cäsar erwähnt das Gebiet in seinen *Commentarii.* Von der römischen Besiedlung zeugen Bronzegegenstände und Ziegel.

Ungefähr in der Mitte dieses Gebiets gab es eine befestigte Stadt, die im 10. Jahrhundert von den Normannen zerstört wurde. Sie wurde etwas weiter nördlich wiederaufgebaut, an der Stelle, wo heute die Stadt LAMBALLE liegt. Als befestigte Stadt, die zum Herzogtum Penthièvre gehörte, spielte sie in der gesamten bretonischen Geschichte eine Rolle. Sie war Schauplatz vieler, oft blutiger Auseinandersetzungen, denen auch die meisten Bauwerke zum Opfer fielen.

Die Kirche Notre-Dame de Grande Puissance wurde immer wieder umgebaut und erneuert. Ursprünglich diente sie als Burgkapelle, und ihre Mauern waren Teil der Verteidigungslagen. Der Bischof von Saint-Brieuc weihte im Jahre 1200 den Chor. Im 14. Jahrhundert wurde während des Erbfolgekriegs um das Herzogtum Bretagne der gesamte Ostteil zerstört.

Romanisch sind noch der nördliche Querschiffarm, die mächtigen Rundpfeiler im Langhaus, die an der Basis mit Rundstäben verziert sind, und die Kapitelle, die einen fortlaufenden Laubfries bilden und darin an Perros-Guirec und Guérande erinnern. Sie tragen spitzbogige Arkaden, die in späterer Zeit entstanden sind. An der Nordmauer liegt ein schöner rundbogiger Vorbau. Von den sechs Bogenläufen sind lediglich zwei verziert. Sie ruhen auf zwölf schlanken Säulen, die von Kapitellen mit ausgebauchten Blättern oder grotesken,

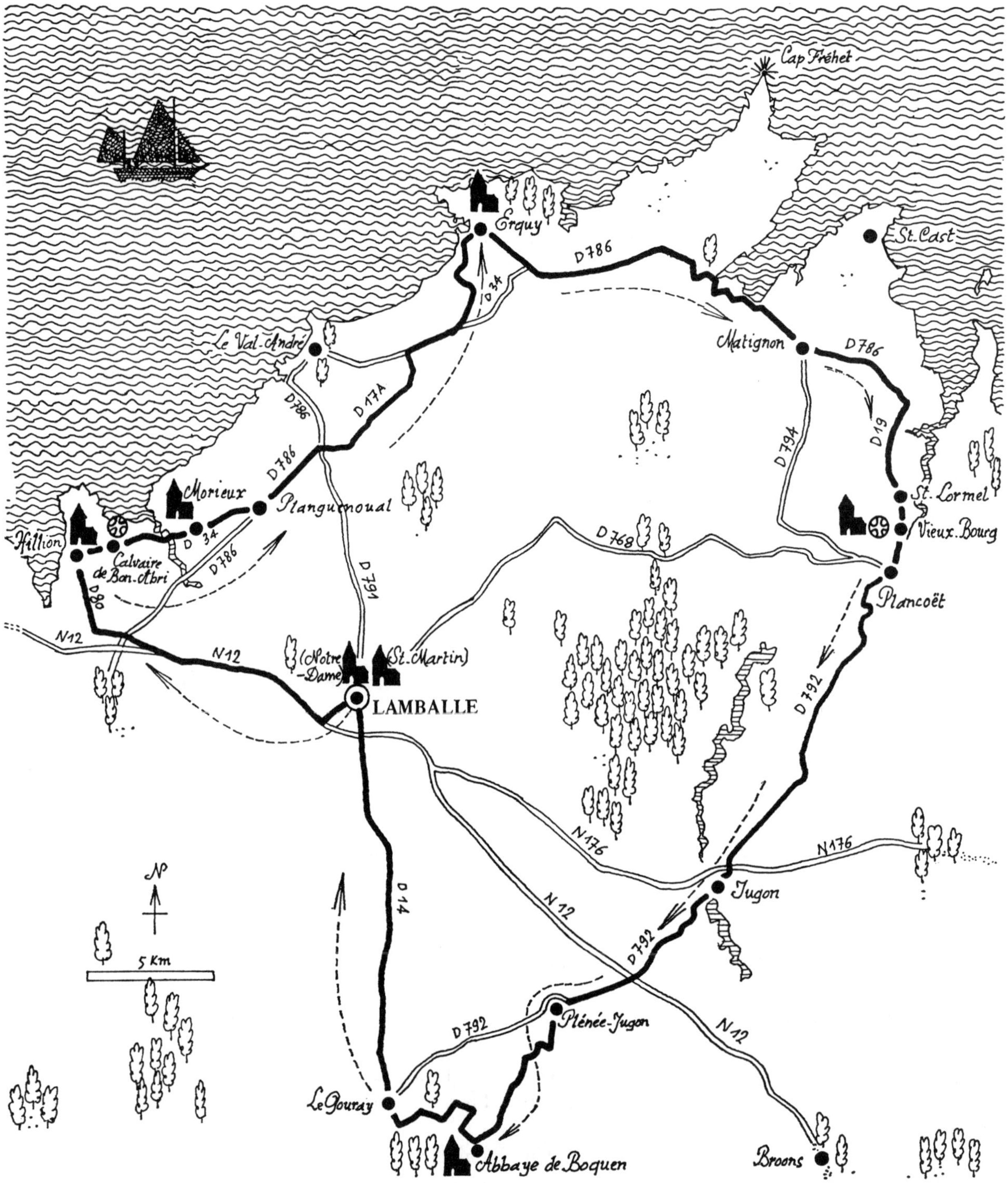

7 LAMBALLE 121 km

mit Händen und Köpfen eine fortlaufende Deckplatte tragenden Figuren bekrönt sind. Der fratzenschneidende Teufel, der jeweils an den beiden Ecken erscheint, erinnert an den Teufel am Königsportal der Kirche von Merlévénez (S. 201). Das Ganze hat eine gewisse Ähnlichkeit mit dem Vorbau der Kirche von La Trinité-Porhoët (S. 221), ist jedoch sicher nicht so alt, denn es ist ausgesprochen spätromanisch, und an den Kapitellen zeigt sich bereits gotischer Einfluß. Türsturz und Tympanon sind ohne jede Verzierung.

Von der Kirche Notre-Dame begeben wir uns zur romanischen Kirche Saint-Martin. 1083 übertrug der Graf Gottfried den Grund, auf dem die Kirche steht, der Abtei Marmoutier, unter der Bedingung, in Lamballe ein befestigtes Dorf, eine Kirche und ein Priorat zu errichten. All dies wurde im 13. Jahrhundert zu einer Pfarrgemeinde zusammengefaßt und blieb bis zur Revolution Prioratspfarrei von Marmoutier.

Die aus dem 11. bis 12. Jahrhundert stammende Kirche hat ein Langhaus mit einem fünfjochigen Seitenschiff im Süden (Bild 18) und einem dreijochigen Seitenschiff im Norden. Die Südseite des Hauptschiffes ist durch vier Arkaden gegliedert, die auf wuchtigen rechteckigen Pfeilern ruhen. Die Rundbögen zeigen leichte Übergänge zur Hufeisenform. Auf der Nordseite, die etwas später entstanden zu sein scheint, sind zwei Arkaden rundbogig, während die dritte spitz zuläuft. Die Pfeiler sind hier im Schnitt kreuzförmig. Zwei kleine romanische Fenster, die jetzt zugemauert sind, erhellten das Kirchenschiff von beiden Seiten her in der Achse der Pfeiler.

An das Langhaus schließt sich ein Querschiff an. Der Turm befindet sich im Südflügel des Querschiffs – eine architektonische Rarität. Der Chor wird nach Norden hin durch eine kleine rechteckige Kapelle und nach Süden hin durch eine größere Kapelle erweitert.

An der südlichen Außenmauer befindet sich eine kleine holzgedeckte Vorhalle vom Anfang des 16. Jahrhunderts, die folgende Inschrift trägt: *En l'an 1519, Jean Lesne me fit tout neuf* – »Im Jahre 1519 hat mich Jean Lesne ganz neu geschaffen.« Dieser Vorbau überdacht ein Portal vom Ende des 11. Jahrhunderts mit drei auf kleinen Kapitellen ruhenden, sehr einfachen Bogenläufen ohne Tympanon. Über dem Bogen sieht man ein zugemauertes kleines romanisches Fenster.

Die Westfassade schließt mit einem flachen Dreiecksgiebel ab, die Türen und Fenster sind jedoch erneuert worden. Am flachen Chorhaupt sieht man unten altes Mauerwerk, das auf die erste Bauzeit zurückgehen könnte.

Der Taufstein im Innern der Kirche stammt aus dem 12. Jahrhundert. Das Weihwasserbecken ist mit Kleeblattarkaden geschmückt. Im Bodenpflaster findet man Grabsteine aus dem 13. Jahrhundert.

Man verläßt Lamballe in westlicher Richtung auf der D 102 und erreicht bald die N 12. Von dieser Schnellstraße biegt man in Richtung Saint-René ab; ein Kilometer nach diesem Dorf geht es rechts auf der D 80 nach HILLION.

»Im Erbfolgekrieg um das Herzogtum Bretagne (14. Jh.) wurden ich weiß nicht wieviele Kirchen im Penthièvre von den Engländern beschädigt, die sich ihrer als Stützpunkte bedienten, wie es sich auch aus einer Bestandsaufnahme der Kirchen von ... Erquy ... Morieux usw. ergibt. Alle ... weisen bedeutende Überreste aus der Romanik auf« (Couffon).

Auch die Kirche von Hillion fällt in diese Kategorie. Erst 1964 konnten bei umfangreichen Restaurierungsarbeiten romanische Teile im Kirchenschiff und in der ehemaligen Westfassade wiedergefunden werden.

Über den Mönch Illion, der hier eine erste Kultstätte errichtete, aus der dann die Pfarrgemeinde hervorging, ist nichts Näheres bekannt. Immerhin wird sein Name in einer Pfarrgemeinde im Trégor, der Gegend von Tréguiers, genannt. Fest steht, daß dieser Ort schon sehr früh besiedelt war, denn es gibt zahlreiche archäologische Funde, sowohl aus der römischen Besatzungszeit als auch aus früheren Epochen. Die Römerstraße von Carhaix nach Aleth verläuft über Hillion.

Aufgrund einer bestimmten Einteilung der Diözesen im Mittelalter läßt sich vermuten, daß diese Pfarrgemeinde bereits vor der Mitte des 9. Jahrhunderts existierte. Dem ziemlich kurzen, dreijochigen Schiff, das mit Seitenschiffen versehen ist, geht auf der Westseite ein schmales Joch voran. Dieses Joch trennt eine große Spitzbogenarkade – vom gleichen Profil wie die Bögen, durch welche man die Seitenschiffe betritt – vom Hauptschiff. Die sehr schmalen und stark ausgeschrägten romanischen Fenster über den Arkaden sind dem 11. Jahrhundert zuzuordnen. Über dem Westportal befindet sich ein kleines, später zugemauertes romanisches Fenster, das früher eine kleine Vorhalle erhellte, von der nur noch geringe Spuren zeugen.

Nahe am Südportal steht im Innern ein wahrscheinlich spätromanisches Weihwasserbecken. An seinem oberen Rand sieht man als Reliefskulptur einen sehr schönen Fisch mit großer Bauchflosse, der anscheinend eine Frau verschlingt. Der Oberkörper ragt noch aus dem Maul des Fisches, und der sehr fein gearbeitete Kopf wird von Haaren umrahmt, die durch einen Mittelscheitel auseinandergehalten und auf beiden Seiten des Gesichts sorgfältig zu zwei langen, regelmäßigen Zöpfen geflochten sind. Zur Entstehungsgeschichte dieser Darstellung ließ sich keine Überlieferung oder Anekdote ausfindig machen, aber es handelt sich keinesfalls um eine Sirene, da die beiden Körper deutlich voneinander abgehoben sind. Möglicherweise kann man hierin auch eine symbolische Darstellung der durch die Taufe erlangten Wiedergeburt sehen: Anstatt von dem Fisch verschlungen zu werden, tauchte die Frau dann zu neuem Leben aus ihm auf.

Verläßt man Hillion in östlicher Richtung auf der D 34, findet man nach etwas 500 Metern links an der Straße kurz vor der Allee, die zum gleichnamigen Schloß führt, den Calvaire de BON ABRI. Das gedrungene Monument steht auf einer zweistufigen Basis mit einem viereckigen, ebenfalls zweistufigen Sockel. Der achteckige, ziemlich kurze Schaft des Kreuzes ist kanneliert und zwischen jeder Kannelur mit einem Band aus kleinen Rauten geschmückt.

Der gekreuzigte Christus ist in schmerzvollem Ausdruck mit angewinkelten Knien zwischen den beiden Schächern dargestellt, die auf ihr deutlich unterhalb der Querarme des mittleren Kreuzes plaziertes Kreuz gebunden sind. Der gute Schächer hat den Kopf leicht angehoben und blickt voller Vertrauen zu Christus auf, während sich sein Kumpan mit seinem ganzen Körper demonstrativ abwendet.

Auf der Rückseite findet man eine Pietà: Maria hält auf den Knien ihren toten Sohn, dessen steifer Körper einen Halbkreis beschreibt; zu ihrer Rechten der heilige Johannes, zu ihrer Linken Maria Magdalena mit dem Gefäß der Duftessenzen. Zwei wappengeschmückte kleine Engel stützen die Konsole, auf der das Kreuz steht. Das linke Wappen, das die gleichen Rauten wie der Kreuzesschaft zeigt, ist das Wappen der Familie Rohan.

Die Bewegtheit aller Figuren und die individuelle Ausdruckskraft, in der sich die Empfindungen widerspiegeln, lassen den Betrachter nicht unberührt.

Auf derselben Straße geht es nach MORIEUX weiter. Die dortige Kirche ist dem heiligen Gobrian geweiht und wurde wahrscheinlich im 11. und im 12. Jahrhundert errichtet. Obwohl sie später umgebaut und erneuert wurde, ist ihr ursprünglicher Grundriß erhalten.

Durch die Verwendung von verschiedenfarbigem Baumaterial – grauem Granit und eisenhaltigem Puddingstein in einem ziemlich dunklen Rot – erzielte man eine dekorative Wirkung. Die Westfassade hat im ganzen ihre romanische Struktur behalten, auch wenn ihre ursprüngliche Harmonie durch ein später eingesetztes rechteckiges Fenster gestört ist. Die Giebelmauer wird von Strebepfeilern abgestützt, die abwechselnd in grauen und rotbraunen Steinlagen aufgeführt sind. Der Vorbau besteht aus einer Arkade mit doppeltem Rundbogen, die durch eine Art Abschrägung im selben Mauerwerk geschützt wird.

Der einschiffige Innenraum ist durch einen Triumphbogen mit scharfkantigen Spitzbögen, die auf einer durchgehenden Deckplatte aufliegen, vom Chor getrennt. Eine so große Öffnung ist für diese Art von Landkirchen recht ungewöhnlich. Auf jeder Seite steht eine sorgfältig zugerichtete Säule; auf der südlichen blieb ein skulpturengeschmücktes romanisches Kapitell erhalten.

Vor dem Triumphbogen steht zum Kirchenschiff hin ein Balkengerüst, das eine Art Holzgehäuse mit kleinen Öffnungen trägt, in dem die Glocken hängen. Schwere Holzpfeiler werden auf jeder Seite von einem etwa 80 Zentimeter hohen Mauerblock abgestützt. Diese Konstruktion ist hier etwas wuchtiger ausgefallen als in anderen Kirchen derselben Zeit: Saint-Lunaire (S. 50), Saint-Meleuc-en-Lannouée (S. 223), Arbrissel (S. 24), Tréfumel (S. 46) usw. Wiederum bezeugt diese archaische Bauweise das Alter der Kirche. Das Kirchenschiff erhält Licht durch schießschartenartige, innen stark ausgeschrägte Fenster.

Über die D 34 kommt man auf die D 786, fährt dann in Saint-Alban auf die D 17 A, die nach 5,5 Kilometern wieder auf die nach ERQUY führende D 786 stößt. Die 1984 bis 1985 von der Denkmalpflege durchgeführte Restaurierung machte die Freilegung der romanischen Elemente einer ersten Kirche aus dem 11. bis 12. Jahrhundert möglich. Schon im Jahre 1167 wird Erquy als Pfarrgemeinde genannt. Der Überlieferung nach fand sich eine erste Kultstätte auf einer den Ort beherrschenden Anhöhe. Die heutige Kirche wurde unten am Abhang errichtet und zog die Gründung des Ortes nach sich. Ihr Mittelschiff flankieren zwei Seitenschiffe, wobei das südliche schmaler ist als das nördliche. Die rechteckigen, massiven Pfeiler auf beiden Seiten des Hauptschiffs sind romanisch. Sie tragen auf der Nordseite Rundbogenarkaden, während die Arkaden auf der Südseite im 15. Jahrhundert durch Spitzbögen ersetzt wurden. Ein runder Triumphbogen trennt das Schiff vom Chor, der aus einem romanischen Chorjoch und einem später entstandenen Chorhaupt besteht.

Auch bei dieser Kirche hat man das vor Ort verfügbare Gestein verwendet: rosa Sandstein und grauen Granit sowie den eisenhaltigen Puddingstein, der in großen Quadern in der Nordmauer zu sehen ist. Über der auf dieser Seite liegenden Vorhalle befindet sich ein kleines Rundfenster aus dem 12. Jahrhundert. Das von vier Figuren getragene Weihwasserbecken in der Nähe der nördlichen Vorhalle ist wahrscheinlich ein altes Taufbecken. Ähnliche Beispiele findet man in der Kathedrale von Saint-Malo und in Perros-Guirec.

Am Ortsausgang von Erquy nimmt man wieder die D 786 bis Saint-Jaguel, wo man rechts auf die D 19 nach SAINT-LORMEL abbiegt. Man durchquert diese Ortschaft und erreicht nach 500 Metern den VIEUX BOURG, das »alte Dorf«, in dem die alte, dem heiligen Lunarius geweihte Pfarrkirche steht.

Diese rechteckige, in ihren Maßen bescheidene Kirche besitzt teilweise noch romanische Mauern, vor allem aber einen besonders interessanten westlichen Vorbau. Die Rundbogenläufe ruhen auf Kapitellen mit originellem Skulpturenschmuck: Sonnenrad, Rosen, Masken, stilisierte Vögel und geometrische Motive bilden ein Ensemble von offensichtlichem Symbolcharakter. Das Ganze ist in zartgetöntem grauen Granit ausgeführt.

Dem Vorbau gegenüber ragt ein schlanker und fein gearbeiteter Calvaire in den Himmel, der früher den Friedhof um die Kirche beherrschte. Auf der Umfassungsmauer am Südeingang des Pfarrbezirks steht ein Kreuz aus einem monolithen Granitblock. Die Christusfigur auf der Westseite ist ziemlich verwittert, ihr Ausdruck nur noch zu erahnen. Auf der Rückseite ist ein in den Granit geritztes Kreuz mit fünf kleinen Reliefkugeln versehen, was vermutlich an die fünf Wundmale Christi erinnern soll.

Von Saint-Lormel fährt man über Plancoët auf die D 792, überquert erst die N 176, dann die N 12 und erreicht schließlich Plénée-Jugon. Im Ort biegt man nach Süden auf die D 59 ab. Nach knapp einem Kilometer führt rechts eine Straße zur gut ausgeschilderten Abtei NOTRE-DAME DE BOQUEN.

Die Maria geweihte Zisterzienserabtei wurde 1137 von Olivier II. von Dinan in einem waldreichen, von einem Bach durchflossenen Tal am Rand des Waldes von Bouquen gegründet. Die ersten zwölf Mönche kamen aus dem Kloster Begar bei Guingamp. Rasch blühte die Abtei auf, erlebte dann jedoch einen allmählichen Niedergang, so daß sie schließlich als Kommende vergeben wurde. Auf Geheiß des Kommendatarabts Urbain d'Espinay kamen im Jahre 1663 Mönche von der Strengen Observanz dorthin. Im Gefolge der Revolutionswirren wurde die Abtei, in der nur noch einige wenige Mönche gelebt hatten, gänzlich verlassen. Als Nationaleigentum verkauft, erneut verlassen und nochmals verkauft, waren nur noch Ruinen übrig, als 1936 der Zisterzienserorden hier einzog. Nach und nach wurden die Ruinen wiederaufgebaut, die Klosterkirche restauriert und neue Gebäude errichtet. Die Zisterziensermönche verließen die Abtei im Jahre 1976. Ihre Nachfolge übernahmen die Bethlehemitischen Schwestern.

Die große, 72 Meter lange Klosterkirche hat ihre alte Majestät wiedergefunden. Sie ist auf dem Grundriß eines lateinischen Kreuzes errichtet. Im Westteil, der den Laienbrüdern vorbehalten war, umfaßt das Mittelschiff eine einfache gerade Mauer, an die sich zu beiden Seiten das Chorgestühl anlehnte. Daran schließt der Mönchschor an: ein breites Hauptschiff mit weiten Nebenschiffen und kräftigen, mit stilisierten Laubgirlanden bekrönten Rundpfeilern, die Spitzbögen tragen. Die romanischen Rundbogenfenster über den Arkaden erhellen Langhaus und Querschiff. In jedem Querschiffarm sind zwei Kapellen mit leicht zugespitztem Tonnengewölbe einander parallel zugeordnet. Hohe Rundpfeiler, die bis zum Gewölbe emporreichen, bilden die Vierung. Fassade, Langhaus und Querschiff stammen aus dem 12. Jahrhundert, der Chor mit dem Hochaltar aus dem 15. Jahrhundert.

Wie in den anderen bretonischen Zisterzienserkirchen aus romanischer Zeit haben die als Baumeister tätigen Mönche Rund- und Spitzbogen nebeneinander verwendet, das heißt romanische Formen mit einer schon gotischen Bauweise verbunden. Das im Geiste der vom heiligen Bernhard geforderten Nüchternheit geprägte Gesamtwerk ist mit seinen weiten Dimensionen von einer strengen Harmonie, die sehr beeindruckt.

Der Kreuzgang, der sich an der Nordseite der Kirche anschloß, ist nicht wiederaufgebaut worden. Allerdings ist noch der Eingang zum Kapitelsaal erhalten, der als Grabstätte der Äbte diente. Ihre Gräber sind an Ort und Stelle geblieben.

Über dem Eingang wölben sich schöne romanische Bögen, während sich rechts und links davon jeweils unter einem einzigen großen Bogen zwei Zwillingsarkaden öffnen. Die kleinen Säulen enden in schlichten Kapitellen mit stilisierten Wasserblättern, die Deckplatten darüber sind einfach profiliert oder mit Würfelfriesen versehen.

Zwischen Kirchenmauer und Eingang zum Kapitelsaal entdeckt man noch ein Armarium mit drei Rundbogennischen, jede mit doppeltem Bogenlauf, betont durch einen großen durchgehenden Rundstab, der sich der Form jeder Alveole anpaßt und an den Enden jeweils auf einer schlanken, kleinen Säule mit einfachem Kapitell aufliegt.

Zurück fährt man über Le Gouray, erreicht dort die D 792 und ebenfalls noch im selben Ort die D 14, auf der man nach 20 Kilometern wieder in Lamballe eintrifft.

8. Reiseweg: Im Süden von Guingamp

Michelin-Karte 59, Falte 1–2, 11–12. Insgesamt 132 km

Die Stadt GUINGAMP gehörte zu bedeutenden Herrschaftsgebieten: zunächst zur Grafschaft Goëllo, dann zum Herzogtum Penthièvre, dessen Hauptstadt sie wurde. Vor dem 10. Jahrhundert unterstand die Stadt der alten Pfarrgemeinde Ploumagoar, doch entwikkelte sie sich vor allem nach den Normanneneinfällen im 9. und 10. Jahrhundert und wurde Herrschaftssitz mit Burg, Stadtmauern und äußerst regen Vorstädten.

Die Kirche Notre-Dame du Bon Secours, die zunächst als Burgkapelle diente, ersetzte ein altes Heiligtum, von dem allerdings nichts mehr erhalten ist. Das heutige Bauwerk vereinigt in sich Stilelemente vom 13. bis zum 16. Jahrhundert, einige ältere Teile könnten auch aus dem 11. Jahrhundert stammen. Romanisch ist die Vierung. Sie besteht aus vier mächtigen, scharfkantigen Pfeilern, die im 15. Jahrhundert verstärkt wurden, was die eigentliche Vierung deutlich einengte. Die Pfeiler tragen große, jeweils dreifach gestufte Rundbögen. Weite, die Vierung nach Norden und Süden fortsetzende Arkaden durchbrechen die Mauern der verbliebenen romanischen Querschiffarme. Das imposante Mauerwerk im Norden, das die in eine Außenkapelle umgewandelte Vorhalle birgt, scheint einmal die Basis eines romanischen Turms gewesen zu sein: Im Innern der Kirche sind große Teile zweier Rundbogenarkaden zu sehen.

Die Kapelle Saint-Léonard in der gleichnamigen, etwas abseits der Straße gelegenen Vorstadt steht auf einem Felsplateau. Die Spitze dieser Erhebung, an die die Westfassade anstößt, begrenzt eine Plattform mit einem hohen Kreuz. Von hier aus hat man einen weiten Ausblick nach Westen.

Bevor der Südarm zerstört wurde, hatte die Kapelle die Form eines griechischen Kreuzes. Außen sieht man noch den romanischen Bogen, durch den man in die Vierung gelangte. Auf dieser Seite ist auch noch die quadratische Basis eines mächtigen romanischen Turms erhalten. Die Vierung bilden gedrungene Rundpfeiler, die sich an massive Mauerflächen an-

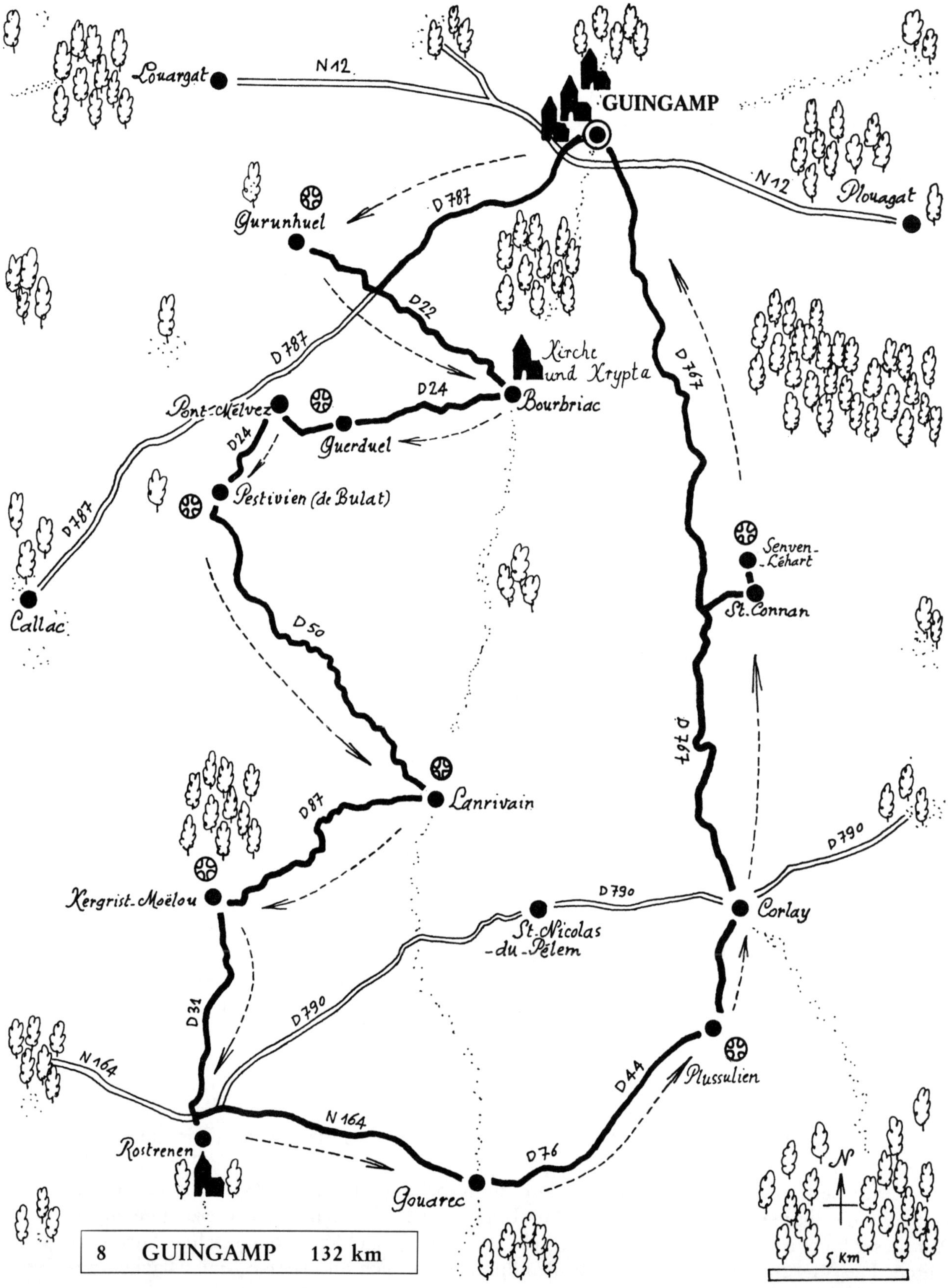

8 GUINGAMP 132 km

lehnen. Die gestuften Bögen bestehen aus sorgfältig zugerichteten Keilsteinen in einem schönen beige-rosa Ton. Die drei erhaltenen Schiffe wurden im 15. Jahrhundert verändert.

Zwischen 1121 und 1158 gehörte die Kapelle Saint-Léonard der Abtei Saint-Melaine in Rennes. Die Lage, der ungewöhnliche Grundriß und der gewaltige Turm verleihen ihr einen wehrhaften Eindruck.

Schließlich sind die Reste der Abteikirche Saint-Croix außerhalb der Stadt zu nennen. Das Kloster wurde zwischen 1110 und 1115 gegründet. Es ist jetzt in Privatbesitz, so daß man die eindrucksvollen Ruinen nur von weitem sehen kann.

Man kann Guingamp als Ausgangsort wählen und von hier aus die im 11. Reiseweg (S. 135) beschriebenen Kirchen und Calvaires besuchen: Gurunhuel, Bourbriac, Guerduel, Pestivien (de Bulat), Landrivain, Kergrist-Moëlou, Rostrenen, Plussulien, Senven-Lehart. Landschaftlich besonders schön ist die Rückfahrt nach Guingamp auf der D 767.

9. Reiseweg: Im Osten und Südosten von Tréguier

Michelin-Karte 59, Falte 2. Insgesamt 70 km

Das Trégor, das Umland von Tréguier, stellt sich mit seiner tief eingeschnittenen Küste wie eine Aneinanderreihung von Halbinseln dar, die die weiten Flußmündungen des Trieux und des Jaudy sowie die tief ins Land reichenden Buchten von Saint-Brieux im Osten und Locquirec im Westen bilden.

An diesen Küsten landeten seit dem 5. und 6. Jahrhundert die in den walisischen und irischen Klöstern geschulten Mönche. Sie suchten die Einsamkeit und siedelten sich zunächst auf den zahlreichen und zum Teil sehr kleinen Inseln an, wo man noch heute Spuren ihrer bescheidenen Klosterbauten vorfindet. So versammelte der heilige Budoc auf der Insel Lavret im Südosten des Archipels von Bréhat mehrere Schüler um sich und gründete eine Klosterschule, in der der Überlieferung nach auch Guénolé (Winwaloeus), Gründer der Abtei von Landévennec (S. 175), erzogen wurde.

Der heilige Modez ließ sich auf der nach ihm benannten Insel etwas weiter nordwestlich von Bréhat nieder. Man findet dort noch ein seltsames Oratorium mit einer Kuppel, die sich über einem aus einer Schieferplatte gefertigten Altar mit Weihekreuzen wölbt. Bei Ausgrabungen fand man Fundamente von Hütten, die sich um das Oratorium gruppierten. Auch blieben noch Teile einer kleinen romanischen Kapelle.

Der heilige Rion wählte eine Insel in der kleinen Bucht von Paimpol. Obwohl der erste Klosterbau um die Mitte des 9. Jahrhunderts während der Normanneneinfälle zerstört wurde, hat dieses Bauwerk wie auch die Arbeit der ersten Mönche noch heute sichtbare Spuren hinterlassen. Im Jahre 1184 gründete Alan von Avaugour, Graf von Goëllo, ein Kloster, mit dem er den Augustinerorden betraute. Es bestand jedoch nur relativ kurze Zeit, da sich die Augustiner auf dem Festland ansiedelten und in Kérity-Paimpol die heute zerstörte Abtei Beauport gründeten. Auf der Insel ist noch eine kleine romanische Kirche erhalten, die sich heute in Privatbesitz befindet.

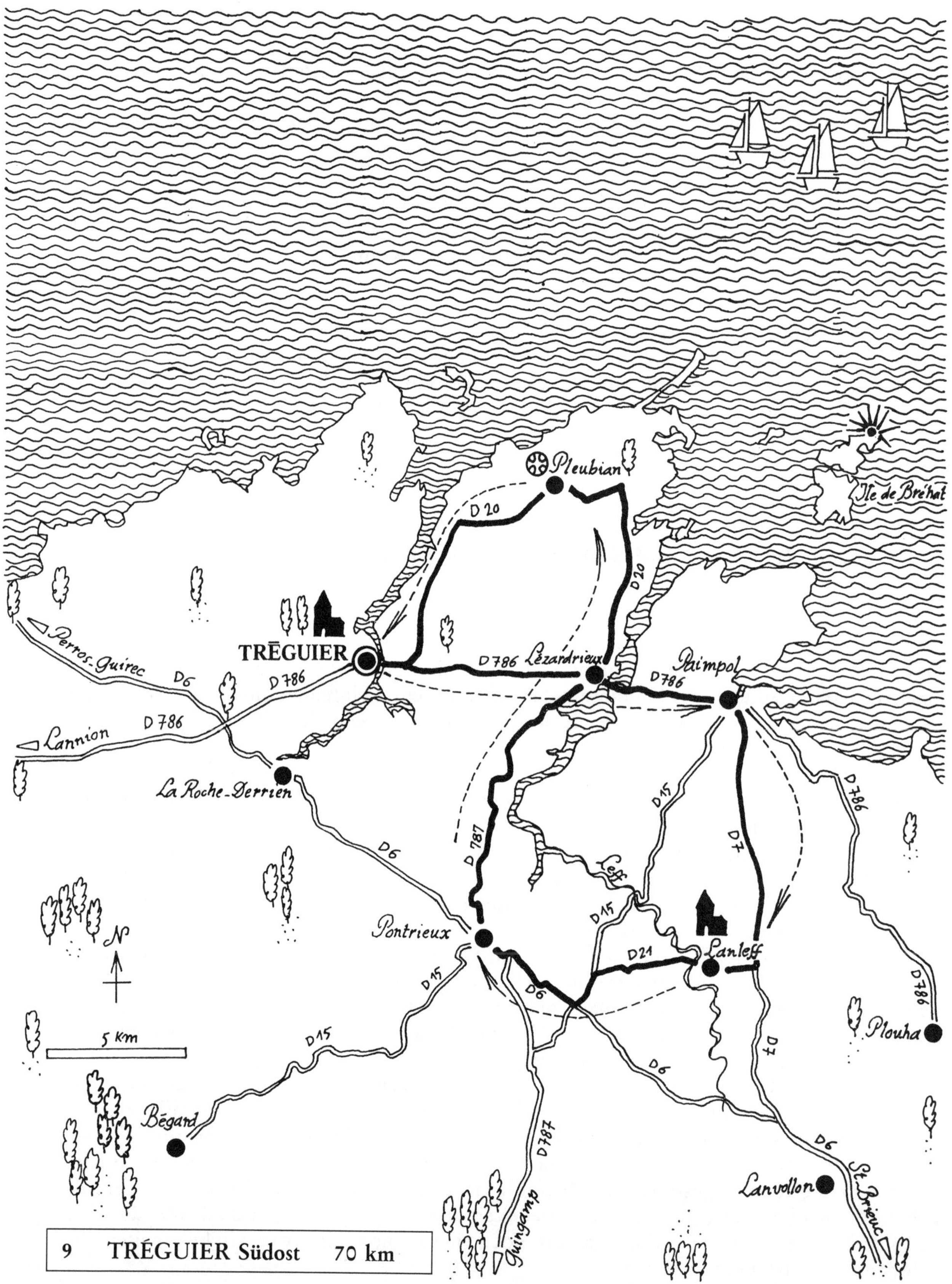

9 TRÉGUIER Südost 70 km

In TRÉGUIER (** RB S. 119 ff.) zieht der sogenannte Hastings-Turm sowohl wegen seiner Architektur als auch wegen seiner sehr verschiedenartigen und künstlerisch wertvollen Verzierungen unsere Aufmerksamkeit auf sich. Er ist das einzige Zeugnis des ersten romanischen Baus, der durch eine gotische Kathedrale ersetzt wurde. Diese erinnert vom Stil her an die gleichzeitig entstandenen Kirchen der Normandie. Trotz der wiederholten Zerstörungen durch Invasionen und durch die Wirren der Revolution sind viele Kunstwerke erhalten. Das Grab des heiligen Yves (Ivo) hat man zu allen Zeiten respektiert. Der Kreuzgang aus dem 15. Jahrhundert ist als einziger in der Bretagne unversehrt geblieben.

Man verläßt Tréguier auf der D 786, die in Lézardrieux den Trieux überquert, und fährt bis Paimpol. Dort nimmt man die D 7 und biegt nach 9,5 Kilometern rechts auf die D 21 nach LANLEFF ab (** RB S. 113 ff.). Die Kirche Saint-Marie aus dem 11. bis 12. Jahrhundert wird meist »temple de Lanleff« genannt, obwohl sie niemals den Templern oder dem Johanniterorden gehört hat. Es ist ein Rundbau mit drei Absidiolen, von denen nur eine vollständig erhalten ist. Der Grundriß der beiden anderen ließ sich jedoch eindeutig klären und ist zum Teil sichtbar. Diese Kirche wurde von einem Baumeister mit einem feinen Gespür für Proportionen entworfen. Der Bau ist durch den Wechsel zwischen Säulen, Pfeilern und Maueröffnungen rhythmisch durchgegliedert, während die Ausschmückung einfacher erscheint als der Grundriß und das sorgfältig zugerichtete Mauerwerk. Kapitelle und Basen, an denen man originelle Motive erkennt, sind stark verwittert.

Weiter geht es auf der D 21; dann biegt man nach links auf die D 82 ab und fährt bis zur Kreuzung mit der D 6 und weiter auf der D 6 bis Pontrieux. Von dort führt die D 787 nach Lézardrieux. In Lézardrieux stößt man auf die D 20 und gelangt auf dieser am linken Ufer des Trieux bis nach Lanmodez. Dort ist eine Straße nach PLEUBIAN ausgeschildert.

Auf der Südseite des Kirchplatzes steht ein runder Kanzel-Calvaire (Bild 20), der den Friedhof beherrschte, bevor dieser verlegt wurde. Es ist ein eindrucksvolles Monument, dessen Basis aus profilierten Stufen besteht, die sich ganz um die Kanzel herumziehen. Auf beiden Seiten der zur Plattform hinaufführenden Treppe ist in das Mauerwerk ein Weihwasserbecken eingelassen. Man nimmt an, daß dieses beim Besprengen der Gräber zu Allerseelen benutzt wurde.

Links an der Treppe über dem Fries steht in einer Nische, die durch ein die Kanzel umlaufendes Profil begrenzt wird, eine kleine, allerdings schon recht verwitterte Figur. Auf dem darüberliegenden Fries sind mehrere Passionsszenen dargestellt (Bild 19). Der Zyklus beginnt links mit dem Abendmahl und endet mit der Auferstehung. Die Flachreliefs sind sehr ausdrucksvoll, denn die Gestalten sind von einer Bewegung beseelt, die ganz unmittelbar die Gefühle der einzelnen Handelnden der Passion veranschaulichen.

Die Kanzel wird überragt von einem Kruzifix mit einer schlichten Pietà auf der Rückseite. Die Konsole ist leer, doch kann man davon ausgehen, daß sie früher Doppelstatuen trug. Datiert wird dieser sehr schöne Calvaire in das 15. Jahrhundert.

Zum Ausgangspunkt Tréguier kehren wir über Kerbors und die am rechten Ufer des Jaudy entlangführende D 20 zurück.

Die Bildseiten

3

4

5

6

7

8

9

10

13

12

14

15

17

18

19

21

22

31

32

33

34

42

43

44

47

48

49

51

53

55

56

57

58

59

60

62

63

65

67

68

70

71

72

73

74

75

76

77

78

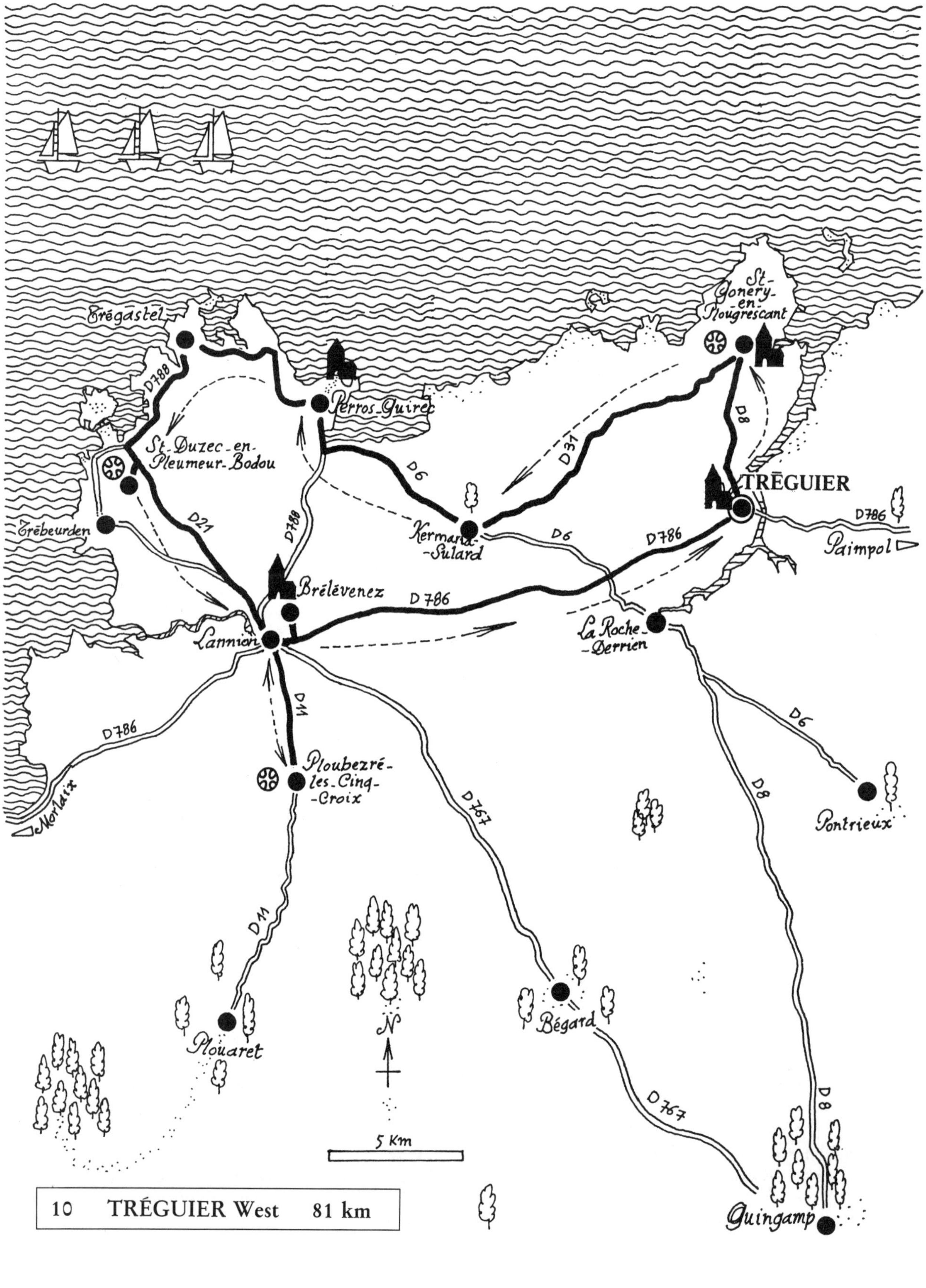

Trégastel
St-Gonery-en-Plougrescant
Perros-Guirec
St-Duzec-en-Pleumeur-Bodou
D788
D6
D31
D8
TRÉGUIER
D786
Trébeurden
D21
D788
Kermaria-Sulard
D6
D786
Paimpol
Brélévenez
D786
Lannion
La Roche-Derrien
D11
D786
D6
Ploubezré-les-Cinq-Croix
Morlaix
D767
D8
Pontrieux
D11
Plouaret
N
Bégard
D767
D8
5 Km
Guingamp

10	TRÉGUIER West	81 km

10. Reiseweg: Nördlich und westlich von Tréguier

Michelin-Karte 59, Falte 1. Insgesamt 81 km

Die zerklüftete Küstenlandschaft nordwestlich von Tréguier ist von kleinen und größeren Inseln gesäumt, die vorwiegend in Stelen und Menhiren Spuren einer sehr frühen Besiedlung aufweisen. Der hier anstehende Granit hat eine ganz eigene rosa Tönung, was dieser Landschaft einen besonderen Charakter und Reiz verleiht, vor allem wenn das Licht der Sonne auf den Felsen spielt, von denen die Küste übersät ist. Auch an diesem von Wind und Wetter heimgesuchten Küstenabschnitt ließen sich im 5. und 6. Jahrhundert Mönche aus Großbritannien nieder.

Im Norden von Tréguier überquert man den Jaudy an der alten Zollstelle von Plouguiel und fährt dann auf der D 8 nach SAINT-GONÉRY en Plougrescant.

Rechts der Straße steht die dem heiligen Gonéry geweihte, architektonisch eigenwillige Kapelle in einem von niedrigen Mauern umfriedeten Placître. An dessen Haupteingang im Süden ragen auf drei Steinstufen drei Monolithkreuze auf, getrennt durch zwei Holzzäune. Am Sockel des mittleren Kreuzes, das den Corpus Christi trägt, findet man einen Kelch sowie die Jahreszahl 1595 eingemeißelt.

Saint Gonéry war ein Eremit, der im 6. Jahrhundert mit seiner Mutter, der heiligen Eliboubane, aus Großbritannien hierherkam. Eliboubane soll auf der Insel Loaven in der Mündung des Jaudy begraben worden sein. Auf dieser Insel steht eine kleine, alte Kapelle, die nach ihr benannt ist. Zur Ruine verfallen, wurde der Bau im 20. Jahrhundert restauriert.

Wie in Saint-Lunaire, Redon und an vielen anderen Orten zog die Ansiedlung des Eremiten, um den sich wahrscheinlich nach und nach Schüler scharten, weitere Bevölkerungskreise nach, und es entstand allmählich ein Dorf. Die Kapelle wurde an der Stelle der ehemaligen Einsiedelei erbaut. Ein massiver Turm mit völlig schmucklosem Giebel besitzt an der Basis ein romanisches Rundbogenportal, das sich ohne jegliche Verzierung in einer dikken Mauer öffnet. Den Turm krönt eine 1612 errichtete, eigenartig geneigte, bleigedeckte Turmspitze. An der Südseite wird der Turm von einem mächtigen Strebepfeiler abgestützt und außerdem von einem kleinen Rundturm flankiert, der in einer Steinkuppel endet.

An diesen Turm schließt sich eine rechteckige Saalkirche mit einem Chor an, der nach Süden und Norden durch eine Kapelle verlängert wird, wodurch das Ganze eine T-Form erhält. Über der Vierung befindet sich ein kleiner Glockenturm. Im Innern trennt ein Spitzbogen den Turm vom Schiff; ein ähnlicher Bogen öffnet sich auf den Chor.

Der monolithe Sarkophag in der Südecke unter dem Turm gilt als Sarkophag des heiligen Gonéry, obwohl eine gegenüberliegende Grabstätte mit der Jahreszahl 1614 ebenfalls als »Grab des heiligen Gonéry« bezeichnet wird. Dieses Grabmonument ruht auf von Arkaden durchbrochenen Pilastern und gibt Zugang in eine darunterliegende niedrige kleine Gruft.

Das Grabmal des aus Plougrescant stammenden Guillaume de Holgoët, der 1587 bis 1602 Bischof von Tréguier war, wurde noch zu seinen Lebzeiten an der Nordseite des Chors errichtet. Die Liegefigur im Bischofsornat ruht auf dem Sarkophag, der an den Seiten mit einer langen Inschrift versehen ist.

Das hölzerne Spitztonnengewölbe über dem Schiff ist noch ganz mit der Bemalung vom Ende des 15. Jahrhunderts versehen. Restaurierungen erfolgten 1764 und im 19. Jahrhundert. Auf dunkelrotem, mit kleinen Blumen übersäten Grund zeigen die beiden oberen Bildstreifen Szenen aus dem Alten Testament und die beiden unteren Bänder Szenen aus dem Neuen Testament. Ein Fries aus konzentrischen Kreisen trennt diese Streifen voneinander. Gottvater ist in der Erschaffung der Welt als Christus mit goldenem Nimbus und in einem langen Gewand dargestellt.

Eine sehr schöne Madonna aus Alabaster mit feinen Zügen findet sich am äußersten Nordende des Schiffs nahe dem Chor. Sie stammt aus dem 16. Jahrhundert. In der herrlichen, holzgeschnitzten, mit einem Baldachin versehenen Truhe wurden die Reliquien des heiligen Gonéry und das Archiv verwahrt. Der mit einer Krone geschmückte Schädel des Heiligen ist nun rechts vom Hochaltar in einem Glasschrein verwahrt.

Auf dem Placître erhebt sich im Süden der Kirche auf zwei Stufen ein achteckiger Kanzel-Calvaire. An den oberen Teil lehnen sich drei kleine Säulen an, die ein Weihwasserbekken tragen. Neben dem Astkreuz sieht man zu beiden Seiten Christi Maria und Johannes. Die Pietà auf der Rückseite ist von einer Frau und einem Priester begleitet, der ein Buch in Händen hält und allgemein als der heilige Gonéry angesehen wird.

Gegenüber der Kapelle stößt man auf die nach Westen führende D 31. Auf dieser geht es über Penvenan bis zur Abzweigung der D 6 nach Saint-Quay-Perros auf der rechten Seite. Von dort gelangt man auf die D 788 nach PERROS-GUIREC (** RB S. 127 ff). Der zweite Teil dieses Städtenamens leitet sich von einem der Mönche her, die von der britischen Insel kamen. Er landete in Ploumanac'h, wo über den Felsen noch heute sein Oratorium zu sehen ist. Unweit davon gründete Guirec später ein Kloster. In der Folgezeit bis zum 15. Jahrhundert ließen sich dort erst Benediktiner, dann Zisterzienser nieder. Die Kapelle wurde Pfarrkirche. In dem Maße, wie die Gemeinde wuchs, wurde auch die Kirche vergrößert.

Der romanische Teil umfaßt ein fünfjochiges Langhaus mit Seitenschiffen, dessen Arkaden im Norden auf zwei Rundpfeilern und im Süden auf viereckigen Pfeilern mit Diensten ruhen. Man beachte die auf beiden Seiten ganz unterschiedlich gestalteten Kapitelle.

Ein altes Getreidemaß aus dem 12. Jahrhundert dient als Weihwasserbecken. In der Nähe des Taufsteins befindet sich ein Becken aus derselben Zeit, das von bärtigen, nackten Männerfiguren getragen wird.

Das Südportal ist eines der beiden Portale in der Bretagne, das ein skulpturengeschmücktes Tympanon besitzt – das andere befindet sich an der Kapelle Notre-Dame de Kernitron en Lanmeur (14. Reiseweg, S. 155). In seiner Gesamtstruktur erinnert es an das Tympanon von Brélévenez en Lannion (siehe weiter unten) und von Saint-André-des-Eaux (5. Reiseweg, S. 46). Die Westfassade, der in spätromanischer Zeit eine mächtige Vorhalle vorgebaut wurde, fällt durch ihre ungewöhnliche Aufteilung auf. Den Hauptaltar schmückt ein großes Retabel. Die in drei Reihen übereinander angeordneten geschnitzten Tafeln sind von einer schönen Kreuzigung mit Maria und Johannes zu Füßen des Kreuzes bekrönt.

Auf der D 788 fahren wir nach PLOUMANAC'H, wo wir auf den Felsen über dem Strand das Oratorium des heiligen Guirec liegen sehen. Es wurde in romanischer Zeit in Form einer Bienenwabe erbaut und schaut mit seinem Eingang aufs Meer hinaus. Dieser Eingang ist von zwei Säulen eingefaßt, von denen eine ein recht grobes Kapitell trägt.

Wir fahren weiter auf der D 788, die sich an der Küste entlangwindet, und sehen am Wege mehrmals Menhire. Dann zweigt links die D 21 ab, die zur Station für interkontinentale Fernmelde- und Fernsehsendungen (station des télécommunications spatiales) Pleumeur-Bodou führt. Etwa 500 Meter weiter steht rechts der mit christlichen Symbolen versehene Menhir von SAINT-DUZEC – genau gegenüber von der kleinen Straße, die in das gleichnamige Dorf führt.

Der unregelmäßige Steinblock ist 8,10 Meter hoch und hat unten einen Umfang von über 3 Metern. Er steht in einer von einer niedrigen Steinmauer umschlossenen Umfriedung, in die man über einige Stufen gelangt. Unten am Menhir erkennt man noch den Sockel eines früheren Opferstocks. Die verhältnismäßig flache, skulptierte Seite weist nach Süden. Die abgerundete, nach Norden gerichtete Spitze ist hingegen von vertikalen Rillen ausgehöhlt (Bild 16). Wer vermag zu sagen, ob sie von Menschenhand oder durch Erosion entstanden sind? Der Menhir vor der Kirche von Loctudy (20. Reiseweg, S. 190) weist ebenfalls solche Kanneluren auf, allerdings wesentlich feiner und regelmäßiger. Auch an anderen Stellen finden sich vergleichbare Bearbeitungen. Dieser Menhir wurde wahrscheinlich im 17. Jahrhundert »christianisiert«: Auf einer Art Doppelvolute, die in einem schlanken, feingearbeiteten Sockel endet, wurde ein Kruzifix errichtet (hinteres Umschlagbild).

Die Jungfrau Maria, die die Hände über der Brust kreuzt, ist unmittelbar aus dem Stein gemeißelt. Sie wird von Sonne und Mond eingerahmt und steht über einer Art von steinernem Tafelbild, auf welchem alle Leidenswerkzeuge sowie das Schweißtuch der Veronika mit dem Antlitz Christi in realistischer Weise dargestellt sind. Darunter sieht man eine Säule mit dem Hahn, dessen Krähen bei Tagesanbruch in Petrus die Reue weckte. Ein Schädel und zwei gekreuzte Schienbeine in der unteren Reihe bei den Nägeln erinnern an Adam.

All dies war einmal bunt bemalt, und auf alten Stichen sieht man etwa in der Mitte des Menhirs eine farbige Christusfigur. Davon ist heute fast nichts mehr vorhanden.

Ist diese Skulptur auch naiv – das Werk eines örtlichen Künstlers –, so spricht aus ihr doch tiefe Gläubigkeit und Einfühlung in den universalen Sinn der Erlösung.

Wir fahren auf der D 21 in Richtung Lannion weiter und biegen im Ort in östlicher Richtung nach BRÉLÉVENEZ ab (** RB S. 123 ff.). Die Strecke ist gut ausgeschildert. Man kann das Auto jedoch auch im Ort abstellen und langsam die Treppengasse mit ihren kleinen Häusern hinaufsteigen. Von oben hat man einen herrlichen Blick.

Die Dreifaltigkeitskirche soll von den Templern erbaut worden sein; im Innern sieht man einige Grabsteine mit dem Malteserkreuz. Der Name Brélévenez (s. a. 15. Reiseweg, S. 160) bedeutet »Berg der Freude« (Montjoie). Ein Zweig des Templerordens trug tatsächlich diesen Namen, aber obwohl Brélévenez schon im 11. Jahrhundert urkundlich erwähnt ist, gibt keiner dieser Texte Hinweise auf eine Gründung durch die Templer.

Die Kirche wurde wiederholt umgebaut und erweitert. Die Pfeiler im Kirchenschiff, der Chor und die Apsis sind romanisch, ebenso die Krypta, die im 18. Jahrhundert verändert wurde, um das Grab eines Pfarrers dieser Kirche aufzunehmen.

Der südliche Vorbau ist durch seinen eigentümlichen Aufbau bemerkenswert. Er gehört in dieselbe Epoche wie der Chor. Über den spitz zulaufenden Bögen befindet sich ein spitzer Dreiecksgiebel; in einer runden Nische ist in diesem Giebel eine Büste zu sehen, die Gottvater darstellt. Zwei Säulen zu beiden Seiten des Portals tragen jeweils eine weitere Säule, die bis zum Giebelansatz emporreicht.

Außen zeichnet sich besonders das Chorhaupt aus. In seiner Harmonie und Eleganz erinnert es an die Chorhäupter im Poitou und in der Saintonge. Es ist aus schönen, sorgfältig behauenen Steinen errichtet, wird von Pilastern und hohen eingebundenen Säulen gegliedert und vermittelt einen sehr ausgewogenen Eindruck.

Im Innern bemerkt man neben den oben erwähnten Grabsteinen nahe am südlichen Vorbau ein mit einer Inschrift versehenes Weihwasserbecken, das ursprünglich im 12. Jahrhundert ein Getreidemaß war, der Inschrift nach ein Eichmaß.

Erwähnenswert sind auch verschiedene alte Statuen und Retabeln, von denen eines, das mit Wappen verziert ist, die ein goldenes Webschiffchen tragen, von der Zunft der »texiers« (Weber) gestiftet wurde, deren Emblem dieses Schiffchen war.

Wir kehren nach Lannion zurück und verlassen die Stadt in südlicher Richtung auf der D 11, die nach PLOUBEZRÉ führt. Anderthalb Kilometer nach der Ortsdurchfahrt erblikken wir an der Kreuzung der D 11 mit der D 31 B ein Monument, das »die fünf Kreuze« genannt wird. Auf einem etwa 4 Meter langen, gemauerten Sockel hat man fünf unterschiedlich hohe Kreuze aus verschiedenen Epochen zusammengestellt. Vier davon sind sehr alt.

Das Kreuz in der Mitte, das alle übrigen überragt, ist jüngeren Datums und stammt wahrscheinlich aus dem 15. oder 16. Jahrhundert. Auf dem viereckigen Sockel, in den ein Kelch eingeritzt ist, steht ein achteckiger Schaft, der in einem mit Köpfen und Voluten verzierten Kapitell endet. Auf diesem wiederum erhebt sich das Kruzifix. Christus steht mit den Füßen auf dem Kapitell und hat die Arme weit ausgestreckt.

Auf der D 11 fährt man nach Lannion zurück und erreicht von dort aus auf der D 786 nach 18 Kilometern Tréguier.

11. Reiseweg: Von Carhaix zu den Calvaires im Departement Côtes-du-Nord

Michelin-Karte 58, Falte 17–18, 7–8: 158 km, wenn man die Strecke Carhaix-Plourac'h über Carnoët fährt; 197 km über Callac

Dieser Reiseweg führt uns in erster Linie zu wenig bekannten, abseits der üblichen Touristenrouten liegenden Calvaires, die aber in ihrer künstlerischen Qualität und Originalität das religiöse Denken der Bretonen und seinen steingewordenen Ausdruck erschließen. Ihre Bildhauer haben es verstanden, dem Betrachter über die gewohnten Darstellungsformen hinaus ihre ganz persönliche Auffassung des Erlösungsmysteriums zu vermitteln.

Von Carhaix-Plouguer (21. Reiseweg, S. 193) fährt man auf der D 787 gen Norden. Hat man die kürzere Strecke gewählt, biegt man nach etwa 10 Kilometern auf der Höhe des Weilers »Lochrist« (den man rechts liegen läßt) links auf eine Straße ab, die über Carnoët nach PLOURAC'H führt. Diese Straße mag etwas kurvenreich sein, bietet aber hübsche Ausblicke.

Ein ganz traditioneller, umfriedeter Pfarrbezirk umgibt die Kirche aus dem 15. Jahrhundert, die sich im Süden auf eine Vorhalle öffnet, wo eine Madonna mit Krone von den Statuen der zwölf Apostel umgeben ist. Sie hält ihr Kind zwischen Markus und Lukas, denen die Symbole, Löwe und Stier, beigegeben sind.

Der Calvaire steht nahe an dieser Vorhalle auf einem mächtigen Sockel, der einen Altar bildet. Aus diesem scheinen die Kreuze emporzusprießen. Unten am erhöhten Mittelschaft sieht man auf der Ostseite eine Verspottung Christi. Auf der Westseite ist eine Pietà von Maria Magdalena und Johannes flankiert (Bild 21). Maria hält den steifen Körper ihres toten Sohnes auf ihrem Schoß. Sein rechter Arm hängt herab, während Maria den linken Arm erfaßt. Das nach hinten zurückfallende Haupt ruht auf den Knien des heiligen Johannes. Der Gesichtsausdruck Mariens mit den leicht geöffneten Lippen verrät, daß sie in ihrem

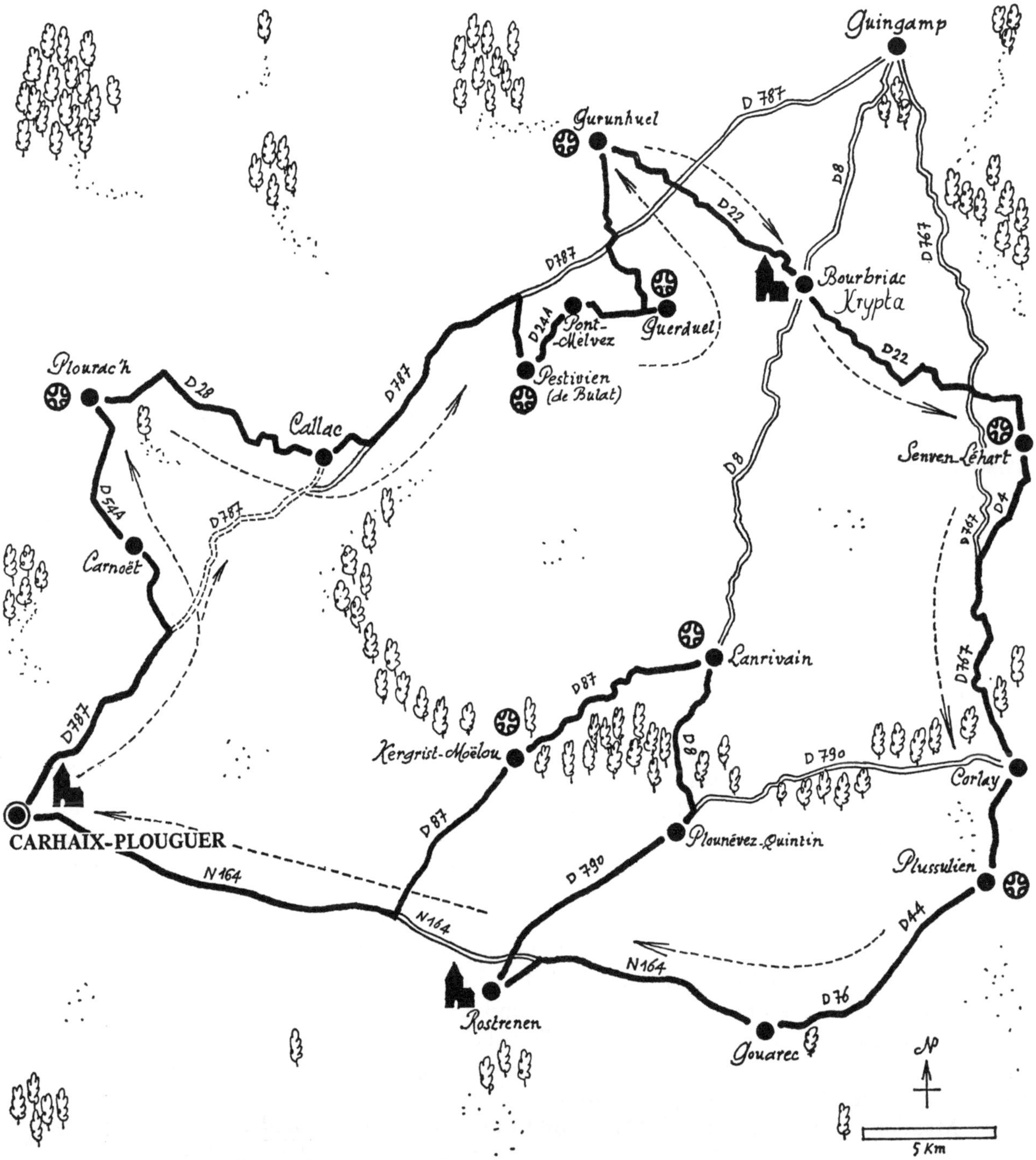

11 CARHAIX Nordost 158 km

Schmerz um Beherrschung ringt. Dies wird noch durch die Geste ihrer rechten Hand betont, die ans Herz greift, als wolle sie ihr Leid vermindern.

Weiter oben ziert eine Statue des heiligen Michael den Kreuzesschaft. Seitliche Konsolen in Form von menschlichen Büsten tragen die beiden Gestalten Maria und Johannes.

Der gute Schächer blickt zu Christus empor, während der andere Schächer, der auf ein kleineres Kreuz gebunden ist, Christus den Rücken zudreht und himmelwärts blickt. Eine solche Anordnung sieht man einzig an diesem Calvaire.

Von Plourac'h aus nimmt man wieder die D 54 bis zur D 28 nach Callac, wo man nach links auf die D 787 abbiegt. Nach 12 Kilometern trifft man auf die D 31, die nach PESTIVIEN führt, einem Ortsteil von Bulat-Pestivien.

Dieser Weiler besitzt eine schöne Blasius-Kapelle. Nahe am Vorbau erhebt sich der Calvaire vom Beginn des 16. Jahrhunderts auf einem würfelförmigen Sockel, dessen einer Teil einen Altar bildet.

Die bemerkenswerteste Darstellung ist hier die Grablegung mit Joseph von Arimathia, Nikodemus und der ganz in ihren Schmerz versunkenen Mutter Jesu (Bild 22 und 23).

Das Kreuz Christi sowie die Kreuze der beiden Schächer sind der Ostseite zugewandt und stehen auf kapitellähnlichen Konsolen. Nach Westen zu ist eine von den heiligen Frauen umgebene Pietà dargestellt.

Dieser Calvaire erinnert an den weiter unten beschriebenen, etwa 15 Kilometer entfernten Calvaire von Lanrivain und scheint aus derselben Werkstatt zu stammen.

Auf der D 24 setzt man die Fahrt in Richtung Pont-Melvez fort, wo man rechts in Richtung Bourbriac nach GUERDUEL abbiegt. Links an einer Wegkreuzung steht leicht zurückversetzt auf einer Art gemauertem Erdwall ein Kreuz (Bild 25), bei dem sich ein Halt wegen seiner ungewöhnlichen Form unbedingt lohnt.

Auf einer relativ schmalen Basis ist eine Pietà in eine Art viereckige Nische eingestellt. Maria neigt sich dem Haupt ihres Sohnes zu, der auf ihren Knien liegt. Auf dem großen, flachen Stein, der diese Nische überdacht, erhebt sich ein kuppel- oder rundbogenartiges Gewölbe. Daraus scheint das hohe, schlanke Kreuz emporzuwachsen, dessen achtseitig gefaster Schaft durch den ganzen Unterbau hindurchgeht. Das über 4 Meter hohe Kruzifix überragt die weite Landschaft. Es ist ein in der Bretagne einzigartiges Monument von hohem Symbolgehalt.

Nach einer Urkunde von 1132 besaßen die Templer eine Komturei in Pont-Melvez, die nach ihnen bis zur Revolution die Hospitaliter innehatten. Soll man annehmen, daß dieses Monument auf einen dieser beiden Orden zurückgeht, auch wenn es den Kreuzen, die man allgemein als »Templerkreuze« bezeichnet, in keiner Weise ähnelt?

GURUNHUEL erreicht man am einfachsten über die D 20, eine kleine Straße, die zur D 787 führt. Fast unmittelbar gegenüber zweigt die D 31 nach Gurunhuel ab.

In dem 291 Meter hoch gelegenen umfriedeten Pfarrbezirk, von dem aus sich ein weiter Blick bis zu den Grenzen des Trégor und von Cornouaille bietet, steht ein Calvaire mit vielen originellen Details.

Auf der Westseite sieht man auf einem eleganten Sockel einen berittenen Römer, etwas nach hinten versetzt dann Petrus und Paulus, überragt von einem Christus in Banden, der sich an den »abgeästeten« Schaft anlehnt; über ihm ein zur Konsole verbreitertes Kapitell, das zu beiden Seiten Maria und Johannes trägt. Der langgliedrig dargestellte Corpus Christi ist von zwei Engeln umgeben, die das Blut aus seinen Wunden mit dem Kelch auffangen (Bild 24).

An ihren Kreuzen mit glattem Schaft winden sich qualvoll die beiden Schächer und hauchen ihre als kleine Kinder dargestellten Seelen aus. Ein Engel nimmt die Seele des guten Schächers in Empfang, während ein Dämon, als ein Drache mit gesträubten Rückenstacheln dargestellt, dem bösen Schächer die Seele entreißt.

Auf der Ostseite überwindet der heilige Michael den Drachen, und auf einer von kleinen Engeln umgebenen Konsole sieht man eine Beweinung Christi aus drei Figuren.

Auf der D 20 erreicht man die D 787, überquert diese und kommt auf der D 22 nach BOURBRIAC (** RB S. 111 f.). Ein recht bedeutender Teil der Kirche ist romanisch, vor allem die Krypta, die älter als die übrige Kirche ist. In sie führte man Geisteskranke an das Grab des heiligen Briac, der diese Pfarrei im 6. Jahrhundert gegründet hatte.

Von Bourbriac fährt man in östlicher Richtung auf der D 22 weiter, überquert die D 767 und bleibt bis SENVEN-LÉHART auf der D 22. Inmitten des alten Friedhofs steht ein sehr schöner Calvaire, der die Jahreszahl 1608 trägt und sowohl wegen seiner Geschlossenheit als auch wegen der Qualität seiner Skulpturen bemerkenswert ist (Bild 27). Er wurde sicherlich von einem einzigen Künstler geschaffen, der den fünfzehn Figuren tiefen Ausdruck zu geben vermochte.

Das Monument ist nach Westen ausgerichtet. Über dem Gekreuzigten schwebt ein kleiner Engel, der ein Schild mit der Inschrift INRI trägt, und zu seinen beiden Seiten ebenfalls je ein kleiner Engel, der eine mit zwei Kelchen, der andere nur mit einem. Ein vierter kleiner kelchtragender Engel ist auf einer Konsole auf halber Höhe des Kreuzesstamms zu sehen. Die Figur auf der Rückseite des Kreuzes stellt vielleicht Petrus mit seinem Schlüssel dar.

Der gute Schächer hat einen heiteren Gesichtsausdruck, der böse hingegen streckt die Zunge heraus und schneidet Grimassen.

Rechts und links des Sockels stehen zwei Reiterfiguren (Bild 28). Der eine Reiter, der mit der Hand seine Augen berührt, könnte Longinus sein. Auf der Ostseite sieht man eine bemerkenswerte Darstellung der Verspottung Christi, flankiert von einem König mit einem Zepter in der Hand und dem heiligen Yves, der einen Advokatenhut trägt.

Die eindrucksvolle Pietà (Bild 29) wird von Maria Magdalena, die ein Gefäß mit Duftessenzen trägt, und von Maria Salome begleitet, die mit beiden Händen Kopf und Körper des toten Christus stützt. Diese Gruppe zwingt zum längeren Verweilen. Maria sieht über alles äußerliche Geschehen hinweg und »bewegt alles in ihrem Herzen.« Trotzdem empfindet man ihr unermeßliches Leid in aller Intensität.

Von Senven-Léhart aus fährt man über die D 4 auf die D 767 nach Corlay. Nach der Ortsdurchfahrt gelangt man wieder auf die D 4 und kommt nach PLUSSULIEN.

Nahe an der Kirche bietet sich im Grünen zu Füßen eines alten Calvaires, von dem nur der Schaft erhalten blieb, eine ganz erstaunliche Pietà unseren Blicken dar. Offensichtlich hat sich der Bildhauer eine Frau aus dieser Region zum Vorbild genommen, als er den Zügen der Muttergottes Gestalt verlieh. In ihrem Schoß liegt steif eine recht kleine Christusfigur, von den Händen der beiden danebenstehenden jungen Mädchen gehalten. Eine überraschende Diagonalbewegung, die dadurch entsteht, daß das Mädchen zur Linken ihren Oberkörper zurücklehnt, betont die fast männliche Haltung der Muttergottes. Maria ist steil aufgerichtet, wie eine Frau, die dieser so schweren Prüfung standhalten will.

Von Plussulien fährt man bis Laniscat auf der D 44, dann bis Gouarec auf der D 76 und erreicht so die N 164, die nach ROSTRENEN führt. Die Kirche war zunächst Burgkapelle, wurde später Kollegiats- und Pfarrkirche und ist 1484 Notre-Dame du Roncier geweiht worden.

Von einem vorhergehenden romanischen Bau ist lediglich die Vierung erhalten, die in ihrer monumentalen Gesamtstruktur an das Querschiff der Abteikirche von Redon erinnert.

Die großen, leicht spitz zulaufenden Arkaden ruhen auf starken, kreuzförmigen Pfeilern mit anliegenden Diensten. Darüber befinden sich mit Eckknospen und -schnecken verzierte Kapitelle. Die Querschiffarme scheinen schon in romanischer Zeit vorhanden gewesen zu sein. Das kann man jedenfalls aus den für diese Zeit typischen, senkrecht zu den Mauern stehenden Strebepfeilern schließen.

In Rostrenen schlägt man auf der D 790 die nordöstliche Richtung bis Plouvénez-Quintin ein und biegt dann auf die D 8. Ein malerischer Weg führt nach LANRIVAIN.

Der Calvaire von Lanrivain trägt die Jahreszahl 1548. Er wurde 1793 zertrümmert, im 19. Jahrhundert jedoch wiederaufgebaut. Wie in Pestivien bildet eine imposante Grablegung – wahrscheinlich die erste ihrer Art – das wichtigste Element dieses Calvaires. Sie befindet sich auf der der Kirche zugewandten Seite. Joseph von Arimathia und Nikodemus, in langen Gewändern und mit merkwürdig spitzen Hüten, halten jeder ein Ende des Schweißtuches, auf dem Christus liegt, der in das sarkophagartige Grab gebettet werden soll. Ihr ernster Gesichtsausdruck ist von großer Schönheit. Dahinter stehen vier kleinere Figuren und betrachten den toten Christus: Maria, die von Johannes gestützt wird, dann eine heilige Frau und Maria Magdalena mit einem Salbgefäß. Diese Gruppe ist die eindrucksvollste und zugleich vollständigste dieses Calvaires. Die Szenen und Figuren am Sockel sind nicht in logischer Abfolge angeordnet: An der Ostseite befindet sich neben der Taufe Christi ein Ecce-Homo.

Der Kreuzesschaft ist abgeästet; das eigentliche Kruzifix, an dem der Corpus gerade und frontal hängt, steht auf einem Kapitell mit einem skulptierten Totenkopf (Bild 26). Auf der Rückseite sieht man eine Dreifaltigkeitsdarstellung, in der Gottvater bekrönt und in kaiserlichen Gewändern, auf seiner Brust die Taube, seinen toten Sohn in derselben Geste wie eine Pietà auf dem Schoß hält.

Wir verlassen Lanrivain auf der D 87, die über Trémargat nach KERGRIST-MOËLOU führt. Von der Qualität der Skulpturen her, die nach den Verwüstungen der Revolutionszeit wiederaufgestellt werden konnten – lediglich die Grablegung war verschont geblieben –, war der Calvaire von Kergrist-Moëlou mit seinen über hundert Figuren zweifellos einer der bedeutendsten und auch einer der schönsten der Bretagne. Es ist ein achteckiger Calvaire, der ins Jahr 1528 datiert wird. Auf zwei übereinanderliegenden Friesen sind Szenen aus dem Leben Christi dargestellt. Als man nach 1865 den Calvaire wiederherrichtete, hielt man sich nicht mehr an die logische Abfolge der einzelnen Episoden; die Skulpturen selbst wurden jedoch nicht restauriert.

Auf dem unteren Fries sieht man, von der Nordseite ausgehend, die Anbetung der Hirten und der Heiligen Drei Könige, die Verkündigung, die Kreuztragung, Christus in Banden zwischen zwei römischen Soldaten, Pilatus, der sich die Hände wäscht, die Geißelung, und dann sehr wahrscheinlich den Verrat des Judas und die Gefangennahme Christi sowie die Grablegung.

Diese als einzige unversehrte Szene ist von besonderer Schönheit: Christus liegt erstarrt auf einem Sarkophag, der mit einem drapierten Tuch bedeckt ist; Maria, gestützt von Johannes, ist in ihrem Leid nur verhalten gezeigt; sehr unterschiedlich ist dagegen der Ausdruck der Empfindungen in der Darstellung der heiligen Frauen. Um derartiges in dem harten bretonischen Granit wiederzugeben, mußte der Bildhauer ein wahrer Meister sein.

Auf dem oberen Fries, wieder auf der Nordseite beginnend, erkennt man zunächst eine Figur, die als einzige aus der traditionellen Gruppe erhalten sein könnte, welche den heiligen Yves zwischen dem Reichen und dem Armen zeigte; dann das, was von der Höllenfahrt Christi verbleibt: ein Drachenmaul, dem fünf Figuren entsteigen; die zu dieser Szene gehörige Christusgestalt ist nicht mehr vorhanden. Daran schließt sich eine Madonna mit Kind an, auf die verschiedene schwer deutbare Figuren und schließlich die Auferstehung folgt. Auch dieser zutiefst bewegende Calvaire ist ein großartiges Zeugnis der bretonischen Bildhauerkunst, die in diesen armseligen Gemeinden zur Erbauung der Pfarrkinder geschaffen wurde.

Von Kergrist-Moëlou kehrt man über die D 87 und anschließend die N 164 nach Carhaix-Plouguer zurück.

Diese Calvaires-Rundfahrt ist auch auf anderem Wege möglich:
– entweder von ROSTRENEN aus über die N 164 in folgender Reihenfolge: Rostrenen, Plussulien, Senven-Léhart; Bourbriac, Gurunhuel, Guerduel; Pestivien (Bulat), Lanrivain; Kergrist-Moëlou; zurück nach Rostrenen auf der D 31 (insgesamt ca. 161 km).
– oder von GUINGAMP aus (8. Reiseweg, S. 59) in südlicher Richtung, 132 km. Die Rundfahrt verliefe in der oben angegebenen Reihenfolge.

Bei beiden Varianten würde man jedoch den Calvaire von Plourac'h (S. 135) auslassen.

12. Reiseweg: Südwestlich von Carhaix, die Montagnes Noires und das Tal der Aulne

Michelin-Karte 58, Falte 16–17. Insgesamt etwa 90 km, wenn man über Gourin nach Carhaix zurückfährt

Die Region, die wir besuchen, liegt zwischen den herben, waldreichen Montagnes Noires im Süden und dem Tal der Aulne, das zu Recht wegen seiner landschaftlichen Schönheit bekannt ist. Wie einige ihrer Nebenflüsse ist die Aulne teilweise kanalisiert (Kanal von Nantes nach Brest), hier jedoch zieht sie große Schleifen und bietet zu jeder Jahreszeit immer wieder unvergleichliche Ausblicke.

Die alte romanische Kirche unseres Ausgangspunktes Plouguer wird im Verlauf des 21. Reisewegs beschrieben (S. 193). Ab Carhaix verläuft unser Weg bis Port-de-Carhaix auf der N 164. Dort biegt man auf die D 82 in Richtung Saint-Hernin ab und fährt noch etwa zwei Kilometer, bis am Straßenrand wie in die Böschung eingepflanzt eines der seltsamsten Monumente des Finistère auftaucht: der Calvaire von KERBREUDEUR, der neben dem Calvaire von Tronoën (20. Reiseweg, S. 191) sicher auch einer der ältesten ist. Beide kann man im Vergleich mit anderen, genau datierten Werken mit größter Wahrscheinlichkeit in die Mitte des 15. Jahrhunderts, zwischen 1450 und 1455, datieren (Bild 31).

Der Calvaire ist in seiner Form einzigartig: Die Kreuze stehen hier auf einer Konstruktion aus flachen Steinplatten. Diese Konstruktion trägt eine Nische aus drei Steinblöcken, die sowohl außen als auch innen behauen sind.

Die dargestellten Szenen fassen in nüchterner Kürze die gesamte Heilsgeschichte von der Vertreibung aus dem Paradies bis zur Auferstehung Jesu zusammen. Die Geburt mit der Anbetung der Könige, die Taufe, Geißelung und Kreuztragung – nicht mehr, aber damit ist das Wesentliche ausgesagt und der Weg zum Mysterium des Glaubens erschlossen.

Besondere Beachtung verdient die Steinplatte vorne unten (Bild 32). Sehr selten findet

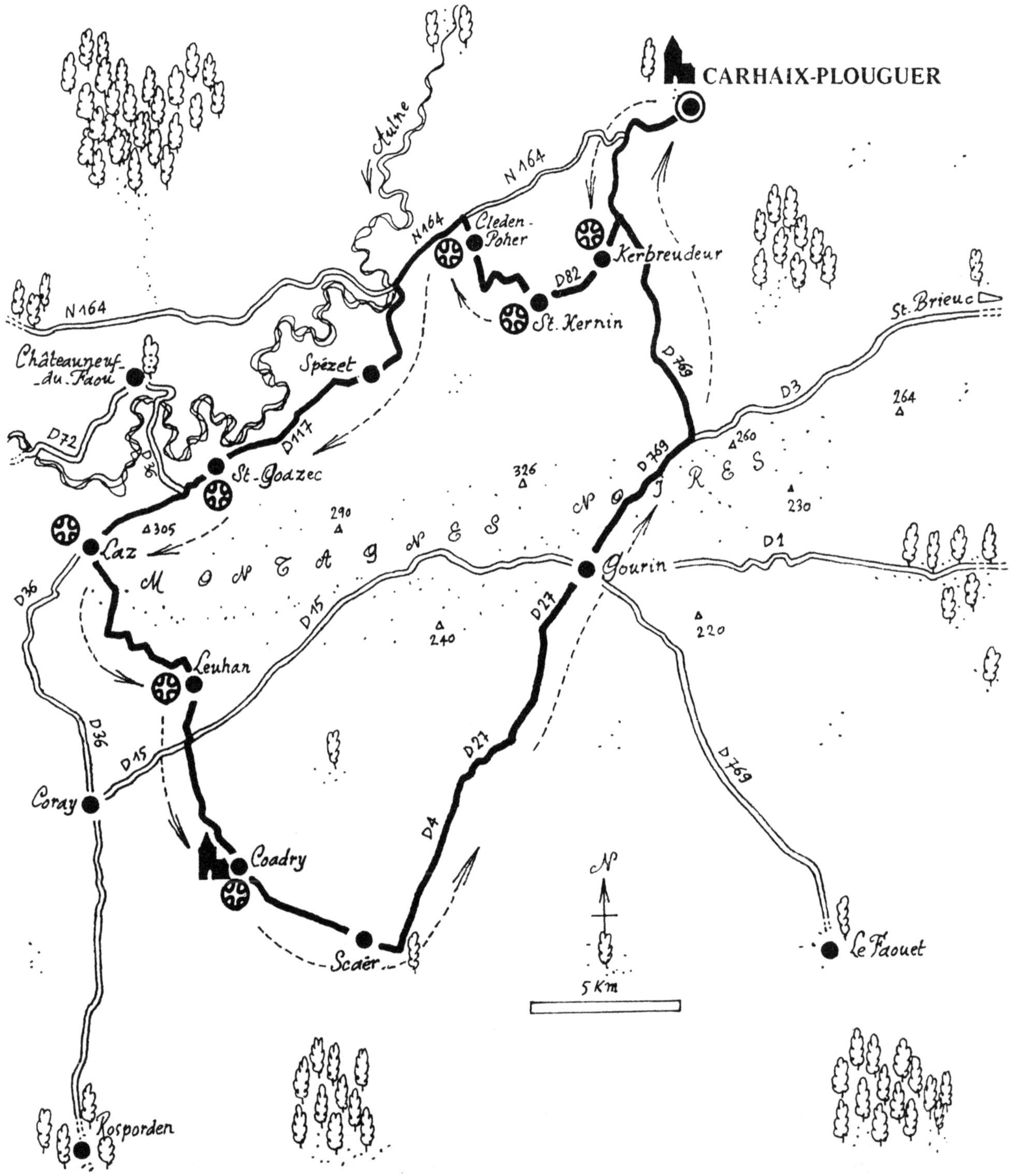

12 CARHAIX Südwest 90 km

man die Schächer zusammen mit Christus bei der Kreuztragung dargestellt. Hier sind beide mit demselben Strick um den Hals gebunden und folgen Simon von Kyrene, der das Kreuz, unter dessen Last Christus nur mühsam voranschreitet, am oberen Ende hält. Christus ist um die Taille mit einem Strick gebunden, an dem ihn ein römischer Soldat mit allen Kräften vorwärtszieht. An den Kanten dieser nicht sehr dicken Steinplatte hat der Bildhauer vor der Kreuztragung die Geißelung dargestellt und auf der anderen Seite eine Pietà, die ganz in ihren unermeßlichen Schmerz versunken von dem hinter ihr stehenden Johannes gestützt wird.

Die Auferstehungsszene auf der Innenseite der Steinplatte, die die Nische hinten abschließt, zeigt, wie sich Christus schwungvoll und mit großer Lebenskraft aus dem Grabe erhebt.

An der Außenseite der Nische sind rechts die heilige Katharina mit den Instrumenten ihres Martyriums und der heilige Georg (oder Michael), der dem Drachen eine Seele entreißt, dargestellt. Diese Heiligendarstellungen, insbesondere die der heiligen Katharina, hat man verschiedentlich zu interpretieren versucht, ohne dabei jedoch eine Einigung erzielen zu können.

Die T-förmigen Schächerkreuze sind sicher zur selben Zeit wie der übrige Calvaire entstanden, das Mittelkreuz ist jedoch neueren Datums.

Auf einem leider beschädigten skulptierten Steinblock, der rechts auf den Steinplatten liegt, könnte Gottvater dargestellt sein. Es läßt sich nicht sagen, ob diese Skulptur von Anfang an zum Calvaire von Kerbreudeur gehört hat oder woher sie sonst stammen könnte.

Wir fahren auf der gleichen Straße nach SAINT-HERNIN weiter, wo wir wiederum in einem mit großen Bäumen bestandenen umfriedeten Pfarrbezirk zwischen Kirche und Beinhaus einen Calvaire finden. Das mit einer schlichten Christusfigur geschmückte Kreuz reckt sich hoch gen Himmel und ist von zwei Schächern eingerahmt, deren Marter besonders qualvoll dargestellt ist, vor allem in dem ganz nach hinten gebogenen Leib des bösen Schächers.

Wie in Brasparts (13. Reiseweg, S. 150) befindet sich eine Gestalt des heiligen Michael über einer schönen Beweinungsgruppe. Christus liegt auf den Knien von Maria und Johannes; seine rechte Hand hängt bis zum Boden herab, das Antlitz ist schmerzvoll und friedlich zugleich.

Über dem heiligen Michael werden die Konsolen, auf denen Maria und Johannes stehen, von Karyatiden mit gestrecktem Oberkörper gehalten – ein bei den Calvaires recht seltenes Motiv.

Auf der Rückseite des Hauptstamms findet sich als Pendant zur Michaelsgestalt die des heiligen Petrus mit Tiara und Schlüssel.

Ein kleines, rötlich getöntes, fein gearbeitetes Flachrelief über der Tür zum Beinhaus zeigt eine Pietà. Maria, der zwei Engel zur Seite stehen, von denen der eine ihren Schleier hält, geht ganz in der Betrachtung ihres Sohnes auf, der ausgestreckt auf ihrem Schoß liegt. Eine Art Baldachin mit drei leichten Rundbogenarkaturen wölbt sich über ihrem Haupt. Das Gewand Mariens fällt in schön geschwungenen Falten. Eine Inschrift zu beiden Seiten dieses Reliefs nennt den Namen des Pfarrherrn und das Datum, zu dem dieses Werk geschaffen wurde.

Von Saint-Hernin führt ein direkter Weg nach CLÉDEN-POHER. Er überquert den Kanal von Brest nach Nantes, eigentlich den Lauf der Hyères, eines Nebenflusses der Aulne.

Der sehr gut erhaltene Calvaire von Cléden-Poher aus dem Jahre 1575 steht am Chorhaupt der Kirche. Man kennt den Namen des Stifters: Gilles de Kerampouil, Stiftsherr von Carhaix, Pfarrherr von Cléden und Motreff; er starb 1578, nachdem er in Paris zum Bischof geweiht worden war, auf der Rückreise in seine Diözese.

Wir haben hier ein Kunstwerk von hohem Rang vor uns, das in einer ausgewogenen Komposition das himmelwärts gerichtete Streben mit festem, aber nicht schwerem Halt auf der Erde in Einklang zu bringen vermag.

Der Unterbau schließt mit einem Altartisch ab und trägt auf einer Art Plattform alle Teile des Calvaires, der in seinem Aufbau allmählich aufsteigend im Kruzifix seine Bekrönung findet.

Normalerweise ist nur der Stamm des Kreuzes Christi in der Mitte »abgeästet«; hier ist dies dagegen auch bei den Schächerkreuzen der Fall.

Der Gekreuzigte erscheint zwar als der Leidende, doch trotzdem voller Hoheit. Er ist von Engeln umgeben, die das Blut seiner Wunden in Kelchen auffangen. Maria und Johannes überragen auf der Konsole die beiden Schächer, die mit doppelten Stricken an ihre Kreuze gebunden sind. Auf zwei Säulen bewachen berittene römische Hauptleute die Kreuze, wie es im Evangelium berichtet wird.

Zu Füßen des Mittelkreuzes findet sich wiederum das Motiv der Pietà (Bild 34). In einer liebevollen Geste hält Maria den Arm ihres Sohnes mit einem Ausdruck tiefer Sammlung, der gleichzeitig Schmerz und Abgeklärtheit erkennen läßt und über alle Gefühlsempfindungen hinausgeht.

Auf der Rückseite der Pietà sind Geißelung und Kreuztragung in dem Bestreben dargestellt, dem Betrachter das Leiden Christi in seiner ganzen Realität nahezubringen.

An der Südseite der Kirche steht ein hohes und fein gearbeitetes Kreuz aus dem 16. Jahrhundert. Sein runder monolither Granitschaft ragt 6,50 Meter hoch in den Himmel.

Die der Jungfrau Maria geweihte Kirche von Cléden-Poher besitzt mehrere Retabeln. Das älteste aus dem 16. Jahrhundert ist flämisch beeinflußt und hat die Passion zum Thema. Die drei Tafelbilder, die Ende des 19. Jahrhunderts wiedergefunden wurden, sind in den Hauptaltar eingelassen, auf dem eine Marienstatue aus dem 14. Jahrhundert steht.

Verlassen wir nun Cléden-Poher und fahren links auf die N 164. Nach 3 Kilometern zweigt links die D 17 ab, die an einer Flußschleife der Aulne entlangführt und auf die D 82 in Richtung Spézet stößt. Man überquert diese und fährt dann bis zur Kreuzung von Kerfranc auf der D 117. Dort zweigt links eine für den Fremdenverkehr ausgeschilderte Straße nach SAINT-GOAZEC ab. Rechts am Ortseingang steht in der Nähe eines Gehöfts, von einer Bushaltestelle halb verdeckt, ein Calvaire, dessen Pietà unsere Aufmerksamkeit verdient.

Aus einem Granitsockel, der seinerseits in einem schiefernen Unterbau gründet, geht ein Kreuz hervor, das oben einen Kruzifixus trägt und auf der Rückseite eine liebliche Madonna mit Kind. Unten am Sockel sieht man eine Beweinungsgruppe aus vier Personen (Bild 33). Christus, dessen Kopf nur andeutungsweise von der rechten Hand des Jüngers Johannes abgestützt wird, liegt ganz steif auf den Knien seiner Mutter. Maria Magdalena streckt eine Hand der Hand Christi entgegen und hält in der anderen Hand ihr Salbgefäß.

Diese Gruppe lädt zum längeren Verweilen ein, denn ganz eigen ist ihr Ausdruck. In den Mienen spiegelt sich – abgesehen vom Gesicht Maria Magdalenas – kein Schmerz wider, vielmehr ein großer Friede, der in dem Lächeln Gestalt gewinnt. Vielleicht deshalb, weil nun endlich alle Leiden und Schmerzen Christi ausgestanden sind und unsere Erlösung vollbracht ist? Die Gebärde Mariens, die ihre Hände nicht gefaltet, sondern die Finger gegeneinander gelegt hat, verstärkt noch den entspannten und friedlichen Ausdruck. In keiner anderen Pietà-Darstellung finden wir dieses so unerwartete Lächeln der Muttergottes.

Von Saint-Goazec aus führt eine kleine Straße durch den Wald von Laz. Auf der Höhe des Parks von Trévarez erreicht man die D 36 und dann nach 4,5 Kilometern das Dorf LAZ.

Der Calvaire wurde auf den neuen Friedhof verlegt, der die Kirche umgibt. Eine Figur nach der anderen fand ihren Platz auf der niedrigen Mauer des Kirchplatzes. Vom Friedhof aus hat man einen weiten Blick in das Tal der Aulne und auf die fernen Monts d'Arrée. Der Calvaire scheint über die Gräber hinaus über diese Weite zu wachen.

Zu Füßen der Pietà gibt eine gut lesbare Inschrift in gotischen Lettern die Jahreszahl 1527 und den Namen YVON FICHAUT an; vielleicht handelt es sich um den Namen des Bildhauers. Die Gestalt des Ecce-Homo trägt die Jahreszahl 1563. Die Beweinungsgruppe (Bild 30) ist gleichermaßen durch ihren Aufbau wie durch die verschiedenen Ausdrucksformen bemerkenswert, in denen sich die Bandbreite der von den einzelnen Personen durchlebten Gefühle widerspiegelt.

Maria, in einen langen Schleier mit Röhrenfalten am Saum gehüllt, steht aufrecht und mit verhaltenen Gebärden hinter ihrem im Tode erstarrten Sohn, dem sie den Kopf leicht zuneigt; sie ist ganz in sich gekehrt. Maria Magdalena, die sich anschickt, ihr Salbgefäß zu öffnen, blickt statt dessen mit weitgeöffneten, großen Augen in das Antlitz Christi.

Dieser Calvaire ist beeindruckend in seiner Gesamtanlage und in der Anpassung an den Ort, an dem er sorgfältig wiederaufgebaut und teilweise vorsichtig restauriert wurde.

LEUHAN liegt 7 Kilometer von Laz entfernt. Eine Verbindungsstraße führt zunächst zur D 51, auf der man dann links weiterfährt. Der Calvaire erhebt sich vor dem südlichen Vorbau der Kirche auf einem runden, dreistufigen Steinmassiv und einer rechteckigen Basis mit großen, abgeschrägten Seitenflächen. Der Gekreuzigte, der an einem relativ kurzen Stamm hängt und von Maria und Johannes flankiert ist, blickt nach Westen. Auf der Rückseite lehnt ein Ecce-Homo mit einem großen Heiligenschein und einem Schilfrohr in der Hand ans Kreuz; zu seinen Füßen eine schöne, vertikal angeordnete Beweinungsgruppe. Der leblose, schwere Körper Christi wird nur mit Mühe von Maria und Maria Magdalena gehalten, die beide stehen. Da man ganz dicht an diese Gruppe herantreten kann, läßt sich erkennen, welch unterschiedlichen Ausdruck des Mitleidens der Bildhauer den Gesichtern verliehen hat.

In Leuhan fährt man auf die Verbindungsstraße zur D 15, überquert die D 15 und erreicht nach weiteren 5 Kilometern COADRY-EN-SCAER. Die langgezogene, niedrige Kapelle Saint-Sauveur (im 17. Jahrhundert manchmal auch als Saint-Jean de Coadry bezeichnet) gehörte zur Johanniterkomturei La Feuillée. Das vierjochige Schiff stammt aus dem 11. Jahrhundert. Seine Rundbögen ruhen auf mächtigen rechteckigen Pfeilern, die an den vier Seiten profiliert sind. Das Mauerwerk wurde mit äußerster Sorgfalt errichtet. Links vom Südportal, das sich zum Kirchenschiff öffnet, befindet sich am ersten Innenpfeiler ein von einem

Kreis umschlossenes Malteserkreuz, das auf Augenhöhe als flaches Relief eingemeißelt ist. Ein spitz zulaufender Triumphbogen trennt das Schiff von dem wahrscheinlich im 14. Jahrhundert erbauten Chor. Das Chorhaupt ist flach; der durchbrochene Glockenturm im für das Cornouaille typischen Stil wird von einem Treppentürmchen flankiert.

Die Innenwände des Schiffs wurden oberhalb der Pfeiler im 19. Jahrhundert von einem elsässischen Maler mit Fresken ausgeschmückt. Sie befinden sich in einem schlechten Zustand, doch erkennt man auf der einen Seite die freudenreichen, auf der anderen Seite die schmerzensreichen Mysterien. Sehr wahrscheinlich ersetzten sie ältere Wandmalereien, denn im Protokoll einer Visite und einer Bestandsaufnahme, die 1720 auf Veranlassung eines neuen Kommandeurs erfolgten, ist von einer gemalten Innendekoration die Rede, »die die Passion unseres Herrn und mehrere andere Szenen darstellt«.

Die Kapelle ist reich an Skulpturen: Im Chor, rechts vom Hauptaltar, findet sich eine Darstellung Christi mit Krone, Purpurmantel und einer Erdkugel mit dem Kreuz in der linken Hand. Diese alte Gestalt wird auf bretonisch *an aotrou krist* – Christus der Herr – genannt.

Über dem Altar im nördlichen Seitenschiff hängt ein interessantes bemaltes Flachrelief. Es zeigt in der Mitte Christus am Kreuz zwischen Maria und Johannes, links davon Adam und Eva, umringelt von der Schlange, rechts Christus in der Herrlichkeit, auf einem Thron sitzend.

In diesem Seitenschiff ist auch eine holzgeschnitzte Grablegung aus dem 16. Jahrhundert zu sehen; Christus liegt hier auf einer Art Truhe. Daneben erkennt man auf einer Grabstätte mit der Jahreszahl 1742 eine Darstellung des Heiligen Grabes: Der ausgestreckt daliegende Christus ist von zwei Engeln umgeben; daneben sind alle Leidenswerkzeuge sowie – als Holzrelief – das Schweißtuch der Veronika mit dem schmerzvollen Antlitz Christi dargestellt.

Zu den vielen alten Figuren, die die Kirche bewahrt, gehört auch eine Marienfigur aus vielfarbigem Granit, die von Müttern, die ihre Kinder stillen, angerufen wird. Eine große bemalte Granitstatue Johannes des Täufers mit einem Lamm auf den Schultern könnte als Beweis dafür angesehen werden, daß er ursprünglich der Schutzpatron dieser Kapelle war. Die geschnitzten und bemalten Holzbohlen in den Seitenschiffen sind mit ganz unterschiedlichen Szenen geschmückt.

Vor dem mit teilweise jahrhundertealten Bäumen bestandenen Placître der Kapelle erheben sich zwei mächtige, sehr alte Kreuze aus einem einzigen Steinblock, die in der Region als »keltische Kreuze« bezeichnet werden. Das eine ist oben wesentlich breiter als an der Basis und hat sehr kurze Arme. Die gesamte Anlage steht seit 1933 unter Denkmalschutz.

Schließlich sei noch vermerkt, daß man bei Feldarbeiten manchmal auf die »pierres de Coadry« stößt. Diese Steine sind bei Mineralogen und Sammlern begehrt. Es handelt sich um Staurolithe, Aluminium- und Eisensilikat, das Kristalle in Kreuzform bildet. Diese Kristalle können sich in verschiedener Weise überlagern und dabei verschiedene Kreuzzeichen ergeben. Bei unvollständiger Kristallisierung entstehen nagel- oder dornenförmige Gebilde. Diese Steine inspirierten früher Dichter und Sänger; ein altes bretonisches Lied bringt sie mit der Passion Christi in Verbindung.

Der Weg zurück nach Carhaix führt durch die Montagnes Noires über Scaër (D 20) und Gourin (D 27, D 769, D 768: 42 km).

13. Reiseweg: Südlich von Morlaix, die Monts d'Arrée

Michelin-Karte 58, Falte 5–6. Insgesamt 92 km bzw. 102 km, wenn man abschließend die drei umfriedeten Pfarrbezirke besucht.

Die Monts d'Arrée bilden einen wesentlichen Teil des Parc Régional d'Armorique. Die Straßen schlängeln sich durch herrliche Landschaften, die der Reisende voller Bewunderung entdeckt. Die Calvaires haben hier ihren eigenen Charakter, als sei deren Kunst durch die Höhenlage der Orte beeinflußt. Der höchste Punkt der Bretagne ist der Mont-Saint-Michel von Brasparts. Wenn die Erhebung als solche im Vergleich zu anderen französischen Bergen auch bescheiden erscheint, so ist sie doch von grandioser, herber Schönheit.

Man verläßt Morlaix auf der D 769, biegt dann nach rechts auf die D 111 und fährt auf dieser 3 Kilometer bis zur Abtei von LE RELEC en Plouénour-Menez. Die erste, 1132 geweihte Kirche wurde im Laufe der Jahrhunderte oft verändert, ist aber in ihrer Gesamtstruktur romanisch geblieben. Für eine Zisterzienserkirche ungewöhnlich ist die Ausschmückung mit skulptierten Kapitellen. Sie sind von hohem künstlerischen Rang und lassen Motive erkennen, die keltisch inspiriert erscheinen.

Die Kirche bewahrt interessante Skulpturen, von denen besonders ein altes, fast dreieckiges Relief mit Christus am Kreuz und zwei begleitenden Personen auffällt. Das Werk stammt aus Plouégat-Moysan und fand erst vor kurzem in der Abteikirche von Le Relec Aufstellung (** RB, S. 48, Abb. 5).

Auf der D 111 geht es weiter bis zum Ortseingang von Plounéor-Menez, dann links auf die D 785 bis zur D 36, einer kleinen Straße, die nach 2,5 Kilometern auf die D 764 stößt. Von hier aus durchfährt man eine besonders typische Landschaft der Monts d'Arrée. Nach La

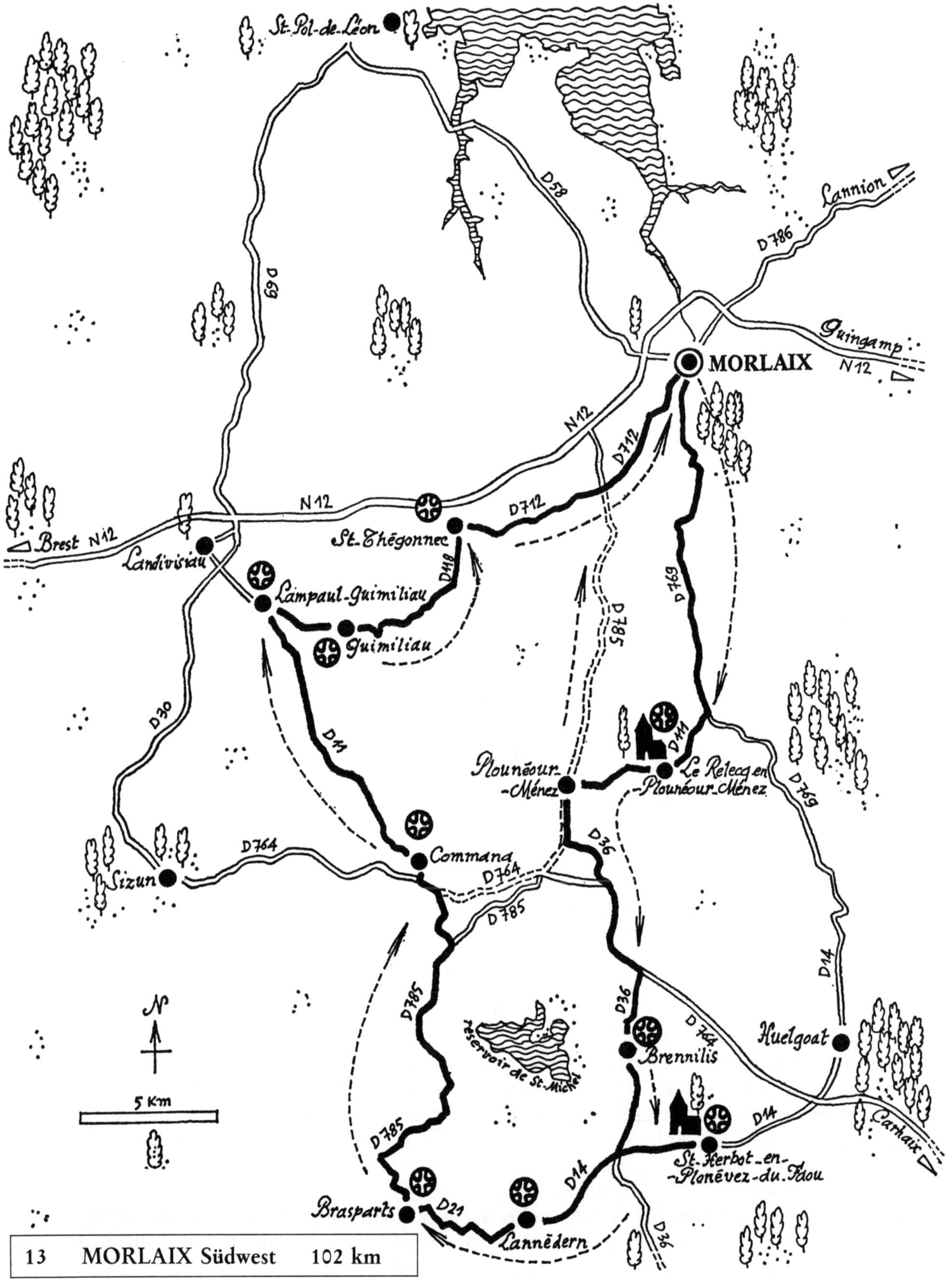

13 MORLAIX Südwest 102 km

Feuillée gelangen wir wieder auf die D 36. In BRENNILIS sollte man haltmachen und sich die schöne Beweinungsgruppe am Fuße des Calvaires auf dem Friedhof nördlich der Kirche ansehen. Sie stammt vermutlich aus der Werkstatt von Roland Doré und wurde um 1625 geschaffen.

Nur drei Personen umgeben den Leichnam Christi, der soeben vom Kreuz abgenommen worden ist und auf den Knien seiner Mutter ruht. Johannes hält den vertikal liegenden Oberkörper. Maria trägt ein weites Gewand mit breiten Falten und ist in einen Schleier gehüllt, der nur ihr Gesicht und die auf der Brust gefalteten Hände freiläßt. Maria Magdalena hält das Gefäß mit den Spezereien und blickt unverwandt auf Christus, als sei sie ganz der Welt entrückt. Johannes ist mit lockigem Haar und ruhigen Zügen dargestellt.

Auf der Rückseite ist die Auferstehung veranschaulicht: Christus, der das Kreuz wie ein Zepter hält, entsteigt dem Grabe; zu beiden Seiten ragen zwei kleine Engel nur mit dem Oberkörper aus dem Stein.

Das Kruzifix des Calvaires, das sich auf seinem schlanken Schaft hoch emporstreckt, ist von großer Schlichtheit.

Die D 36 führt zur D 14, aber schon nach 4 Kilometern zweigt links eine kleine Straße nach SAINT-HERBOT en Plouvenez-du-Faou ab, einem in der ganzen Bretagne bekannten Wallfahrtsort, dessen Architektur, vor allem aber der dominierende Turm, die gesamte bretonische Kunst stark beeinflußt hat.

In der Kapelle, die an der Stelle der einstigen Einsiedelei des heiligen Herbot errichtet wurde, befindet sich das Grab des Heiligen. Im Innern zeigt die Architektur deutliche Anklänge an die »École de Pont-Croix«; sie ist der nordöstlichste Ausläufer dieser »Schule« (siehe RB, S. 177f., vor allem auch S. 202, sowie 19. Reiseweg, S. 181). Durch die Eleganz der Pfeiler und Kapitelle und die Leichtigkeit der Arkaden entsteht ein harmonischer Gesamteindruck, der durch eine geschnitzte Chorschranke und schöne Glasfenster aus dem 16. Jahrhundert noch verstärkt wird.

Auf der Südostseite des Placître erhebt sich der zu Recht berühmte Calvaire aus dem Jahre 1571, der fest verwurzelt aus einer achteckigen, dreistufigen Basis und einem mit Arkaden verzierten Sockel emporzuwachsen scheint (Bild 35). Auch der Kreuzesschaft ist im unteren quadratischen Teil von vier Arkaden eingefaßt. Der eigentliche runde Kreuzesstamm mit seinen Astansätzen verjüngt sich nach oben bis zu der Konsole, auf der sich auf beschränktem Raum alle Personen des großen Erlösungsdramas dem Blick darbieten.

Das schöne Antlitz des Gekreuzigten (Bild 36), der die Augen geschlossen und den Kopf leicht nach rechts geneigt hat, drückt mit seinen völlig entspannten Gesichtszügen tiefen Frieden und eine bereitwillige Annahme des Todes aus: »Es ist vollbracht«. Engel fangen das Blut aus seinen Wunden auf. Zu seinen Füßen steht aufrecht der erlöste Adam.

Auf der Konsole selbst sehen wir Christus in seiner Herrlichkeit aus dem Grabe auferstehen, die Arme in einer Art freudigen Emporschwingens erhoben, begleitet von zwei knieenden Figuren.

Auf der Rückseite der Konsole ist über einer wie eine Nonne mit einem Brustschleier angetanen heiligen Veronika – sie hält das Tuch mit dem Antlitz Christi – eine ergreifende Beweinungsgruppe zu erkennen. Hier ist Maria in ihrem Leid in der Tat als Mater dolorosa dargestellt. Johannes stützt mit der rechten Hand das Haupt Christi, während er sich mit der linken Hand die Tränen abwischt. Maria Magdalena scheint sich in ihrem Schmerz etwas von der Gruppe abgesondert zu haben.

Über dieser Beweinungsgruppe steht der heilige Herbot, der ein Buch und seinen Hirtenstab trägt.

Den Schächern ist wiederum ein Engel beziehungsweise ein Dämon beigegeben. Der böse Schächer wendet seinen Kopf vom Geschehen ab.

Vor jeder dieser im Ausdruck so lebendigen Figuren lohnt sich ein längeres Verweilen, und man wird manch überraschendes Detail entdecken, wie Embleme, die einzelne Gestalten in Händen halten. Der Calvaire von Saint-Herbot gilt wegen seiner Ursprünglichkeit als besonders repräsentativ für die religiöse Kunst der Bretagne: Kein anderer Calvaire zeigt das Erlösungswerk auf so engem Raum.

Wir setzen unseren Weg auf der D 14 nach LANNÉDERN fort, um den Calvaire zu sehen, der zwischen der Südseite der Kirche und dem Beinhaus den Friedhof überragt. Zwischen diesen beiden Gebäuden bietet sich ein weiter Blick zum Mont-Saint-Michel de Brasparts.

Edern war ein Einsiedler, der sich zunächst an dem nach ihm benannten Ort weiter südlich niedergelassen hatte; er konnte dort jedoch nicht bleiben und siedelte sich dann in den Wäldern um Lannédern an. Er lebte dort in der Einsamkeit, nur mit einem Hirsch als Gefährten, der vor einer ihn verfolgenden Hundemeute bei dem Heiligen Zuflucht gefunden hatte. Das Grab in der Kirche stammt aus dem 14. Jahrhundert. Edern ist als Mönch dargestellt, sein Leben wird auf sechs geschnitzten Holztafeln erzählt.

Der Calvaire (Bild 37) trägt auf einer geschwungenen Konsole die Hauptpersonen, die sich um das Kreuz scharen. Die Skulpturen sind nüchtern und suchen keine dramatischen Effekte, obwohl die Gefühle jeder einzelnen Person klar zum Ausdruck gebracht werden. Die Rückseite des Kreuzes zeigt einen Christus in Banden.

Originell ist dieser Calvaire wegen der Seitenkonsole. Sie zeigt Edern, wie er in Mönchstracht auf jenem Hirsch reitet, der bei ihm Zuflucht gesucht hatte. An der Fassade des Beinhauses kann man einen Fries erkennen, der in Bezug steht zum an der Ecke des südlichen Kirchenvorbaus skulptierten lanzenschwingenden Ankou. Die in den Stein geritzte Inschrift kann man jedoch kaum noch entziffern.

Noch 1,5 Kilometer fahren wir auf der D 14, um dann rechts auf die D 21 nach BRASPARTS abzubiegen. Der Friedhof ist verlegt worden, der Calvaire jedoch blieb an seinem alten Platz und wacht über die Ruhe derer, die rings um ihn der Erde anvertraut worden sind. Hier äußert sich Hoffnung, aber auch der Schmerz um diejenigen, die uns der Tod entrissen hat. Die Hoffnung ist in dem hoch in den Himmel ragenden Kreuzeszeichen symbolisiert, an dessen Schaft der heilige Michael dargestellt ist, der den Drachen, den bösen Feind, besiegt hat (Bild 39).

Die Pietà am Fuß des Kreuzesstammes verschmilzt mit den beiden sie begleitenden Frauengestalten zu einer geschlossenen Gruppe. Stehend halten sie vor sich in der Diagonale den vom Kreuz losgelösten leblosen Körper. Diese Beweinungsgruppe gehört zu den ergreifendsten der Bretagne. Ihre Wirkung ist noch durch die herbe Landschaft erhöht, die diesen Ort umgibt.

An den beiden Giebelecken des Beinhauses kann man zwei Darstellungen des Ankou sehen, die eine mit der Sense, die andere mit der Lanze.

Von Brasparts aus fährt man die D 789 nordwärts, eine schöne, von Touristen bevorzugte Straße, bis zur D 11, die dann nach 3 Kilometern die D 764 erreicht. Auf letzterer fährt man knapp einen Kilometer nach links, um schließlich wieder auf der D 11 nach COMMANA zu gelangen.

Der umfriedete Pfarrbezirk um die Kirche birgt zwei Calvaires. Der erste, mit zwei Querarmen, trägt zwei Jahreszahlen: auf dem Sockel 1585 und an den Skulpturen auf dem ersten Querarm 1742, was vermuten läßt, daß der obere Teil ein älteres Kreuz ersetzt. Zu Füßen des runden Schaftes des Astkreuzes kniet Maria Magdalena allein und blickt zu Christus empor, wie man es auch an verschiedenen Calvaires im Léon sieht (Pencran, Le Tréhou – 17. Reiseweg, S. 171), stets in der Haltung, die Opfer und schmerzerfüllte Verehrung widerspiegelt.

Der zweite Calvaire mit dem glatten Schaft trägt die Jahreszahl 1624 und die Signatur »R. DORE MA FAICT«. Hier ist die Christusgestalt von großer Majestät. Auf der Konsole befindet sich eine sehr schön gearbeitete Pietà. In einer mütterlichen Geste hält Maria mit der linken Hand ihren Sohn, der wie ein kleines Kind mit geschlossenen Augen auf ihrem Schoß lehnt, während sie mit der rechten Hand seinen Oberkörper stützt. So, wie sie sich über ihn neigt, drückt sich in ihrer ganzen Haltung der Schmerz der im tiefsten getroffenen Mutter aus, zugleich aber auch die völlige Annahme dieser Prüfung.

In der Kirche sind drei große Retabeln aus dem 17. Jahrhundert zu bewundern. Sie zählen zu den berühmtesten der Bretagne. Vor allem bei dem Retabel »Christus mit den fünf Wundmalen« wird der Einfluß von Schnitzkünstlern der Marine deutlich: Die beiden Engel, die eine Blütenkrone über Christus halten, erinnern an die Galionsfiguren zeitgenössischer Schiffe.

Von Commana aus kann man direkt nach Morlaix zurückfahren (D 764, D 785 und D 712) oder man besucht die drei berühmten umfriedeten Pfarrbezirke von Lampaul-Guimiliau (D 11), Guimiliau (D 111) und Saint-Thégonnec (D 118). Die Strecke zwischen diesen drei Sehenswürdigkeiten ist bestens ausgeschildert.

In LAMPAUL-GUIMILIAU öffnet sich der umfriedete Pfarrbezirk auf der Westseite in einem monumentalen Bogen aus dem 17. Jahrhundert, abgeschlossen durch eine Galerie, über der sich das Kreuz Christi erhebt, zu seinen Füßen Maria Magdalena im Gebet, daneben die Kreuze der beiden Schächer. Im Pfarrbezirk steht ein älterer, teilweise beschädigter Calvaire aus dem ersten Drittel des 16. Jahrhunderts. Auf der Konsole sieht man unter dem guten Schächer einen Engel, der ihn stützt und ein Herz in der Hand hält.

Das Innere der Kirche, der im Süden eine Vorhalle mit Apostelfiguren vorangestellt ist, bewahrt eine bemerkenswerte Ausstattung. Auf dem mit geschnitzten und bemalten Passionsszenen geschmückten Balken des Triumphbogens steht ein besonders ausdrucksstarker Kruzifixus, flankiert von einer in sich gekehrten Maria sowie dem zu seinem Herrn aufblikkenden Jünger Johannes.

Neben mehreren Retabeln sollte man eine aus sechs Personen bestehende Beweinungsgruppe aus dem 17. Jahrhundert beachten, die aus einem einzigen Eichenblock geschnitzt ist.

Die Grablegung im nördlichen Seitenschiff ist das Werk eines Schiffstischlers der königlichen Marine, der seinen Namen, Anthoine, in das Grab eingeschnitzt hat. Der Kopf der liegenden Christusfigur ist von ergreifender Schönheit.

Von Lampaul-Guimiliau aus erreicht man nach 3,5 Kilometern auf der D 111 GUIMILIAU. Im umfriedeten Pfarrbezirk, den man durch einen Triumphbogen betritt, erhebt sich ein imposanter Calvaire (Bild 41) auf einer mächtigen, von breiten Arkaden aufgelockerten Basis. Die Szenen spielen sich in zwei Registern ab. Das erste zeigt die Anfangsszenen der Heilsgeschichte, beginnend bei der Verkündigung (Bild 40 und 42), wobei die einzelnen Gruppen nicht nach ihrer logischen Abfolge angeordnet sind. Auf der Plattform ist die ganze Passionsgeschichte einschließlich der Auferstehung dargestellt.

Eine unerwartete, durch die Überlieferung tradierte Szene begegnet uns an diesem Calvaire: Dargestellt ist die Höllenfahrt der Katel-golet (die Verlorene Katharina), die ein ausschweifendes Leben geführt hat und nun dafür büßen muß. Man beachte die starke Bewegung, die durch die Gruppe um das die Hölle symbolisierende Ungeheuer mit dem weit aufgerissenen Rachen geht.

Trotz der Härte des verwendeten Granits, den der Bildhauer meisterhaft zu bearbeiten wußte, sind alle Figuren dieses Calvaires ausdrucksvoll, voller Leben und Bewegung.

Der Pfarrbezirk von Guimiliau schließt zwei Beinhäuser ein. Das ältere ist an der Westmauer der Vorhalle angebaut und mit einigen Relieftafeln geschmückt, die Passionsszenen zeigen. Das zweite trägt die Jahreszahl 1648 und diente eigentlich als Grabkapelle, in der man die Toten unter bestimmten Umständen, z. B. bei Seuchen, verwahrte. Es besitzt eine Außenkanzel.

Der südliche Vorbau ist besonders reich an Skulpturenschmuck, aus dem die lebhafte Phantasie seines Urhebers spricht. Im Innern der Vorhalle verläuft unterhalb der Apostelstatuen ein Fries, dessen Grund noch Reste von Malereien in verblaßtem Rot trägt. Links vom Eingang sollte man sich eine deftige Darstellung der Geburt Evas nicht entgehen lassen: Adam schlummert friedlich inmitten der seltsamsten Tiere des Paradieses, während Gottvater ihm mit energischer Hand Eva aus der Seite zieht.

Im Kircheninnern fällt über dem Hauptaltar ein schönes Passionsfenster vom Ende des 16. Jahrhunderts auf. Die gewaltige Orgeltribüne stammt aus dem Jahre 1677, während eine Inschrift das unter einem prächtigen Baldachin stehende Taufbecken dem Jahre 1675 zuordnet.

Auf der Straße, die 2 Kilometer vor dem Ortseingang in die D 118 mündet, gelangen wir rasch nach SAINT-THÉGONNEC. Auch hier betritt man den großartigen Pfarrbezirk durch einen besonders ausgeschmückten Triumphbogen, der sich unmittelbar auf den Calvaire an der Südseite der Kirche öffnet. Schlichter als der vorige und auch nicht so monumental, da sein Aufbau von einer einfach gemauerten viereckigen Basis getragen wird, datiert dieser Calvaire aus dem Jahre 1610 und ist damit jünger. Dargestellt sind ausschließlich Passionsszenen (Bild 43). Die Personen wirken insgesamt statischer als die in Guimiliau; Gefühle äußern sich verhaltener, gewinnen aber trotzdem Ausdruck wie in der Gruppe um die heilige Veronika (Bild 44) oder in der Grablegungsszene.

Viermal ist Maria auf diesem Calvaire dargestellt: bei der Kreuzabnahme, in der Gruppe der Veronika, bei der Grablegung und außerdem ganz jugendlich, bekrönt und mit dem Kind in der Mitte der ersten Konsole unter dem Kreuz. Wollte der Bildhauer uns damit nicht vergegenwärtigen, welchen Anteil sie am Erlösungswerk ihres Sohnes hatte?

Zum Pfarrbezirk gehört auch eine Grabkapelle, in deren Krypta eine holzgeschnitzte Grablegung aus dem Jahre 1699 von J. Lespagnol aus Morlaix verwahrt wird.

Die Kirche besitzt eine zwischen 1670 und 1676 erbaute Orgel, die in den meisten Teilen noch original ist. Ein hölzerner Lettner schließt den Chor mit seinem reichgeschnitzten Chorgestühl ab. Sehenswert ist auch eine zu öffnende Statue des heiligen Thégonnec im Bischofsornat mit Krummstab. Die verschiedenen Tafeln der aufklappbaren Flügel zeigen einzelne Episoden aus seinem Leben.

Auf der D 712 gelangt man bequem nach Morlaix zurück.

14. Reiseweg: Nordöstlich und südöstlich von Morlaix, das Trégor

Michelin-Karte 58, Falte 6. Insgesamt 53 km einschließlich Rückweg

In Morlaix wechseln wir auf das rechte Ufer der »Rivière de Morlaix«. Unmittelbar nach dem Ortsausgangsschild folgen wir rechts einer schönen Allee, überqueren eine Kreuzung und setzen unseren Weg auf derselben, nun Richtung Norden führenden Straße fort.

PLOUJEAN ist als Pfarrgemeinde in alten Urkunden erwähnt. Ihre breite und gedrungene Kirche scheint sich an den Boden zu kauern, als sei sie tief darin verwurzelt. Wie oft in der Bretagne wurde die alte Kirche wiederholt vergrößert und umgebaut.

Das vierjochige Hauptschiff ist zu Anfang des 11. Jahrhunderts entstanden. Schmucklose romanische Rundbogenarkaden, die von schweren und massiven Rechteckpfeilern getragen werden, trennen es von den Nebenschiffen ab. Das Querschiff besteht aus zwei Kapellen; jünger als das Langhaus, stammen sie aber doch noch aus romanischer Zeit, was an einem hübschen kleinen romanischen Rundbogenfenster auf der Nordseite zu erkennen ist.

Das Schiff wird durch einen Spitzbogen vom Chor abgetrennt; darüber erhebt sich außen ein kleiner Glockenturm. Chor und Seitenschiffe entstanden im 15. Jahrhundert. Die von einem Treppentürmchen flankierte Glockenfassade im sogenannten »Beaumanoir«-Typus wurde ebenso wie das Westportal 1586 wiederaufgebaut.

Über dem Altar ein Retabel von 1768. Die alten Orgeln stammen aus dem 17. Jahrhundert, das Taufbecken mit seinem Baldachin von 1660.

Der Friedhof, der früher die Kirche umgab, ist verlegt worden. Verblieben ist aber das für viele bretonische Friedhöfe typische Gebäude, die dem heiligen Rochus geweihte Beinkapelle aus dem 17. Jahrhundert. Sie steht heute unter Denkmalschutz.

Ein modernes Denkmal am Chorhaupt der Kirche erinnert daran, daß Marschall Foch in dieser Gemeinde wohnte.

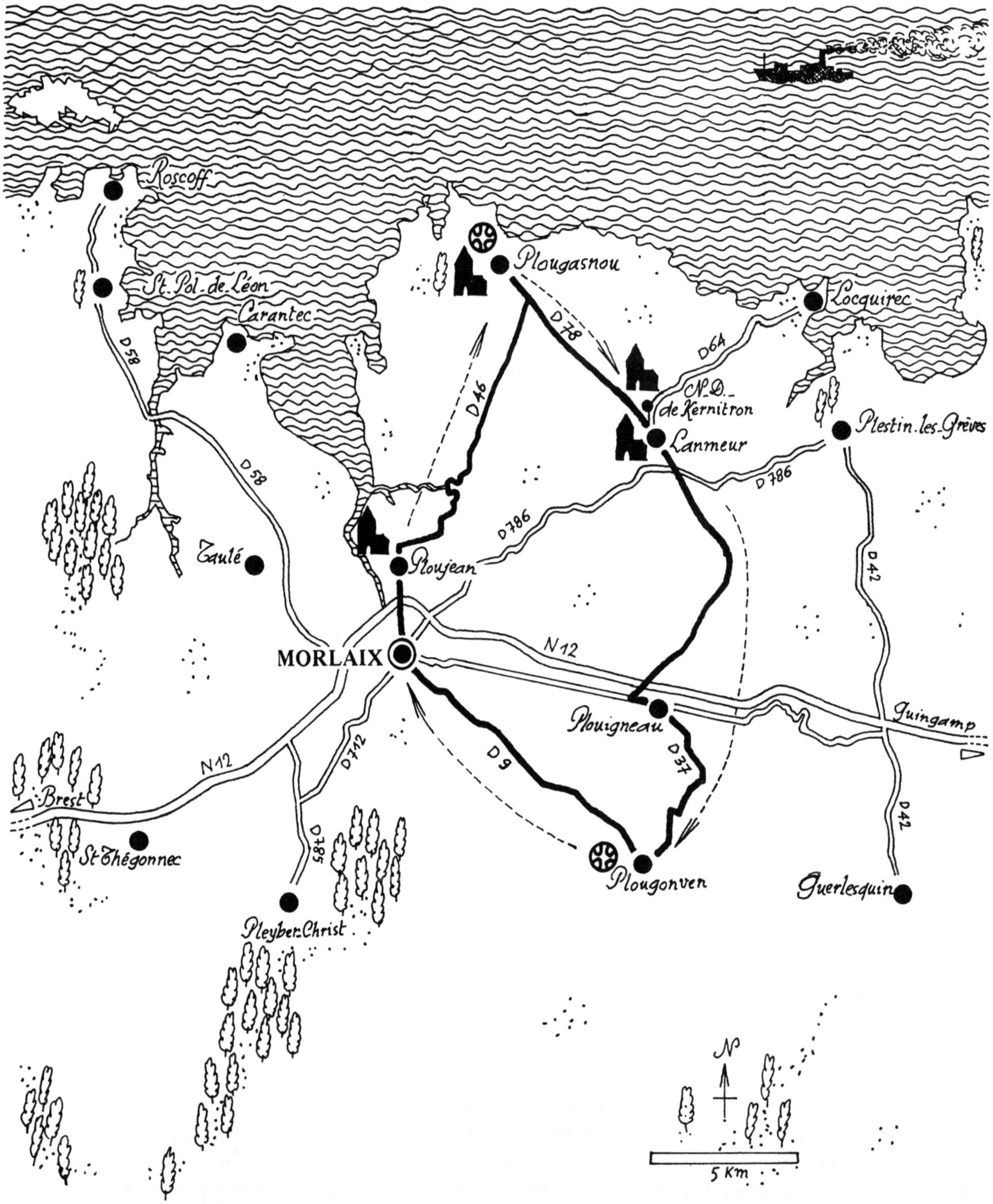

14 MORLAIX Nordost Südost 53 km

Von Ploujean aus führt eine kleine Straße auf die D 46; auf dieser geht es nach PLOUGASNOU. Hier stehen wir vor einer Kirche, die wie die Kirche von Ploujean häufig umgebaut wurde. Ein Teil des Kirchenschiffs, das auf einen schon zu Beginn des 11. Jahrhunderts vorhandenen Bau zurückgeht, blieb jedoch erhalten.

Zwei Urkunden aus dem Jahre 1040 im Archiv der Abtei Saint-Georges in Rennes beziehen sich darauf, daß die Herzogin Berthe dieser Abtei beim Tode ihres Gemahls, des Herzogs Alain de Bretagne, die Pfarrei Plougasnou als Schenkung überließ; diese Schenkung wurde zur Wiederkehr des Todestages am 1. Oktober 1062 bestätigt.

Der älteste Teil der Kirche ist die Südseite. Auf eine fast runde Arkade folgen ein gerades Joch mit hölzernem Architrav, dann zwei Rundbogenarkaden, die auf massiven Rechteckpfeilern aufliegen. Die anderen Teile der Kirche entstanden in Abschnitten zwischen dem 15. und dem 16. Jahrhundert; mehrere Inschriften nennen die Daten. Die Kirche bewahrt eine reiche Innenausstattung: Retabeln und Skulpturen, darunter einen im 16. Jahrhundert geschnitzten hölzernen Gnadenstuhl.

Das Taufbecken aus Granit und Blei stammt aus dem 17. Jahrhundert und trägt Wappen und eine Inschrift. Auch ein bedeutender Kirchenschatz ist erhalten, von dem mehrere Stücke unter Denkmalschutz stehen.

Nahe der Kirche ist ein frühmittelalterliches Kreuz aus einem einzigen Granitblock mit kurzen Armen auch nach der 1905 erfolgten Verlegung des Friedhofs an seinem alten Platz geblieben. Auf dem Friedhof wäre ein Kreuz mit Predigtkanzel aus dem Mittelalter zu sehen, das früher auf dem Kirchhof stand. Die Kanzel hat einen sechseckigen Grundriß, ist von fünf Kleeblattarkaden durchbrochen und steht vor dem Kreuz, dessen in einzelne Felder aufgeteilter Schaft aus zwei kubischen Stufen emporwächst.

Wir verlassen Plougasnou auf der D 78 in Richtung LANMEUR. Ungefähr 1 Kilometer vor dem Ort steht links an der Straße die schöne, Notre-Dame-de-Kernitron geweihte romanische Kapelle (** RB S. 157f.). Sie ist ein in Trégor hochverehrter Wallfahrtsort, denn der Überlieferung nach befand sich hier die erste Einsiedelei des heiligen Samson, des Bischofs von Dol.

Mit seinem skulpturengeschmückten Tympanon erinnert das Südportal an Perros-Guirec (10. Reiseweg, S. 132). Es sind die beiden einzigen ausgeschmückten Tympana der Bretagne. Obwohl das Relief ständig den Unbilden der Witterung ausgesetzt war, erkennt man noch Christus in einer perlengeschmückten Mandorla, umgeben von den Symbolen der vier Evangelisten.

Ein schöner Glockenturm über dem Querschiff erinnert an die Kirche Notre-Dame de Locmaria in Quimper (20. Reiseweg, S. 187).

Im Innern bewundert man die Proportionen des von einem hölzernen Tonnengewölbe überfangenen Kirchenschiffs sowie die Skulpturen an den Pfeilern der Querschiffvierung. Links vom Altar findet man eine ungewöhnliche Skulptur: Gottvater, reich gewandet wie ein Kirchenfürst und mit einer hohen Tiara zeigt seinen toten Sohn, den er nach der Kreuzabnahme auf sein rechtes Knie gestützt hält. Es ist kein »Gnadenstuhl«, da der Heilige Geist nicht dargestellt ist, sondern von der ganzen Haltung her eher ein Gegenstück zur Pietà. Ist hierin eine Bezugnahme auf die Mutterrolle Gottvaters zu sehen, von der manche geistlichen Autoren sprechen? Schließlich sei noch auf die Kreuzigungsgruppe auf dem Triumphbogen hingewiesen: Maria hält die Hände gefaltet, Johannes hat den Kopf und die rechte Hand zum Gekreuzigten erhoben; zu Füßen des Kreuzes ein Engelskopf.

Von Notre-Dame-de-Kernitron geht es weiter nach LANMEUR (** RB S. 153ff.). Die Kirche ist auf einer sehr alten Krypta erbaut und dem heiligen Mélar geweiht, einem jungen Prinzen, der auf Betreiben seines Onkels verstümmelt und so von der Thronfolge ausgeschlossen wurde.

Zwei Rundpfeiler mit rätselhaften Skulpturenmotiven begrenzen das Zentrum der Kirche, in dem allem Anschein nach der Sarkophag mit den sterblichen Überresten des Heiligen zur Verehrung durch die Gläubigen aufgestellt war. Ein unregelmäßiges, grobes Pflaster bedeckt den Boden. Bei erst kürzlich erfolgten Grabungen entdeckte man unter diesem Pflaster interessante Details, die eine Datierung auf das 5. bis 6. Jahrhundert zulassen könnten.

Man verläßt Lanmeur in südöstlicher Richtung und fährt nach Plouigneau, zuerst unter der D 786 hindurch und dann über die N 12 hinweg. Nach dem Ort fährt man etwa zwei Kilometer auf der D 37, bis rechts eine Straße nach PLOUGONVEN abbiegt.

An der Südseite der Kirche von Plougonven steht einer der größten Calvaires der Bretagne aus dem Jahre 1554, wie es die Inschrift auf dem unteren Querbalken besagt: »BASTIEN ET HENRY PRIGET ESTOIET YMAGEURS 1554«. Nur selten kennt man die Namen derer, die diese Bildwerke schufen.

Der Calvaire von Plougonven wurde in den Revolutionswirren umgestürzt, 1810 jedoch wieder aufgebaut. Das Mittelkreuz, das zunächst durch ein Holzkreuz ersetzt worden war, erhielt 1836 wieder ein steinernes Kruzifix.

Im Juli 1897 verpflichtete sich der aus Plougonven stammende und als Bildhauer in Landerneau ansässige Yan L'arc'hantec, den Calvaire zu restaurieren und dabei auch drei neue Kreuze nach den alten, bei Grabungen auf dem Friedhof aufgefundenen Vorbildern zu fertigen, Pferde und Reiter auszubessern und überhaupt die verbliebenen Statuen wieder herzurichten. Den ausdrucksstarken Teufel der Versuchungsszene fertigte er nach Entwürfen von Jossot. Schließlich nutzte man bei der Restaurierung auch die Gelegenheit, die Szenen wieder nach ihrer chronologischen Abfolge anzuordnen.

Der Kersanton, den die »ymageurs« für diesen Calvaire verwendeten, ermöglicht ein besonders feines Arbeiten. Auch vermag der Stein der Witterung besser zu widerstehen als Granit. Der Restaurator hat das Werk seiner Vorgänger mit großem Respekt behandelt.

Wie in Kergrist-Moëlou (11. Reiseweg, S. 139) ist die Basis achteckig, wobei jede Kante mit einer schlanken kleinen Säule verziert ist, die das hervortretende, nicht sehr hoch über dem Boden befindliche Gesims mit dem feinen Profil verbindet, das den Fries mit den ersten Szenen trägt. Auf der oberen Plattform sind vor allem die Verspottung Christi und die schöne, feierliche Grablegung hervorzuheben, in der der Schmerz der um den steif ausgestreckten Toten gescharten Personen mit besonderer Intensität zum Ausdruck kommt. Die verschiedenen in der Passion auftretenden Gestalten sind im Stil des 16. Jahrhunderts gekleidet. Auf der Südwestseite des unteren Frieses steht der heilige Yves, der Heilige des Trégor, zwischen dem Armen und dem Reichen.

Im Innern der Kirche kann man eine alte polychrom gefaßte Pietà in recht hieratischer Haltung sehen. Die Art, wie Christus hier im Schoße seiner Mutter ruht, erinnert an die Skulptur in der Kapelle Notre-Dame-de-Kernitron, die Gottvater mit seinem Sohn auf den Knien zeigt.

 Zurück nach Morlaix gelangt man auf der D 9 (12 km).

15. Reiseweg: Westlich von Morlaix, Pays du Léon

Michelin-Karte 58, Falte 8–6. Insgesamt 100 km, wenn man auf der N 12 nach Morlaix zurückfährt; wenn man die Rundfahrt mit dem Besuch der drei umfriedeten Pfarrbezirke abschließt, etwa 110 km

Morlaix liegt an der Naht zweier ganz verschiedener Landschaften: dem Léon im Westen und dem Trégor im Osten. Mehrere Wasserläufe vereinigen sich, um einen Mündungstrichter, die sogenannte »Rivière de Morlaix« zu bilden, die sich zum Meer hin ausweitet und in der, wie hineingestreut, zahlreiche Inseln liegen, wo manche der aus Großbritannien kommenden Mönche, Äbte oder Bischöfe landeten. Sie errichteten dort kleine Einsiedeleien, um in Einsamkeit und Gebet zu leben, bis die Anzahl ihrer Schüler, die Kargheit des Bodens oder missionarische Berufung sie auf das Festland trieben. Die Ufer dieses *estuaire* sind voller Schönheit und bezaubern zu jeder Tages- und Jahreszeit.

Nachdem man den Viadukt hinter sich gelassen hat, verläßt man Morlaix auf der D 769, die etwa 2 Kilometer am linken Ufer der Rivière de Morlaix entlangführt, bis rechts die D 73 abzweigt.

Erste Station unserer Rundfahrt ist LOCQUÉNOLÉ (** RB S. 159f.), ein früheres Priorat von Landévennec, das dann als Pfarrei unter den Schutz des heiligen Guénolé gestellt wurde und der Diözese Dol unterstand. Eine Büste und ein silbernes Armreliquiar mit Knochen des Heiligen erinnert an diese Vergangenheit.

Die in bescheidenen Ausmaßen gehaltene romanische Kirche scheint spätestens aus dem 11. Jahrhundert zu stammen. Die Vierungspfeiler tragen schwere rechteckige Kapitelle, die mit einem seltsamen Muster aus Voluten und Schnecken verziert sind. Erhalten sind auch einige alte Skulpturen, vor allem eine Muttergottes, auf deren linken Arm eine große Möwe sitzt, die gerade einen Fisch verschlingt.

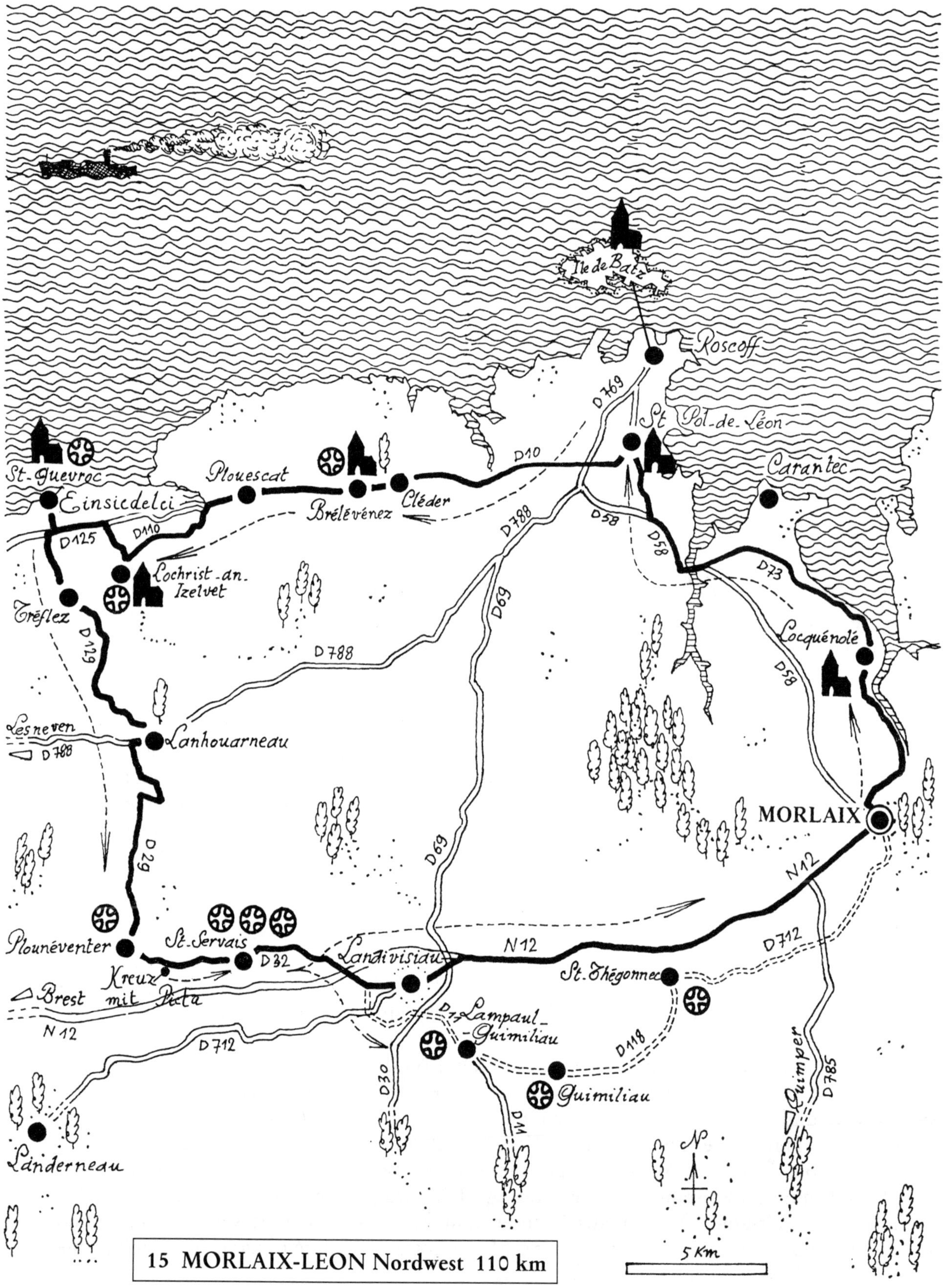

15 MORLAIX-LEON Nordwest 110 km

Wir fahren auf der D 73 am Ufer der Flußmündung bis zur Abzweigung der D 173, die zur D 58 in Richtung Roscoff führt. Nach 6 Kilometern auf der D 58 fährt man rechts auf die D 769 und kommt nach SAINT-POL-DE-LÉON.

Dieser Ort war schon in vorgeschichtlichen Zeiten bewohnt und trägt noch die Spuren der verschiedenen Völker, die hier aufeinanderfolgten. Wenn sich nur ein einziges prähistorisches Monument, nämlich der Dolmen von Kerangouez, bis heute bewahrt hat, dann erklärt sich das daraus, daß alle anderen durch die intensive Bebauung dieser besonders fruchtbaren Gegend nach und nach verschwunden sind.

Aus archäologischen Funden geht hervor, daß sich hier Gallier, Römer und Gallorömer ablösten. Durch die geographische Lage des Ortes am äußersten Ende einer geschützten Bucht konnte sich hier eine Bevölkerung ansiedeln, die sowohl Fischfang und andere mit dem Meer verbundene Tätigkeiten als auch Handel betrieb.

Der heilige Pol Aurélien, der im 6. Jahrhundert von der britischen Insel kam, ging zunächst auf der Ile d'Ouessant an Land, durchwanderte dann jedoch die Halbinsel von West nach Ost. Zusammen mit zwölf Mönchen, die wie er in der Schule von Saint Iltud in Wales ausgebildet waren, läßt er sich schließlich auf der Ile de Batz nieder. Unter Chilperich wird er zum Bischof berufen und macht aus der Stadt, die seinen Namen annimmt, den Bischofssitz der Diözese Léon. Bis zum Jahre 1790, als man Léon mit der Diözese Cornouaille zusammenlegt, bleibt es ein selbständiges Bistum.

Die heutige Kathedrale weist auf der Höhe des Querschiffs noch Spuren vorhergehender Bauten auf. Die westliche Außenwand des nördlichen Querschiffs ist von hohen, schmalen Rundbogenfenstern durchbrochen. Manche Mauerpartien bestehen dort aus kleinen, regelmäßigen Steinen. In der Nähe der großen Fensterrose sieht man am Südarm auch einen Strebebogen aus derselben Epoche. Diese Bauteile könnten von der romanischen Kathedrale stammen, die Bischof Hamon (1161–1172) errichten ließ. Im Innern kann man auf der Höhe der Vierung noch deutlich Rundbögen ausmachen. Besondere Aufmerksamkeit verdienen verschiedene ausnehmend interessante Objekte. In einer kleinen Kapelle im nördlichen Seitenschiff werden die Reliquien des heiligen Pol Aurélien verwahrt, wie auch eine kleine Glocke aus dem 6. Jahrhundert, die dem heiligen Bischof gehört haben soll. In der Bretagne sind fünf derartige Glocken bekannt, die sämtlich Mönchen dieser Epoche zugeordnet werden.

Gegenüber von dieser Kapelle sind in einer Art Begräbnisstätte, die sich an den Chor anschließt, Holzkästen in Form kleiner Kapellen aufgereiht. Sie enthalten Totenschädel, wobei jeweils eine kurze Inschrift über deren Identität Aufschluß gibt. Diese Schädel stammen aus Gräbern, die entweder unter dem Boden der Kirche oder auf einem heute aufgelassenen Friedhof lagen.

In einem Sarkophag im südlichen Seitenschiff, der fälschlicherweise als derjenige des »Conan Mériadec« bezeichnet wird, war wahrscheinlich der Bischof Conan beigesetzt, dessen Namen man im 12. Jahrhundert auf der Liste der Bischöfe von Saint-Pol-de-Léon findet. Dieser Sarkophag ist auf allen Seiten mit sorgfältig gearbeitetem Skulpturenschmuck versehen und scheint durchaus der Romanik anzugehören. Der heute verschwundene Dekkel soll eine Inschrift getragen haben, die ein Stiftsherr im Jahre 1644 noch entziffern konnte.

Über dem Hochaltar bemerkt man eine weitere Rarität: ein Columbarium, bestehend aus einer geschnitzten Palme, um deren Stamm sich eine Girlande aus Weizenähren und Weinreben windet; in der ebenfalls geschnitzten Glocke wird das Heilige Sakrament verwahrt.

Bevor wir Saint-Pol-de-Léon verlassen, beachten wir den spitzen Turmhelm der Kapelle Notre-Dame du Kreisker, ein bewundernswertes Zeugnis der durchbrochenen Turmspitzen, die für einen ganzen Teil der Bretagne so charakteristisch sind.

Auf unserem Reiseweg machen wir keinen Abstecher zur ILE DE BATZ, die man von Roscoff aus erreichen kann. Wer sich jedoch die Zeit nehmen will, kann sie besuchen und sich dort die Spuren des alten Klosters vom heiligen Pol Aurélien ansehen. Erhalten ist vor allem eine Kirche von bescheidenen Ausmaßen, die in das 9./10. Jahrhundert einzuordnen ist und jene von dem Heiligen selbst erbaute Kirche ersetzt hat.

Die Kirche war lange Zeit im Sand versunken. Als man sie dann aber im 19. Jahrhundert teilweise freilegte, stürzten im Hauptschiff wie in den Nebenschiffen die Arkaturen ein. Stehen blieb gleichwohl die Apsis mit ihrem ursprünglichen Gewölbe.

In der Pfarrkirche wird ein als »Stola des heiligen Pol Aurélien« bezeichneter, bestickter Stoff verwahrt, der jedoch in Wirklichkeit erst aus dem 8. oder 9. Jahrhundert stammen dürfte. Die Stickerei stellt zwei einander gegenüberstehende, jeweils von einem Hund begleitete Reiter dar, die einen Vogel auf dem Arm tragen.

Man verläßt Saint-Pol-de-Léon in westlicher Richtung und kommt auf die D 10, auf der man in Richtung Plouescat fährt. Kurz nach Cléder sieht man links von der Straße die wenigen Arkaden, die von einer früher den Johannitern gehörenden romanischen Kapelle erhalten sind. Dieser Ort heißt BRÉLÉVENEZ (d.h. Montjoie, Hügel der Freude) wie der gleichnamige Ort bei Lannion (10. Reiseweg, S. 134) oder Merlévenez im Morbihan (22. Reiseweg, S. 201).

An die Ruinen der Kapelle lehnt sich ein sehr altes Haus an. Möglicherweise war es einstmals ein Versammlungsort für die Jakobspilger, die sich auf dem Seeweg nach Santiago de Compostela begaben. In alten Dokumenten ist von einem Hafen im Bereich der Nachbargemeinde Sibiril die Rede, der den Hospitalitern gehört haben soll. Ein Steuerregister von 1789 läßt uns zudem wissen, daß Notre-Dame-de-Brélévenez nur 25 livres an »rente« – Einkünften – bezog.

Die Höhe bietet einen weiten Blick auf das Meer und die Landschaft von Cléder und Plouescat. Vor der Kapelle stehen drei Kreuze: ein 2,10 Meter hohes Granitkreuz aus dem 12. Jahrhundert, dahinter ein sehr viel höheres auf zwei Stufen errichtetes Kreuz, dessen Querarme von zwei Engeln mit gefalteten Händen gebildet werden, und ein drittes Kreuz, das den beiden anderen an der Böschung gegenübersteht. Es geht auf das hohe Mittelalter zurück und erinnert vom Motiv her an das Siegel der Malteserritter. Die fünf Mulden und Reliefknospen auf der Rückseite symbolisieren die Wundmale Christi.

In der Nähe dieses Kreuzes ist noch ein Brunnen mit runder Einfassung sichtbar. Ein Reisender des 19. Jahrhunderts, de Fréminville, beschrieb zudem einen »Opferstein«, den man aber bereits 1907 nur noch schwer erkennen konnte, denn er war »teilweise von einem Erdwall zugeschüttet, so daß man den Rinnstein und die Schriftzüge nicht mehr ausmachen konnte« (Chanoine Abgrall).

Wir fahren weiter auf der D 10 bis zur Kreuzung mit der D 110 und dann in Richtung LOCHRIST-AN-IZELVET bei Plounévez-Lochrist. Die schlichte, kleine Kapelle wurde mehrfach umgebaut, so daß heute nur noch Skulpturen und ein Grabstein sowie der hohe, massive Turm unsere Aufmerksamkeit verdienen.

Der Ort an sich kann aber auf eine lange Tradition zurückblicken. Zum Andenken an den Sieg, den sein Vater Fragant an diesem Ort über die Normannen errungen hatte, soll der heilige Guénolé eine allererste Holzkapelle errichtet haben. Die dem Feind abgenommene Beute wurde zur Gründung eines Klosters verwendet.

Etwa im 6. Jahrhundert ersetzte dann ein Steinbau die erste Kapelle. Die alten Urkunden, die sich auf dieses Kloster beziehen, tragen die Namen *Abbatia inco Christi* oder *Abbatia humilioris arboris*, was auf bretonisch Lochrist-an-Izelvet ergibt. Das letzte Wort bedeutet »niedrige Bäume« oder auch »gedemütigte Bäume«.

Im Mittelalter war Lochrist eines der reichsten Klöster der Bretagne und hatte das Recht, Verfolgten Asyl zu gewähren.

Im 13. Jahrhundert als Priorat bezeichnet, wurde es zu einem nicht überlieferten Zeitpunkt Saint-Mathieu de Fineterre angeschlossen (16. Reiseweg, S. 166), gehörte dann kurze Zeit dem Seminar von Léon, bis es 1781 ganz aufgelöst wurde. Im Jahre 1783 wurde die Kirche kleiner als die ehemalige Prioratskirche wiederaufgebaut. Vollständig erhalten ist jedoch der alte Glockenturm. Seine Basis bildet einen Vorbau aus vier hohen romanischen Spitzbogenarkaden. Der sehr massive Turm wird durch Gesimse in Stockwerke unterteilt und an den Ecken von kaum hervorspringenden Strebepfeilern abgestützt, die sich nach oben allmählich verjüngen.

Unter dem Vorbau sieht man auf dem Tympanon des Portals Christus am Kreuz, nur mit dem Lendentuch bekleidet, auf dem Haupt eine Dornenkrone, die Beine übereinander gekreuzt. Auf beiden Seiten halten kniende Engel wappenartige Schilder mit Reliefdarstellungen der Leidenswerkzeuge.

In der Kapelle schmückt ein Retabel den Altar, gerahmt von zwei Skulpturen: einem Christus, in Erwartung der Marter, und einer ergreifenden Pietà. Eine Grabplatte aus dem Jahre 1263 trägt eine noch gut lesbare Inschrift.

Am Fuß der Nordmauer steht außen ein sehr alter Granitsarkophag, der innen an den Enden behauen ist. Es gibt keinerlei Überlieferung, aus der hervorginge, wer in diesem möglicherweise karolingischen Sarkophag einstmals bestattet worden wäre.

Innerhalb des Pfarrbezirks, der die Kapelle umgibt, finden sich mehrere alte Granitkreuze, die sicher aus dem Mittelalter stammen. In eine große Stele aus vorchristlicher Zeit wurden oben drei kleine Kreuze eingemeißelt.

Auf der D 110 gelangt man nach etwa einem Kilometer bei Kerdelant auf die D 10. Nach der Ortschaft Keremma führt rechts eine kleine Straße zur Kapelle SAINT-GUÉVROC en Tréflez.

Die Kapelle liegt parallel zum Meer und beherrscht eine schöne, sanft gewellte Landschaft von perl- und azurschimmernden Farben, gesäumt von hellem Sand – unvergeßlich im Licht eines schönen Sommermorgens. Hier gab es einmal ein Kloster, das damals aber noch nicht zum Festland gehörte, sondern auf einer der vielen Inseln in der Bucht lag, die im letzten Viertel des 19. Jahrhunderts durch einen Damm mit der Düne verbunden wurde.

Drei Jahrhunderte lang lag die Kapelle unter dem Sand verborgen, ehe sie im Jahre 1869 wiederentdeckt wurde. Die 1872 begonnenen Grabungen brachten dann den Ostteil zutage. Im Innern der Kapelle befindet sich vor dem Altar eine Süßwasserquelle, zu der eine kleine Treppe aus dreizehn Stufen hinabführt. Bei neueren Grabungen erwies sich, daß die

Kapelle von einer Nekropole umgeben war. Man fand einen Denar aus der Zeit Conans III. (von 1112 bis 1148 Herzog der Bretagne) und ein womöglich noch älteres Fragment eines Tongefäßes.

Durch Sonden konnte festgestellt werden, daß sich unter der Sandschicht guter Ackerboden befindet, der einmal in Felder eingeteilt und bestellt worden war, was für eine sehr frühe Besiedlung dieses Ortes spricht.

Auf zwei ausgesprochene Besonderheiten sei hingewiesen: Nahe der Südseite der Kapelle steht eine Stele, die an ihrer Westseite eine mehrfigurige Kreuzigungsdarstellung zeigt (Bild 46). Fotografiert man in einem bestimmten Blickwinkel entweder sehr früh am Morgen oder im Abendlicht, treten manche Details deutlich in Erscheinung. Eine zweite, mehr rätselhafte Stele zeigt eine Art Oranten (Bild 45), dessen Körper von zwei langen Flügeln eingerahmt ist. Sie stand im Chor dicht am Altar, wo sich heute nur noch ein Abdruck befindet, während das Original im Museum von Rennes aufbewahrt wird.

Wer war Guévroc? Schriftliche Quellen lassen nur sehr wenig über ihn verlauten, doch führen sie zum Schluß, daß auch er ein Gottesmann unter den vielen war, die mit der großen Emigrationswelle im 5. und 6. Jahrhundert aus Britannien hierherkamen und daß er in Gebet und Einsamkeit hier lebte. Man findet denn auch in der Umgebung von Lesneven etwa 15 Kilometer voneinander entfernt vier Orte, die alle seinen Namen tragen. Seine »Vita« berichtet, der heilige Guévroc habe in der Gemeinde Ploudaniel »eine kleine Kapelle aus Zweigen errichtet, nahe einer kleinen Zelle«.

René Largillière, der ein Werk über die Heiligen und die frühchristliche Kirche in Armorika, *Les saints et l'organisation chrétienne primitive en Armorique*, verfaßt hat, verbindet diese verschiedenen Orte auf der Karte mit einer punktierten Linie. Auf diese Weise erhält er eine Art Dreieck, dessen Seiten etwa 15 Kilometer lang sind. Handelt es sich hier um die Grenzen eines »Penity«, eines Ortes, wohin sich ein Einsiedler zur Buße zurückzog, oder um eine Art »Troménie« zu Ehren des Heiligen, also eines Weges, der bei Pardons auf den überlieferten Spuren eines Heiligen von den Wallfahrern abgeschritten und ursprünglich von den Eremiten selbst täglich zur Buße zurückgelegt wurde (A. d. Ü.)? Niemand vermag es zu sagen. Zu diesem derartig abgegrenzten Gebiet ist im Osten um Cléder ein als »Coat Quévroc«, d. h. als »Guévroc-Wald« bezeichnetes Gelände hinzuzurechnen, 13 bis 14 Kilometer von der Kapelle entfernt. Diese Strecke könnte der Eremit auch zwischen den verschiedenen Einsiedeleien zurückgelegt haben.

Von der Kapelle Saint-Guévroc fährt man auf der D 210 nach Tréflez, wo man wieder auf die D 110 in Richtung Lesneven stößt. An der Abzweigung »Pont du Chatel« nimmt man die Straße, die zur D 788 führt. Auf dieser geht es dann links bis Lanhouarneau. Knapp einen Kilometer vor dem Ortseingang zweigt die D 29 ab, die die D 32 überquert und dann nach acht Kilometern PLOUNÉVENTER erreicht.

Auf dem Friedhof steht ein gegen 1578 errichteter Calvaire, der aber allem Anschein nach im 19. Jahrhundert überarbeitet wurde. Die Anordnung der Schächerkreuze erinnert an den Calvaire von Plourac'h (11. Reiseweg, S. 135). Die Marter der Schächer ist sehr drastisch dargestellt, der böse zur Linken ist von der Mitte leicht abgewandt. Der Stamm des Kreuzes Christi trägt stumpfe Astenden; den oberen Querarm bilden Engel, deren Flügel einander berühren.

Die untere Konsole wird von einer Büstenfigur mit heiterem Gesichtsausdruck und gelocktem Haar getragen, gerahmt von zwei Engeln. Darauf folgt eine Pietà, in der sich zugleich Schmerz und Ruhe widerspiegeln. Christus liegt von allem Irdischen losgelöst und voller Frieden auf dem Schoß seiner Mutter, die ihn mit der rechten Hand stützt. Die über ihr stehende heilige Veronika hält das Schweißtuch in Händen.

Von Plounéventer fahren wir in Richtung SAINT-SERVAIS. Rechts an der Straße steht an einer kleinen Wegkreuzung ein äußerst schlichtes lateinisches Kreuz auf vier Steinstufen und einem Sockel mit zu breiten Klauen abgehauenen Ecken. Zu Füßen des Kreuzes hält eine in einen großen Schleier gehüllte, bewegende Pietà ihren Sohn, dessen Kopf leider beschädigt ist.

Am Ortseingang von Saint-Servais ragt ein Figurenkreuz auf. Der Gekreuzigte hängt der Straßenseite zu; auf der Rückseite hält eine Madonna mit Krone ihr in ein langes, steif gefältetes Gewand gehülltes Kind schräg über ihrer Brust, wobei der Kopf des Jesuskindes auf dem rechten Arm seiner Mutter liegt. Über diesen beiden Figuren wölbt sich ein fein ausgeschmückter, kleiner Baldachin.

In dem Pfarrbezirk nahe am südlichen Vorbau der Kirche überragt ein Calvaire aus dem 16. Jahrhundert den Friedhof. Die mächtige Basis, die auf allen vier Seiten mit Arkaturen versehen ist, trägt den Sockel mit dem Kreuz. Dargestellt sind einige Passionsszenen sowie die Auferstehung. Eine Pietà zu Füßen des Kreuzes zieht unsere Aufmerksamkeit durch ihre Feinheit und ihren verinnerlichten Ausdruck auf sich. Mit ihren tiefen Empfindungen, die niemand teilen kann, scheint sie allein gelassen zu sein. Dennoch hat sie zu einem inneren Frieden gefunden, der durch ihre jugendliche Erscheinung noch akzentuiert wird.

Christus ist sehr steif am Kreuz dargestellt, mit dem völlig ausgezehrten Körper, dem eingefallenen, schmerzvollen Gesicht und den geschlossenen Augen – ein Bild des Leidens. Er erinnert etwas an den Gekreuzigten am Calvaire von Saint-Herbot (13. Reiseweg, S. 149). Zu beiden Seiten der Kreuzesarme fängt ein Engel das Blut aus den Wunden in einem Kelch auf.

Etwa 150 Meter weiter nordöstlich steht auf dem Dorfplatz in einem kleinen umfriedeten Bezirk ein dritter, um 1550 entstandener Calvaire. Die Basis bildet ein Altar, auf dem sich der Sockel mit dem Kreuz erhebt. Christus ist von Maria und Johannes umgeben, die jeweils auf den Enden einer mit Blattwerk verzierten Konsole stehen.

Zurück nach Morlaix fährt man am Ortsausgang von Saint-Servais auf die D 32, die nach vier Kilometern in die Schnellstraße N 12 mündet. Auf dieser sind es noch 23 Kilometer bis zum Ausgangspunkt.

In diese Rundreise kann man auch die drei berühmtesten umfriedeten Pfarrbezirke, die *enclos paroissiaux*, südlich der N 12 einbeziehen: Lampaul-Guimiliau (S. 151), Guimiliau (S. 152), und Saint-Thégonnec (S. 152). Dadurch verlängert sich die Rückfahrt um etwa 10 Kilometer.

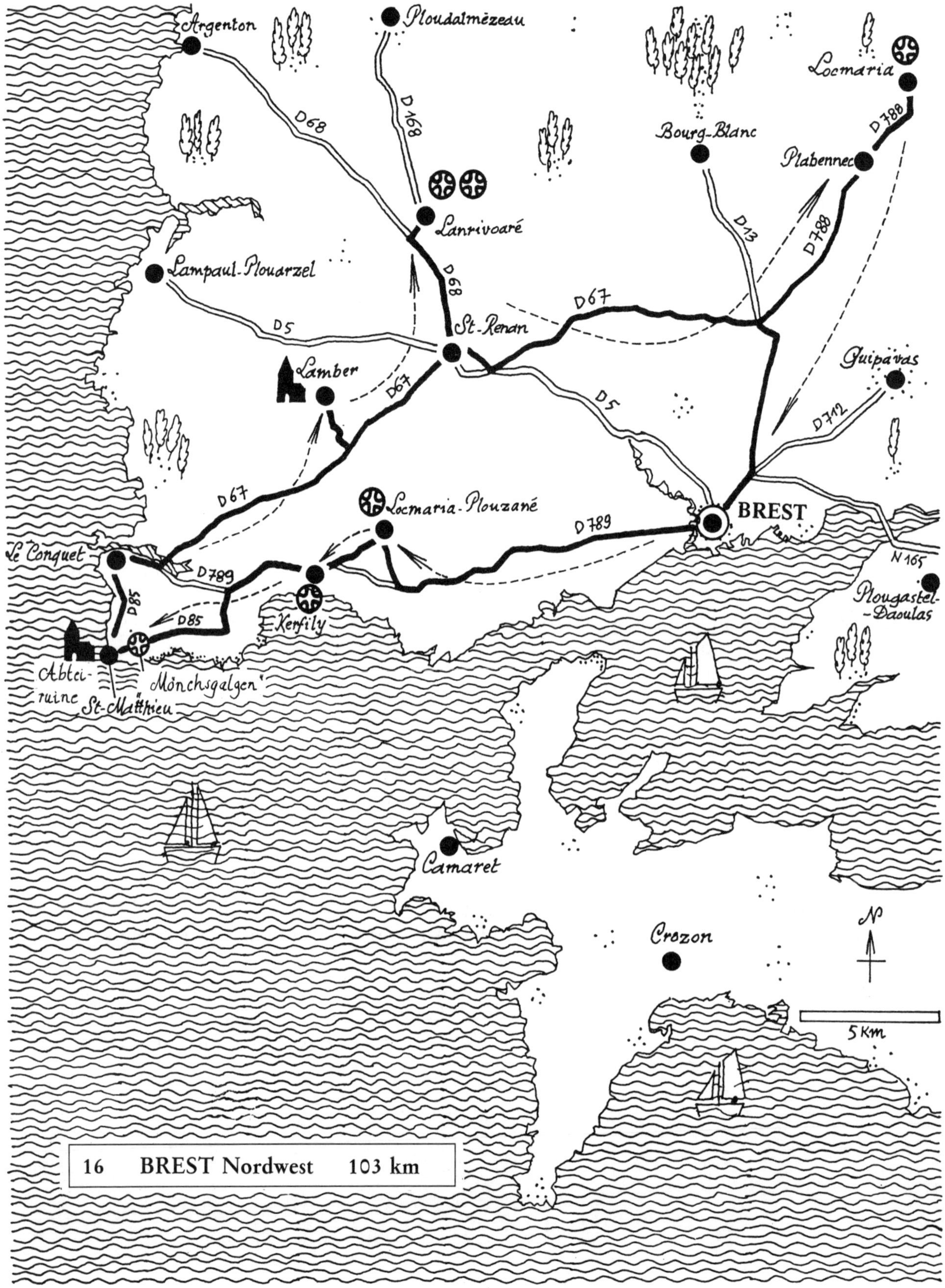

16 BREST Nordwest 103 km

16. Reiseweg: Westlich und nordwestlich von Brest

Michelin-Karte 58, Falte 3–4. Hinfahrt: 86 km, Rückfahrt: 17 km. Insgesamt 103 km

Man verläßt Brest auf der D789 und westlicher Richtung (Saint-Pierre-Quilbignon) und erreicht nach gut 12 Kilometern rechts die Abzweigung nach Locmaria (Plouzané). Diese Region ist reich an interessanten christianisierten Menhiren. Auf unserem kleinen Umweg begegnen wir drei sehr schönen Beispielen.

In LOCMARIA finden sich auf dem Platz gleich zwei viereckige Stelen. Die kleinere hat auf beiden Seiten drei Kanneluren und ist mit einem kleinen griechischen Kreuz bekrönt. Die zweite Stele ist ganz glatt und mit einem ziemlich breiten Malteserkreuz versehen. Die beiden Steine standen früher nebeneinander.

Im Finistère gibt es etliche solcher Zwillingsstelen, ohne daß man eine eindeutige Erklärung für diese Doppelausführung hätte. Handelte es sich um einen besonderen Kult? Verschiedene Vermutungen sind geäußert worden, aber keine konnte sich durchsetzen.

Am Ortsausgang von Locmaria nehmen wir die Verbindungsstraße, die im Weiler Kerfily die D789 erreicht. Etwa zwei Kilometer nach dem Ort steht links eine sehr schöne Stele aus mit Quarzpartikeln durchsetztem rosa Granit. Sie ist sorgfältig behauen und wird von einem kleinen alten Kreuz bekrönt. In dieser Gemeinde gibt es noch sechs weitere Stelen, entweder »christianisiert« oder von einem Kreuz flankiert.

Von der D789 geht es bald links auf die D85 ab, die über Plougonvelin zur Pointe Saint-Mathieu führt.

Einige hundert Meter von der Pointe entfernt stehen zwei mit einem Kreuz versehene Menhire, die man »Mönchsgalgen« nennt (Bild 47). Sie sollen zu jenen Zeiten, als das Kloster Saint-Mathieu die Gerichtsbarkeit in dieser Gegend innehatte, als Pranger gedient haben. Man sieht auch tatsächlich eine Art Einschnitt im Stein, der vielleicht durch wiederholtes Reiben eines Seils entstanden ist. Eine dieser Stelen weist zahlreiche runde Aushöhlungen auf.

Je nach Lichteinfall kann man auf der Westseite der Kreuze noch das Bild des Gekreuzigten mit ausgestreckten Armen erkennen. Die grobe Skulptur war allezeit Wind und Regen ausgesetzt und ist daher allmählich verwittert.

Etwa 500 Meter weiter liegen die Ruinen des Klosters SAINT-MATHIEU-DE-FINE-TERRE (* RB S. 173f.), eines einst bedeutenden Klosters, das jedoch durch seine geographische Lage »finis terrae« – am Ende der Welt – sowohl Invasionen und Kriegen als auch der Gewalt der Stürme ausgesetzt war.

An den Ruinen der Abteikirche lassen sich unschwer die verschiedenen Bauabschnitte erkennen. Nahebei ist auch die Umfassungsmauer des ehemaligen Klosters erhalten.

Wir setzen unseren Weg auf der Küstenstraße fort, erreichen nach vier Kilometern Le Conquet und stoßen im Ort auf die D789, die an einer breiten Bucht *(Ria)* entlangführt. Dann überqueren wir diese auf einer Brücke, von der aus die D67 in Richtung Saint-Renan ihren Anfang nimmt. Nach zehn Kilometern führt links eine Straße nach LAMBER en Ploumoguer.

Die Kirche von Lamber hat ein schönes romanisches Schiff aus dem 11. Jahrhundert (Bild 49). Ihr Patron ist der heilige Petrus in Ketten; sie könnte aber ursprünglich einem Cousin und Schüler des heiligen Pol Aurélien namens Pierre oder Per aus dem 6. Jahrhundert geweiht gewesen sein, der sich der Überlieferung zufolge in der Nähe ansiedelte und dann an dieser Stelle ein kleines Kloster gründete. Im Jahre 1930 entdeckte man tatsächlich in unmittelbarer Nähe die Fundamente eines kleinen Klosters. Dieses durch eine Allee mit der Kirche verbundene Gebäude hatte vermutlich die ursprüngliche Einsiedelei ersetzt. Heute sieht man keinerlei Spuren der seinerzeit aufgefundenen Substrukturen mehr.

Östlich der Kirche befinden sich die Reste eines imposanten Burghügels (Motte). Bei neueren Grabungen stieß man auf genau datierbare Münzen aus dem 11. Jahrhundert sowie auf Tricktrackfiguren.

Alle diese Anlagen lassen den Schluß zu, daß Lamber im Mittelalter ein bedeutender Ort mit Pfarrgemeinde war. Aus jener Zeit stammen auch noch ein Kreuz und ein Brunnen.

Etwas nördlich von Lamber steht der Menhir von Kerloas en Plouarzel. Er ist 9,5 Meter hoch und damit der größte, heute noch aufrecht stehende Menhir.

Von Lamber aus fahren wir auf der D67 nach Saint-Renan zurück, dort auf die D68 und dann rechts auf die D168 bis LANRIVOARÉ. Hier lebte zu Anfang des 6. Jahrhunderts der Eremit Rivoaré, Schutzpatron der Kirche und Onkel des heiligen Hervé.

Dieses Gebiet war wahrscheinlich schon sehr früh christianisiert. Der Überlieferung nach ruhen auf dem »Friedhof der Heiligen« südlich der Kirche 7847 Personen eines christlichen Volksstammes, der hier von den Heiden massakriert wurde. Heute wird dieser Friedhof als Wallfahrtsort von der Bevölkerung besonders verehrt.

Den grob gepflasterten Pfarrbezirk beherrscht ein schlichtes Kreuz, das auf einem Sokkel mit einer Nische steht, die eine Art Gnadenstuhl birgt. Darüber befinden sich noch einige andere Figuren. Unterhalb dieser Nische sieht man sieben verschieden große, eher runde als ovale Steine, wovon einer besonders groß ist. Lanrivoaré ist der einzige Ort in der Bretagne, der ein derartiges Ensemble bewahrt, doch man findet mehrere vergleichbare Beispiele in Irland.

Am Eingang des Pfarrbezirks sieht man dicht an der Kirche einen christianisierten Menhir (Lec'h), in den ein Kreuz und ein kaum lesbares Wort, vielleicht GULLMAU, eingeritzt sind.

Ein aus einem einzigen rosa Granitblock gemeißeltes mittelalterliches Kreuz mit abgerundeten Ecken steht am Eingang des Gemeindefriedhofs. Der Kruzifixus hebt sich als Relieffigur ab. Mitten auf dem Friedhof überragt ein Calvaire aus dem Jahre 1632 die Gräber. Die Konsolenden links und rechts des Kruzifixes tragen Maria, Johannes und einen Diakon. Auf der Rückseite des Kreuzes sieht man den heiligen Rivoaré in priesterlichen Gewändern.

Einige Kilometer von Lanrivoaré entfernt findet man im »Bois de l'Ermite« (Wald des Eremiten) neben Ruinen aus neuerer Zeit die teilweise sehr alten Reste einer Einsiedelei. In ihrer Anlage entspricht sie dem, was wir von den kleinen Klöstern des 6. und 7. Jahrhunderts wissen. Der Überlieferung nach haben an diesem Ort erst der heilige Rivoaré und dann der heilige Hervé gelebt. Seit 1975 steht die einstige Einsiedelei unter Denkmalschutz.

Die letzte Etappe dieses Reiseweges erreicht man am einfachsten, wenn man auf der D65 nach Saint-Renan zurückfährt, dann die A405 und nach 1,5 Kilometern links die D67 nimmt. Diese kreuzt in Gouesnou die D788 nach Plabennec. Man fährt durch Plabennec hindurch und weitere 2,5 Kilometer bis zum Weiler Pentreff. Dort geht links eine Straße nach LOCMARIA ab.

Die schöne Kapelle aus dem 16. und 17. Jahrhundert, an die sich ein Beinhaus aus der Renaissance sowie der Glockenturm anschließen, ist noch heute von einem umfriedeten Pfarrbezirk umgeben, der zusammen mit dem Calvaire ein eindrucksvolles und monumentales Ganzes bildet.

Am Eingang zum Kirchhof steht ein schöner Calvaire aus dem Jahre 1527, der in seiner Struktur an den Calvaire von Pencran erinnert (17. Reiseweg, S. 171). Nach innen zu tragen vier breite, hohe Stufen einen abgekanteten Sockel; auf diesem steht wiederum das Kreuz, das sich – begleitet von zwei fein gearbeiteten Konsolen mit schönen Statuen – dem Himmel entgegenstreckt. Dieses schwerelose, harmonische Emporwachsen empfindet man besonders stark am Abend, wenn die untergehende Sonne den Calvaire mit einem goldenen Nimbus umgibt.

Christus ragt über die beiden Schächer hinaus, die mit weit auseinandergespreizten Beinen an ihren Kreuzen hängen. Ein Engel hält das Kreuz des guten Schächers, ein Teufel das des bösen. Über der unteren Konsole mit Johannes, Petrus, Maria Magdalena und der heiligen Barbara ist eine Pietà dargestellt, Rücken an Rücken mit einem schönen Christus in Banden. Auf den zwei Pfeilern zu beiden Seiten des Eingangs stehen die Statuen der Heiligen Fiacre und Eloi. Am Schaft des Kreuzes ist noch eine Inschrift mit der Jahreszahl 1527 zu lesen, während der Name des Bildhauers sorgfältig ausgelöscht worden ist, was man nur bedauern kann.

Über die D788 kommt man schnell nach Brest zurück (17 km).

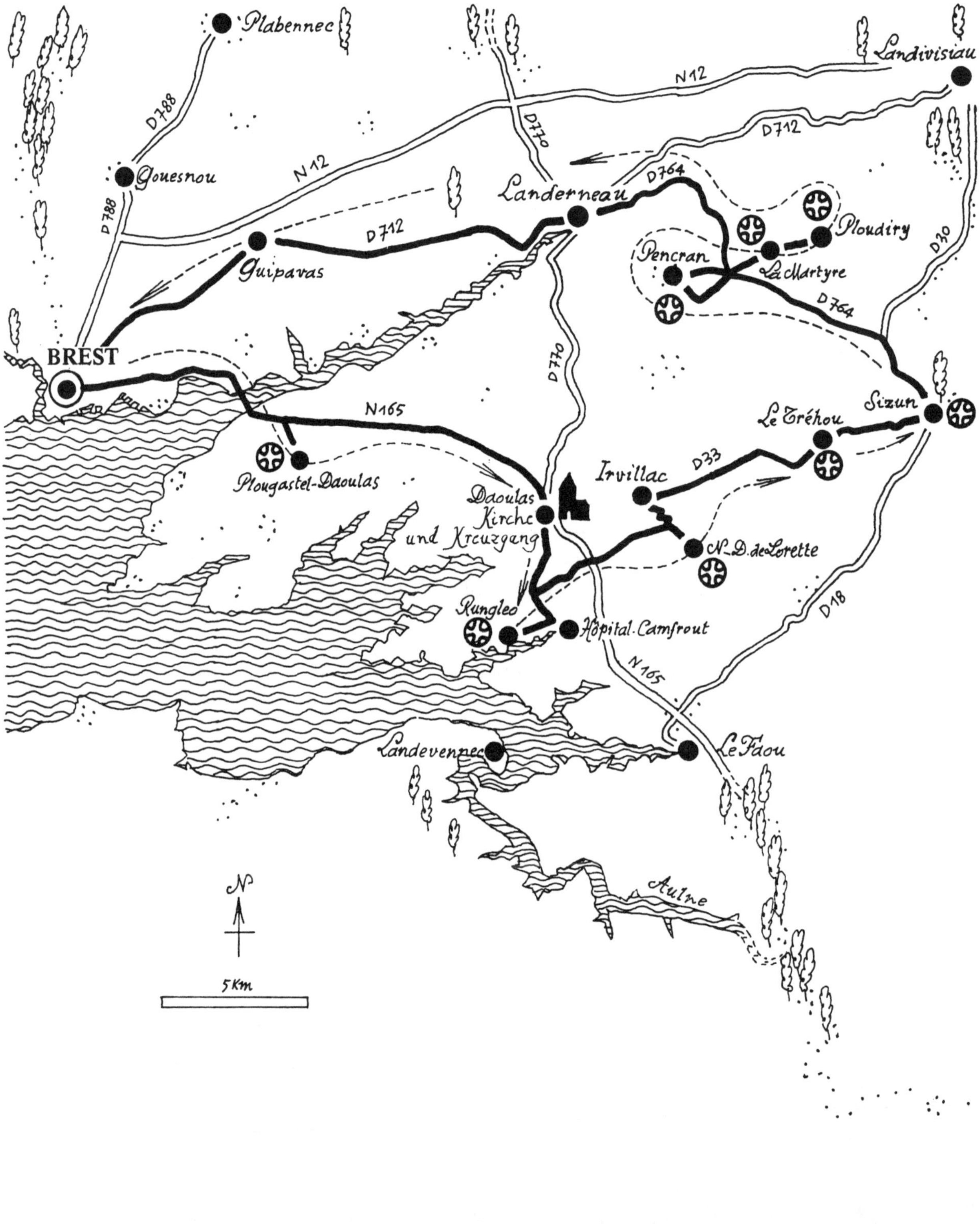

17 BREST Südost 103 km

17. Reiseweg: Östlich und südöstlich von Brest

Michelin-Karte 58, Falte 4–5. Hinfahrt: 71 km, Rückfahrt über Landerneau und Guipavas 32 km. Insgesamt 103 km

Man verläßt Brest in östlicher Richtung und überquert die breite Mündung *(estuarie)* des Élorn auf der Louppé-Brücke, die einen herrlichen Blick auf die Reede von Brest bietet.

PLOUGASTEL-DAOULAS erreicht man entweder über eine kleine Straße, die etwa 200 Meter nach der Brücke rechts abzweigt, oder man bleibt noch ein bis zwei Kilometer auf der Schnellstraße N 165 und biegt dann ab.

Auf der Südseite der Kirche ragt der große Calvaire empor, den die von der Pestepidemie des Jahres 1598 verschont gebliebenen Einwohner dieser Gemeinde zwischen 1602 und 1604 errichteten: ein monumentales Ex-voto, das über Jahrhunderte hinweg die Dankbarkeit der Christen verkündet, die sich dem göttlichen Schutz anvertraut hatten.

Der Calvaire zählt zu den bedeutendsten der Bretagne. Da er gegenüber von Brest liegt, blieb er 1944 nicht von den Bombenangriffen verschont, doch wurde er behutsam und respektvoll restauriert, so daß sein Charakter und die ursprüngliche Anordnung der einzelnen Gruppen bewahrt sind. Der Grundriß des Gesamtensembles ergibt einen Stern, wobei die vier Seiten den vier Himmelsrichtungen entsprechen. Man kann hierin eine symbolische Formgebung sehen, für die wir vielleicht weniger aufgeschlossen sind als die Christen im 16. Jahrhundert. Während auf der Ostseite die ersten Szenen aus dem Leben Jesu (Bild 50) dem Orient, der aufgehenden Sonne zugewandt sind, blickt Christus am Kreuz zum Okzident, in Richtung der großartigen Sonnenuntergänge, die hier besonders schön sind.

Die Figuren strahlen Ruhe und Würde aus und sind, obwohl sie etwas starr wirken, sehr ausdrucksvoll. Die Figuren der bei Epidemien angerufenen Pestheiligen Rochus und Sebastian in einer Nische auf der Westseite über dem Altar lassen nochmals deutlich werden, aus welchem Grunde dieser Calvaire errichtet wurde.

Unsere nächste Station ist DAOULAS (** RB, S. 161–167). Wir erreichen sie auf der N 165. Dem Besucher bietet sich ein schöner, zwischen dem 10. und dem 12. Jahrhundert entstandener Komplex aus Klosterkirche, Kreuzgang und Eingang zum Kapitelsaal.

Ein steinernes Becken in der Mitte des Kreuzgangs ist mit verschiedenen, vor allem geometrischen Motiven und dazwischen menschlichen Masken ausgeschmückt. Man sieht jedoch auch einen weidenden Hammel, ähnlich wie auf einem Kapitell in Lanleff (9. Reiseweg, S. 63) und in Loctudy (20. Reiseweg, S. 190).

Anschließend fährt man auf der D 770 nach Hôpital-Camfrout und dort rechts in Richtung Logonna-Daoulas über Sainte-Marguerite. Nach etwa zwei Kilometern bildet rechts, gegenüber dem Gehöft RUNGLÉO, etwa 50 Meter von der Straße entfernt, ein Weg eine kleine Kreuzung. Links steht an der Straßenböschung eine wahrscheinlich vorchristliche Stele, das sogenannte »Kreuz der zwölf Apostel« (Bild 51).

Der Menhir wurde in christlicher Zeit neu zugerichtet und hat nun eine glatte, leicht nach innen gewölbte Oberfläche, aus der das Relief herausgearbeitet ist. Dominierend ist die in ein langes Kleid gewandete Christusgestalt, deutlich größer als die Apostel über ihnen stehend. Die zwölf Apostel sind jeweils mit ihren Attributen ausgestattet, anhand derer sie sich identifizieren lassen. Jeder trägt eine Tunika mit einfachem Faltenwurf und steht unter einer Rundbogenarkatur, die auf kleinen Säulen ruht.

Die Tatsache, daß sich dieser prähistorische Menhir mit seiner sorgfältig gearbeiteten Skulptur an einem recht abgelegenen Weg befindet, gibt manche Fragen auf. Diese Region ist allerdings reich an Stelen, von denen einige durch ein einfaches Kreuz als christliche Monumente umgedeutet sind.

Wir fahren auf demselben Weg zur D 770 zurück, dann auf dieser 2 Kilometer nach links, bis sie rechts eine Zubringerstraße zur N 165 kreuzt. Es geht unter der N 165 hindurch und weiter bis zur Kreuzung von Malanty. Dort biegt man rechts in Richtung D 47 und Hanvec ab, d.h. den Weg nach Coat-Nant, den wir aber bald wieder verlassen, um nach NOTRE-DAME DE LORETTE von Irvillac zu gelangen.

Die Pfarrgemeinde Irvillac zählt zu den ältesten und scheint auf eine römische Siedlung zurückzugehen, von der sich in einigen Weilern innerhalb der Gemeinde noch vereinzelte Spuren finden.

Der Calvaire gegenüber der Kapelle Notre-Dame de Lorette ist von einem sonderbaren Aufbau, wie man ihn sonst nirgendwo findet. Er überragt einen Brunnen mit einer Madonna, die unter ihren Füßen die Schlange überwunden hat (Bild 52). Auf einem sechseckigen Aufbau, der an den Seiten mit flachen Nischen versehen ist, wölbt sich ein wahrscheinlich aus vorgeschichtlicher Zeit stammender halbkugelförmiger Stein, auf dem der Sockel des Kreuzes ruht. In einer der Nischen ist eine Pietà mit dem leblosen, aber gar nicht starren Corpus ihres Sohnes auf dem Schoß zu sehen.

Der Kreuzesschaft ragt hoch und schlank in den Himmel. Die beiden Schächer sind noch vorhanden, während das Kruzifix in der Mitte beschädigt ist.

Was diesen Calvaire einzigartig macht, ist die Form der beiden Säulen neben dem Kreuz. Sie bilden eine Art V und tragen an den Enden jeweils zwei Figuren. Wie zwei in Ekstase erhobene Arme strecken sie sich dem Himmel entgegen. Bei dieser eigenartigen Anordnung hat sich der Bildhauer vielleicht von der Form bestimmter Prozessionskreuze aus

Edelmetall inspirieren lassen, wie sie bei festlichen Anlässen in den Gemeinden verwendet werden.

Bevor man diesen Ort verläßt, sollte man nahe am Seitenportal der Kirche eine kleine, in die Außenmauer eingelassene Steinskulptur beachten, die eine Grablegung darstellt. Unter dem Leintuch, auf dem Christus ruht, sind die Leidenswerkzeuge dargestellt, die Figuren sind in ihrer Haltung sehr ausdrucksvoll. Leider ist der Kopf Mariens beschädigt.

Von Notre-Dame de Lorette kehrt man auf die D 47 nach Irvillac zurück und fährt von dort aus auf der D 33 nach LE TRÉHOU.

Auf dem Friedhof steht ein schöner Calvaire aus Granit und Kesantit vom Jahre 1578. Drei Stufen tragen einen breiten Unterbau, auf dem der quadratische Sockel des Calvaires ruht. Dieser Sockel, an dem in jeweils drei Nischen auf jeder Seite die zwölf Apostel zu sehen sind, ist in seiner Art im Finistère recht selten. Derartiges findet man öfter im Morbihan, vor allem in der Gegend von Vannes. Obwohl die einzelnen Figuren mit Attributen versehen sind, kann man sie nur schwer deuten.

Auf dem Sockel kniet Maria Magdalena mit gefalteten Händen, in schmerzerfüllter Betrachtung zu Christus aufschauend. Es scheint für die Region typisch zu sein, Maria Magdalena allein zu Füßen des Kreuzes darzustellen, da wir es ähnlich in Pencran wiederfinden.

An der Westseite des Kreuzesschaftes sieht man einen segnenden Bischof und auf der Ostseite die heilige Pitère, Schutzpatronin dieser Pfarrgemeinde.

Auf der ersten waagrechten, von Engeln gehaltenen Konsole befindet sich in der Mitte eine Pietà und an den beiden Enden die Schächer. Auf der oberen Konsole steht über der Pietà, am Kreuz angelehnt, Christus in Banden. Zwei Engel fangen das Blut aus den Wunden des Gekreuzigten auf.

Von Le Tréhou aus gelangt man auf der D 33 nach SIZUN. Ein wunderbares Ensemble bildet hier einen der schönsten umfriedeten Pfarrbezirke im Finistère. Man betritt ihn durch einen majestätischen Triumphbogen, der von einer Doppelbalustrade bekrönt wird. Beherrschend ist der hoch aufragende Calvaire, eingerahmt von einzeln stehenden Säulen mit den beiden Schächerkreuzen.

Die Schlichtheit dieses Calvaires kontrastiert mit dem Beinhaus und der Kirche, die üppigen Skulpturenschmuck von hohem künstlerischen Wert und oft überraschenden Motiven aufweisen.

Von Sizun aus geht es auf der D 764 in Richtung Landerneau; nach 9 Kilometern zweigt links eine Straße nach PENCRAN ab, wo wir zwei Calvaires vorfinden.

Der größere aus dem Jahre 1521 steht auf der Nordseite des Pfarrbezirks und beherrscht den von einer Umfriedung gesäumten Eingang. Er stellt eines der schönsten Skulpturenwerke in Kersantit dar und ist für die bretonische Kunst einer der charakteristischsten; daher wurde er auch vom Musée des Monuments français ausgewählt.

Das hohe, leichte Mittelkreuz hat zwei Querbalken. Die Hauptfront ist dem Pfarrbezirk im Westen zugewandt. Über dem von zwei Engeln eingerahmten Gekreuzigten schwebt eine kleine Gestalt mit erhobenen Armen, die seine zum Himmel emporsteigende Seele darstellen soll.

Auf dem unteren Querarm lehnt eine Pietà am Schaft des Kreuzes; auf der Rückseite ist eine Madonna von Petrus und dem heiligen Yves eingerahmt (Bild 53).

Auf der Ostseite wird Christus in Banden von zwei Reitern flankiert.

Prächtig gekleidet kniet Maria Magdalena zu Füßen des Kreuzes und blickt in tiefer Anbetung zu Christus auf.

Die Kreuze der beiden Schächer stehen zu beiden Seiten des Eingangs an der Umfriedung. Ein Engel hält die Seele des guten Schächers, während ein Dämon mit Drachenflügeln die Seele des bösen an sich reißt.

Im Innern des Pfarrbezirks steht gegenüber vom Südportal der Kirche ein einfacherer Calvaire. Christus am Kreuz zwischen Maria und Johannes. Auf der Rückseite eine Madonna mit Kind. Zu Füßen des Calvaires ist Maria Magdalena in derselben Haltung schmerzvoller Verehrung dargestellt.

Am Südportal sieht man eine Reihe von Skulpturen mit Szenen aus dem Alten und Neuen Testament. Am Tympanon eine – allerdings beschädigte – Geburt Christi, wobei besonders die Wiege des Kindes auffällt, eine Art Flechtkorb, ähnlich wie am Calvaire von Tronoën (20. Reiseweg, S. 191) und von Kerbreudeur (12. Reiseweg, S. 141).

Wir verlassen Pencran und fahren zur D 764 zurück, die wir überqueren, um nach LA MARTYRE zu gelangen. Dieser Ort wurde sicher so genannt, weil der Überlieferung nach der bretonische König Salomon hier am 25. Juni 874 ermordet wurde.

Der Calvaire fügt sich in ein schönes architektonisches Ensemble ein und bekrönt das Triumphtor am Eingang des umfriedeten Pfarrbezirks. Oben am Mittelkreuz sieht man den gekreuzigten Christus, etwas weiter unten den Auferstandenen mit ausgebreiteten Armen, wie zum Jüngsten Gericht erschienen und von zwei trompetenblasenden Engeln flankiert; zu Füßen des Kreuzes eine Pietà, der Johannes und Maria Magdalena beistehen.

Die Kreuze der beiden Schächer stehen auf den Pilastern zu beiden Seiten des Eingangs. Ihre vom Schmerz stark verzerrten Gestalten heben sich in ergreifender Weise gegen den Himmel ab. Zu Füßen des guten Schächers sehen wir einen Engel, zu Füßen des bösen einen Teufel.

In La Martyre sind außerdem die Reste einer Geburt Christi am Tympanon des südlichen Kirchenportals sowie der Ankou an einem Weihwasserbecken in der Südostecke zu sehen. An der Ecke des Beinhauses befindet sich eine recht eigenartige Karyatide.

Man fährt auf derselben Straße 1,5 Kilometer weiter und kommt nach PLOUDIRY. Im umfriedeten Pfarrbezirk sind zwei Calvaires zu sehen. Der erste stammt aus dem 14. Jahrhundert und erhebt sich auf einem Sockel, der wiederum auf drei Steinstufen steht. Sowohl Christus am Kreuz als auch die Madonna mit Kind haben eine Art Baldachin über sich, wie man ihn nur selten antrifft (vgl. Saint-Servais, 15. Reiseweg, S. 163). Der zweite, etwas höhere Calvaire entstand 1633; die Figur des heiligen Johannes wurde 1863 durch eine neue ersetzt. Auf fünf Stufen ist ein grob skulptierter Sockel erhöht, an dem Krallen angedeutet sind. Zu Füßen des Kreuzesstammes Maria Magdalena, allein. An den beiden Seiten der Konsole, die das Kruzifix trägt, stehen Maria und Johannes.

Das Beinhaus aus dem Jahre 1625 ist durch eine Art Totentanz bemerkenswert, der von dem mit einer Lanze bewaffneten Ankou angeführt wird. An der Ecke des Stützpfeilers appelliert ein Engel mit einer Banderole an die Besucher: BONNES GENTZ QUI PAR ICY

PASSETZ PRIEZ DIEU POUR LES TEPASSEZ – »*Gute Leute, die ihr hier vorbeikommt, betet zu Gott für die Verstorbenen*«.

Über Landerneau geht es zurück nach Brest (D 35, D 764 und D 712).

18. Reiseweg: Nördlich und nordwestlich von Quimper

Michelin-Karte 58, Falte 15, 14.4. Insgesamt 148 km

Diese Route erstreckt sich zwischen der Bucht von Douarnenez und dem Unterlauf der Aulne, die sich dann im Südosten der Reede von Brest zu einem breiten Mündungstrichter ausweitet. Insgesamt ist dies eine liebliche Landschaft, man überquert jedoch auch den Ménez Hom, der in seiner großartigen Kargheit eher abweisend wirkt.

Von Quimper aus fährt man auf der D 765 in Richtung Douarnenez und biegt kurz vor Ploneïs nach GUENGAT rechts auf die D 56 ab.

Im umfriedeten Pfarrbezirk steht auf der Südseite der Kirche, ganz nahe am Portal ein Calvaire aus dem 15. Jahrhundert, der also zu den ältesten der Bretagne zählt. Das massive, komplex aufgebaute Postament besteht aus drei ungleichen Friesen. Das Ganze ruht auf zwei sehr schmalen Stufen.

Die Kreuze der Schächer stehen einander gegenüber auf eigenen Säulen. Das Mittelkreuz, dessen Schaft mit schildartigen Tafeln versehen ist und in einem skulptierten Kapitell endet, ist modern. Die Beweinungsgruppe besteht aus fünf Figuren (Bild 54). Links hinter Maria ist vielleicht Joseph von Arimathia dargestellt; er und die heiligen Frauen scheinen in die Ferne zu blicken. Maria ist in einen Schleier gehüllt und wirkt sehr jung. Sie steht aufrecht und hält ihren toten Sohn, dessen linker Arm schlaff auf seiner Brust liegt, während der rechte zum Boden herabhängt. Voller Hingabe blickt sie ihren Sohn an und hält sich in ihrem Schmerz, der sie von den anderen Personen zu isolieren scheint, ganz aufrecht.

Zwei Statuen rahmen diese Beweinungsgruppe ein. Rechts erkennt man den heiligen Fiacre mit einem Buch und einer Harke; ihm ist die Kirche geweiht. Die linke Statue stellt Christus dar, der eine Krone trägt und die rechte Hand segnend erhoben hat, während er in der linken Hand den abgeästeten Kreuzesstamm hält: Ecce-Homo oder Christkönig.

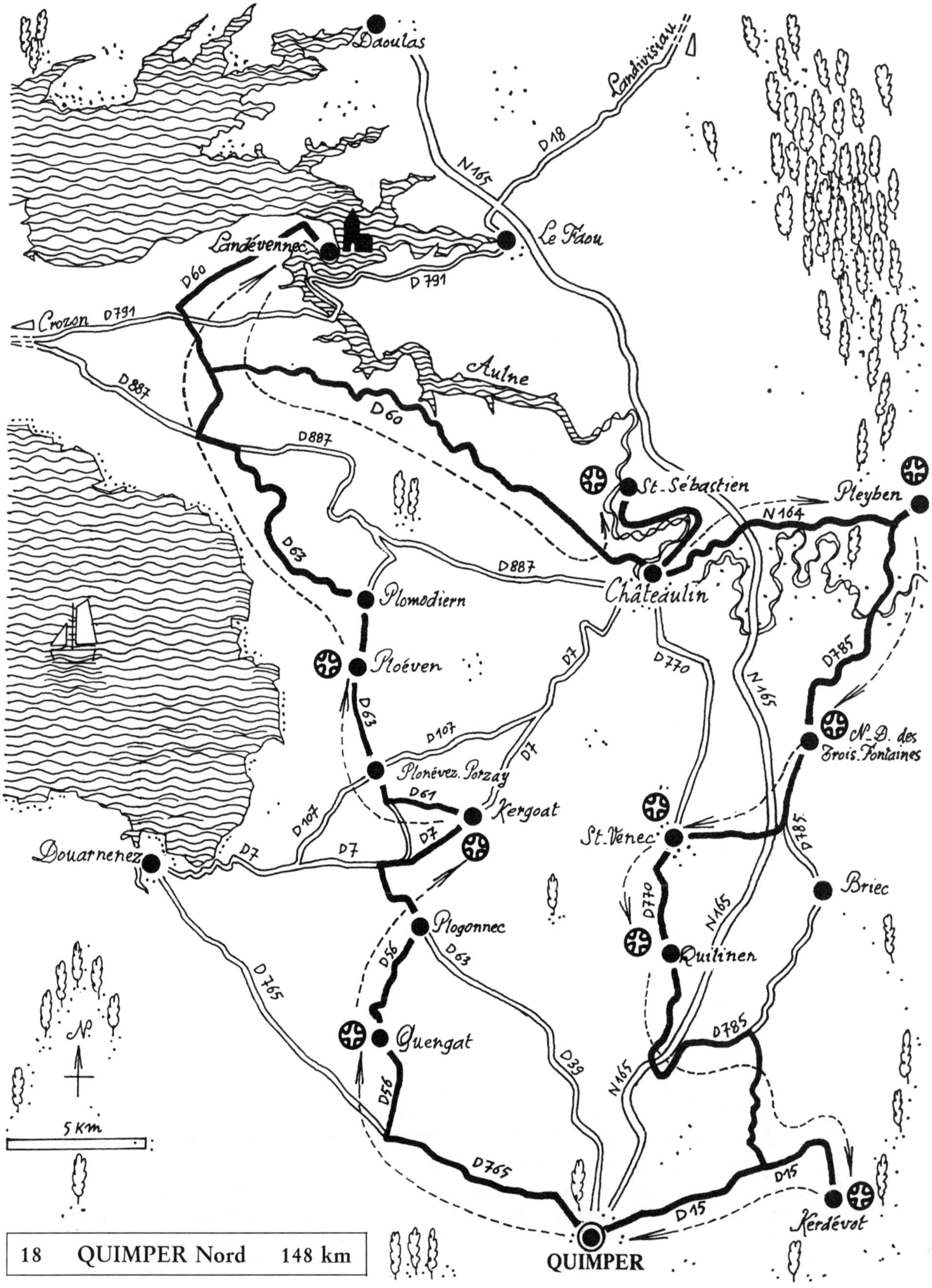

18 QUIMPER Nord 148 km

Von Guengat aus fährt man weiter auf der D 56 in Richtung Plogonnec, dann auf der D 63 nach Locronan. Am Ortsausgang von Locronan geht es auf die D 7 Richtung Châteaulin. Nach 3,5 Kilometern erreicht man NOTRE-DAME DE KERGOAT en Quéménéven.

Auf der Südseite der Kapelle steht ein Calvaire mit einem mächtigen dreieckigen Unterbau, während der eigentliche Calvaire auf einer einzigen Waagrechten konzipiert ist.

Zwei über 4 Meter lange Stufen tragen diesen Unterbau. Die drei Ecken sind von Pilastern eingefaßt, deren oberer, gotischer Teil besonders ausgearbeitet ist. Auf zwei Seiten gibt es jeweils eine leere Nische. In der nach Westen ausgerichteten Hauptseite liegt über einem Altar eine größere Nische, über der sich hier allein das Kreuz Christi erhebt. Zu Füßen des Kreuzes eine Beweinungsgruppe. Nur wenige Figuren stehen bei Maria: der Jünger Johannes, weinend, ein großer Johannes der Täufer und der heilige Guénolé als Abt. Die Ostseite zeigt Christus in Banden (Bild 56).

Die größtenteils aus dem 16. Jahrhundert stammende Kapelle besitzt mehrere Glasfenster aus dieser Zeit. In dem Fenster des Jüngsten Gerichts erscheint unten der Stifter: Henri de Quoetsquiriou, der 1566 Pfarrherr von Quéménéven war.

Viele der alten Figuren sind hier verblieben, einige aber sind auch ins Museum von Quimper gekommen. Im Langhaus kann man über jedem Pfeiler trichterartige Schallgefäße unterschiedlicher Größe erkennen. Sie sind jeweils als Dreieck angeordnet und ganz in den Bau integriert, da sie sich in Höhe der Horizontalfugen der Steine öffnen.

Nach der Dissertation von R. Floriot *Les vases acoustiques au Moyen Age* finden sie sich »allgemein in romanischen Kirchen und niemals nach dem 17. Jahrhundert«. Sie dienen dazu, die Akustik des Gebäudes zu verbessern, wie uns die Zisterzienser der Abtei von La Melleraye (31. Reiseweg, S. 245) erklärten, deren Abteikirche seit ihrer Errichtung diese architektonische Raffinesse aufweist; denn der Gesang wird besser gestreut und besser von der Gemeinde empfangen.

In Kergoat geht es links auf die D 61, die etwa einen Kilometer vor Plonévez-Porzay auf die D 63 stößt; auf dieser gelangt man nach PLOEVEN.

Südlich der Kirche ragt ein hoher Calvaire mit einem Kreuz auf zwei Konsolen empor. Er ist um 1550 entstanden. Zwei Engel fangen das Blut Christi auf. Auf der Westseite des Schafts ist das Schweißtuch der Veronika mit dem Antlitz Christi dargestellt, während die Mittelkonsole auf der Ostseite von einem Mann getragen wird, der drei Nägel hält.

Zu Füßen des Kreuzes bietet sich uns eine Pietà in ihrer Einsamkeit und ihrem Schmerz dar. Maria ist allein, hat die Hände gefaltet und die Augen geschlossen, ganz gesammelt, und »bewegt alles in ihrem Herzen«. Ihr toter Sohn liegt auf ihrem Schoß, mit vom Leiden gezeichneten Körper, aber in all seiner Leblosigkeit äußerst ausdrucksvoll. Der Bildhauer hat es in bewundernswerter Weise verstanden, das von ihm tief empfundene Erlösungsgeschehen in einfachen Linien wiederzugeben.

Von Ploeven fährt man wieder auf die D 63, durch Plomodiern, danach links auf die D 887 und biegt an der Kreuzung auf die D 163 in Richtung Argol ab. Dort nimmt man die D 60 bis zur D 791, überquert diese und fährt weiter auf der D 60 nach LANDÉVENNEC.

Die Abtei Landévennec (* RB, S. 169ff.) ist eine der Hauptsehenswürdigkeiten der Bretagne. Sie wurde vom heiligen Guénolé (Winwaloeus) gegründet und feierte 1985 ihr 1500jähriges Bestehen.

Umfangreiche Grabungen fördern nach und nach die Spuren alter Bauwerke zutage, und man kann gegenwärtig die Anfänge auf das 8. Jahrhundert ansetzen; manche Teile scheinen sogar noch älter zu sein.

Derzeit werden die Ruinen der großen romanischen Abteikirche wiederhergerichtet (Bild 58 und 59), ebenso die nach und nach freigelegten Klostergebäude, um so die verschiedenen Bauteile zuordnen zu können – Kreuzgang, Krankentrakt usw.

Besonders markant ist die geographische Lage am Mündungstrichter der Aulne, angesichts der Reede von Brest, und man versteht, daß der heilige Guénolé und seine Gefährten die Insel Tibidi an der Aulne-Mündung verließen, um sich hier anzusiedeln.

Von Landévennec aus fährt man auf demselben Weg – auf der D 60 – nach Argol zurück, weiter bis Dinéault und dann auf der D 887 nach Châteaulin. Dort nimmt man die Straße, die etwas 7 Kilometer an der Aulne-Schleife entlang (stets auf dem rechten Ufer) nach Saint-Sébastien führt.

SAINT-SÉBASTIEN-EN-SAINT-SÉGAL besitzt einen der schönsten und originellsten bretonischen Calvaires. Er liegt sehr schön abseits der Hauptverkehrsstraße am Eingang eines Kirchhofs mit prachtvollem Baumbestand, nahe an einer Kapelle, die erstaunliche Retabeln zu bieten hat. Man betritt den Pfarrbezirk durch einen monumentalen Triumphbogen, der am Giebel das Martyrium des heiligen Sebastian zeigt, den zwei Bogenschützen mit ihren Pfeilen durchbohren; an den beiden Seiten die Heiligen Yves und Franziskus.

Der Calvaire ist nach den Himmelsrichtungen ausgerichtet: Der Gekreuzigte blickt nach Westen, d.h. ins Innere des Kirchhofs.

Der unregelmäßig gemauerte Unterbau ist in die niedrige Sockelmauer eingefügt, hat aber eine breite Ausbuchtung. Der erste viereckige Sockel besteht aus vier rechteckigen Blöcken, in die sechzehn rätselhafte Gesichter einskulptiert sind, rund, mondartig, im Ausdruck verschieden – manchmal friedlich, zuweilen mit der Andeutung eines Lächelns, dann aber auch beinahe angstvoll verzerrt. Ein zweiter, höherer und wuchtigerer Sockel endet in einer kleinen Plattform und trägt den mit zwei Konsolen versehenen Kreuzesschaft.

Das eigentliche Kruzifix, das in 7 Meter Höhe alles beherrscht, zeigt Christus mit leicht nach hinten fallendem und nach rechts geneigtem Haupt. Engel fangen das Blut auf. Auf der unteren Konsole stehen Maria und Johannes; darunter eine Verspottung Christi, flankiert von zwei Reitern. Auf der Rückseite des Kruzifixes sieht man auf einem Kapitell den heiligen Sebastian zwischen zwei Bogenschützen. Das Kapitell wird aus drei Gesichtern gebildet, die im Ausdruck an die Gesichter am Sockel erinnern – vor allem das obere.

Bei der Beweinungsgruppe auf der ersten Konsole hält Maria den toten Christus, dessen Kopf auf den Knien des Jüngers Johannes ruht, während Maria Magdalena die Duftsalben im Gefäß bereitet.

Auf der Plattform finden wir Maria Magdalena, kniend und zu Christus aufblickend; bei der ebenfalls knienden Figur auf der anderen Seite könnte es sich um den Feudalherren von Kergoat handeln.

Auf der Ostseite, der Morgenröte und der aufgehenden Sonne zugewandt, entsteigt Christus, Sieger über den Tod, dem Grab (Bild 55), während die Wächter noch schlafen. In ihrer Bewegtheit ist dies gewiß eine der schönsten Auferstehungsdarstellungen, die wir an einem bretonischen Calvaire sehen können. Die Analogie zu der Auferstehung am Calvaire von Pleyben ist offensichtlich, es läßt sich jedoch nicht ergründen, welche der beiden zuerst entstanden ist oder ob sie aus derselben Bildhauerwerkstatt stammen.

Man sollte den Ort nicht verlassen, ohne sich die bemerkenswerte Innenausstattung der Kapelle angesehen zu haben: Retabeln, Skulpturen, Triumphbalken, Schreinfiguren mit fein gearbeiteten Flügeltüren bilden ein Gesamtwerk von hohem künstlerischen Rang.

Man kann sich fragen, wieso die Kapelle an diesem relativ entlegenen Ort eine solche Fülle von Kunstwerken besitzt. Einer weitverbreiteten Überlieferung zufolge sollen Kapelle und Calvaire bei Pestepidemien errichtet worden sein, und zwar ausschließlich durch Spenden der Gemeindemitglieder. Die Tatsache, daß der besonders bei solchen Anlässen angerufene heilige Sebastian zum Schutzpatron gewählt wurde, wie auch, daß der Kreuzesstamm die oft mit den Pestbeulen assoziierten »stumpfen Astenden« aufweist, sprechen für diese Überlieferung. Vor 1712 gibt es keinerlei historische Quellen, aber der alte bretonische Choral, der bei Pardons zu Ehren des heiligen Sebastian erklingt, bittet den Heiligen zu wiederholten Malen: *Diouallet... ar Vosen e z'eo hanvel* – »Befreie uns von der Plage, die man Pest nennt.«

Nach Châteaulin zurückgekehrt, fahren wir auf der D 877 bis Port-Launay und von dort auf der N 164 nach PLEYBEN.

In architektonischer Hinsicht ist der Calvaire von Pleyben der bedeutendste von allen großen Calvaires. Seine Entstehungsgeschichte ist gut bekannt. Nach der Inschrift unten an der Statue des heiligen Germain – früher am Calvaire, jetzt am Kirchturm – wurde 1550 ein erster Calvaire ganz nahe an der heutigen Südseite der Kirche errichtet. 1650, als der Turm fertiggestellt war und der Calvaire den Eingang zum Turm verstellte, wurde er zum ersten Mal versetzt. Schließlich wurde er in den Jahren 1738 bis 1741 nochmals versetzt und kam an seinen heutigen Platz. Bei dieser Gelegenheit wurde der massive Unterbau errichtet, auf dem die einzelnen Szenen dargestellt sind und der dem Ganzen einen besonders imposanten Eindruck verleiht.

Große Arkaden, flankiert von breiten Stützpfeilern, tragen die gewöhnlich in zwei Registern angeordneten Personengruppen, wobei sich einige Szenen wiederholen. Man kennt die Namen der Bildhauer, sogar die Kosten, und hat einen Bericht über die letzte Versetzung des Calvaires, wobei die Einwohner von Pleyben alle Steine selbst transportierten. Sowohl am Stil als auch an den verwendeten Materialien läßt sich erkennen, daß hier drei verschiedene Werkstätten gearbeitet haben. Der erste Calvaire von 1550 bis 1555 war das Werk der Brüder Henry und Bastien Prigent, der »ymageurs« von Plougonven (14. Reiseweg, S. 156). Eine zweite Gruppe wurde 1650 von Yves Ozanne geschaffen: Dies geht aus zwei Inschriften hervor, vor allem aus der am Fuße der Abendmahlstafel. Am nordwestlichen Stützpfeiler gibt eine Inschrift das Datum an, zu dem der Calvaire das letzte Mal versetzt wurde.

Auf dem unteren Fries verlaufen die einzelnen Szenen in chronologischer Folge von links nach rechts, von der Verkündigung bis zur Dornenkrönung. Gleichwohl steht auf einem Stützpfeiler eine Pietà und unterbricht damit die Abfolge der Ereignisse.

Auf der Plattform kehrt sich dagegen die Reihenfolge der einzelnen Gruppen um: Sie sind jetzt von rechts nach links zu betrachten und beginnen genau entgegengesetzt zur Verkündigung mit Pilatus, der sich die Hände wäscht. Besonders bemerkenswert ist die Höllenfahrt Christi, wo es von Personen, die aus dem Rachen eines Ungeheuers auftauchen, nur so wimmelt. Bei der Auferstehungsszene steigt Christus im großen Schwung des triumphierenden Lebens aus dem Grab. Diese Szene erinnert vom Aufbau her etwas an den Calvaire von Saint-Sébastien-en-Saint-Ségal, ist aber noch kraftvoller.

Alles beherrschend ragt das Kreuz Christi auf einem abgeästeten Schaft leicht und schlank in den Himmel; über dem Kreuz ein kleiner Engel, der sich anschickt, die Seele des Gekreuzigten zu seinem Vater emporzutragen. Am Fuße des Kreuzes kann man die kniende Maria Magdalena erahnen, die teilweise hinter anderen Gruppen verschwindet.

Über den etwas abgerückten Kreuzen der Schächer schwebt ein Engel über dem guten und ein gehörnter Teufel über dem bösen Schächer. Auf den Kapitellen unter diesen beiden Kreuzen ist der jeweilige Name des Schächers, DISMAS und GISMAS, eingeritzt.

Man muß lange vor diesem Monument stehen, um die Bedeutung und künstlerische Qualität des Figurenwerkes zu erfassen. Besonders bemerkenswert ist die äußerst feierliche Grablegung. Die Tränen, die an den Gesichtern Mariens und der heiligen Frauen herabrinnen (Bild 57), betonen ihren großen Schmerz in realistischer Weise.

Ein hohes, aus einem einzigen Steinblock gefertigtes Kreuz hinter dem Calvaire im umfriedeten Pfarrbezirk wird KROAZ AN HOLEN – Salzkreuz – genannt. Vor der Revolution verkaufte man hier das Salz.

Die Kirche ist Saint Germain d'Auxerre geweiht. Sie enthält zahlreiche Kunstwerke, unter anderem über dem Hauptaltar ein Glasfenster aus dem 16. Jahrhundert, das die Passion und Auferstehung zeigt.

Von Pleyben aus geht es auf der D 785 nach Süden Richtung Quimper. Es lohnt sich, nach etwa 10 Kilometern an der links am Straßenrand gelegenen Kapelle NOTRE-DAME-DES-TROIS-FONTAINES en Gouézec wegen ihres Calvaires haltzumachen, auch wenn nur ein Teil des Mittelkreuzes, das am Ende eines Querbalkens eine Mariengestalt trägt, und das Kreuz des guten Schächers erhalten sind.

Bemerkenswert ist die schöne dreieckige Basis, auf der alle Figuren standen. Sie hat feinverzierte Nischen, drei auf jeder Seite und eine in jedem Pilaster, in denen sicher die zwölf Apostel standen. Dieser Calvaire wird gewöhnlich auf 1584 datiert.

Von Notre-Dame-des-Trois-Fontaines aus führt die D 785 weiter bis zum Weiler Les Trois Croix, wo man rechts auf einer unter der Schnellstraße N 165 hindurchführenden Straße nach SAINT-VENEC en Briec gelangt, das nahe an der Kreuzung mit der D 770 liegt.

Die Kapelle von Saint-Venec ist eine alte und hochverehrte Kultstätte. Sie besitzt einen interessanten und originellen Skulpturenschmuck aus dem 16. Jahrhundert, einen geweihten Brunnen und einen dreieckigen Calvaire, der sich auf 1556 datieren läßt. Er steht auf einer Anhöhe, die die Kapelle umgibt (Bild 61), und wirkt fast so, als ob er sich aus der Erde löse, um das Erlösungszeichen hoch hinauf in den Himmel zu schreiben.

Genau in der Mitte dieser Anhöhe erhebt sich das Kreuz, umgeben von den Aposteln (Bild 60). Die Apostel stehen jeweils auf den Winkeln der Dreiecke, die sich dachziegelartig auf verschiedenen Ebenen übereinanderlagern und alle auf Karyatiden in Form menschlicher Büsten ruhen. Jeder ist mit seinem Namen versehen und hält eine Banderole mit einem Artikel des Credos. Sie scheinen jedoch nicht vollzählig zu sein.

Zu Füßen des Kreuzes eine Pietà, umgeben von den heiligen Frauen. Auf der Rückseite des Kreuzes segnet der Auferstandene in weit ausladender Geste das Universum.

Fünf Kilometer weiter auf der D 770 erreicht man QUILINEN en Landrévarzec. Nahe an der Kapelle erhebt sich der Calvaire aus dem Jahre 1550 mit seiner Abfolge von Szenen, die von unten an immer höher emporstreben, um im himmelwärts weisenden Kruzifix zu kulminieren. Dieser Calvaire ist dem vorhergehenden ziemlich ähnlich, aber von Konzept und Architektur her wesentlich ausgefeilter. Es ist ein Werk voller Originalität, sowohl in seinem Aufbau als auch in dem außergewöhnlichen Symbolgehalt.

Am Fuße des Kreuzes hält die Pietà, der Johannes beisteht, einen von den ausgestandenen Qualen gezeichneten Christus. An dem massiven Postament erscheinen auf verschiedenen Ebenen die zwölf Apostel, einige mit ihren Emblemen, anhand derer man sie identifizieren kann. Die in erhabener Arbeit gefertigten Figuren nähern sich immer mehr dem Kreuzesschaft und betonen in dieser Steigerung das Emporstreben zum Himmel. Auf der Rückseite des Kreuzes zeigt der Auferstandene seine von der Lanze geöffnete Seite.

Wir setzen unseren Weg auf der D 770 fort, die unter der N 165 hindurchführt und in die D 785 mündet, auf die man links in Richtung Moncouar einbiegt. Von dort aus führt eine Straße zur D 15. Man fährt auf dieser bis zur Kreuzung La Croix Sainte-André, wo eine Straße nach NOTRE-DAME DE KERDÉVOT en Ergué-Gabéric abgeht.

Hier liegt eine große Kapelle aus dem 15. Jahrhundert inmitten eines rasenbewachsenen Pfarrbezirks, umgeben von Bäumen, die einen lichten Wald bilden. Es ist ein in der ganzen Region beliebter Wallfahrtsort, an dem im 16. Jahrhundert ein mächtiger Calvaire entstand. Das rechteckige Postament ist mit Nischen versehen, wie auch die auf dreieckigen Sockeln errichteten Calvaires in Notre-Dame-des-Trois Fontaines und Confort en Meilars (19. Reiseweg, S. 183); hier sind die Nischen jedoch alle leer. Auf der Plattform über dieser Basis stehen die drei Kreuze. Auf der Westseite ist eine Pietà dargestellt, auf der Ostseite ein sitzender Christus in Banden, darüber der Erzengel Michael; auf der Rückseite des Kreuzes – den Blick nach Osten gewandt – eine Madonna mit Kind.

Im Innern der Kapelle ist ein schönes bemaltes Holzretabel zu sehen, das im 15. Jahrhundert in einer Antwerpener Werkstatt geschaffen wurde und auf vier Tafeln das Marienleben zeigt. Die ergänzenden Tafeln mit lebendigen Darstellungen der Anbetung der Könige und der Darstellung im Tempel wurden im 18. Jahrhundert von heimischen Künstlern geschaffen. Das Retabel mit der Taufe Christi entstand gegen Ende des 16. Jahrhunderts in einer Werkstatt von Quimper.

Zur Rückfahrt nach Quimper benutzen wir wieder die D 15.

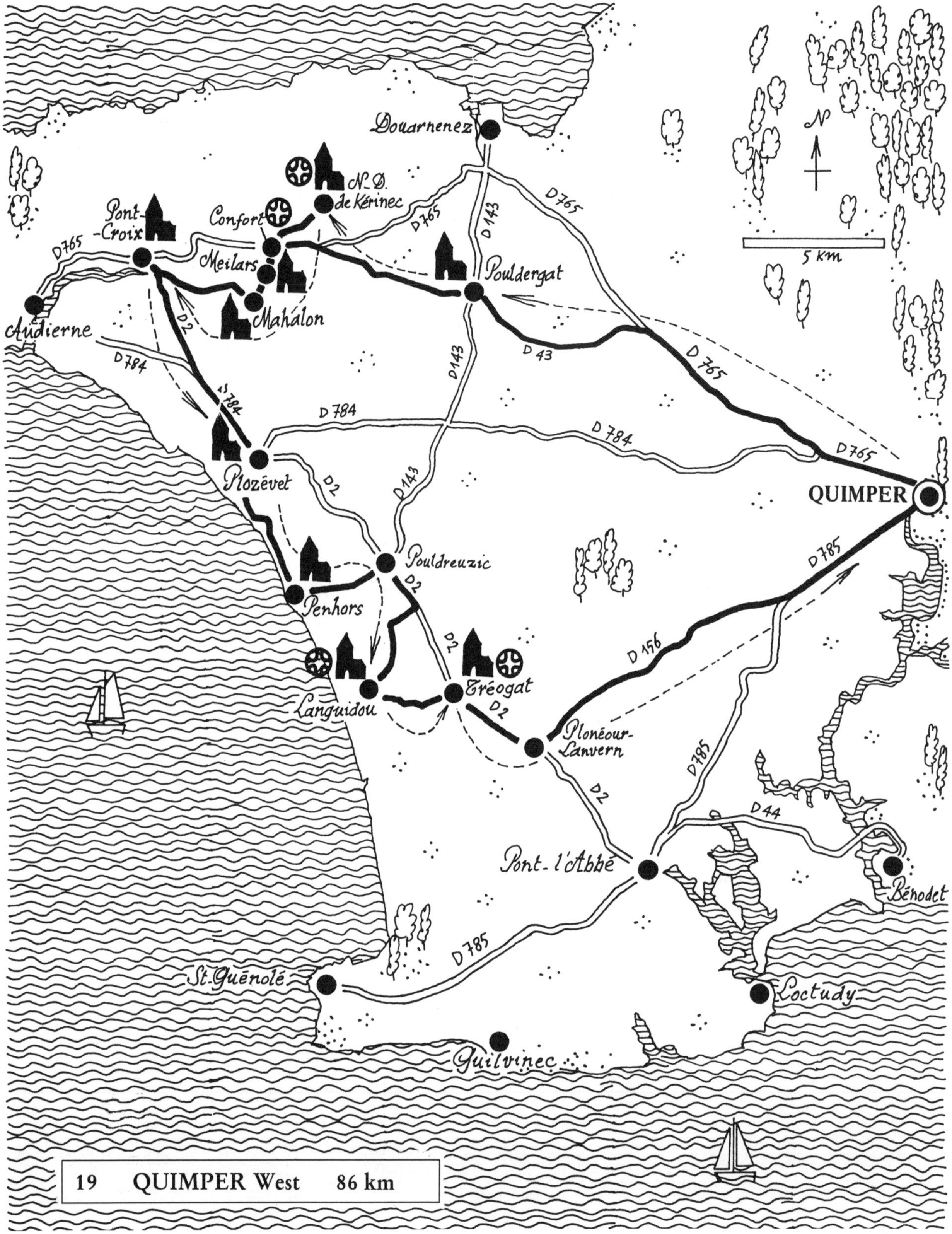

19 QUIMPER West 86 km

19. Reiseweg: Westlich von Quimper. Die Schule von Pont-Croix

Michelin-Karte 58, Falte 14. Insgesamt 86 km

Dieser Reiseweg, der großenteils der Schule von Pont-Croix gilt, folgt der Bucht von Audierne, an der auch einige Streckenabschnitte entlangführen. Im Nordwesten beginnt die Bucht mit der Pointe du Raz, am äußersten Ende des Cap Sizun. Der geschwungene Bogen, den die Bucht bildet, läuft im Süden mit der Pointe de Penmarc'h aus.

Wir sind hier an der Westspitze Europas, wo alle Wanderungen der Völker vergangener Zeiten am Ozean endeten und ihre Spuren hinterlassen haben: Sammlungen von Muscheln, megalithische Monumente, Bronze- und Eisenwaffen, Keramik und Töpferöfen, Münzen... Die aufeinanderfolgenden Bevölkerungen haben ihre Toten an diesen Ufern der Erde anvertraut: Urnen, Einzelgräber oder Gräber für bestimmte Gruppen, bis hin zu einer christlichen Nekropole zeugen davon. Man hat dort Spuren von Oratorien gefunden, und die ersten Gräber könnten aus dem 5. Jahrhundert n. Chr. stammen; bis etwa zum Jahre 1000 bestattete man Tote auf diesem Friedhof, bis ihn der Dünensand bedeckte.

Der Schule (oder Werkstatt) von Pont-Croix schreibt man eine ganze Reihe von Bauwerken zu, die größtenteils westlich von Quimper liegen und sich in der Struktur der Pfeiler und der in besonderer Weise darauf ansetzenden Arkaden ähneln (** RB, S. 177ff.). Die Kirche Notre-Dame de Roscudon in Pont-Croix ist das bedeutendste Zeugnis dieser Bauweise und hat ihr ihren Namen gegeben, obwohl sie vielleicht nicht das älteste Beispiel dieser Gruppe darstellt. Man zählt etwa 25 Kirchen, die in größerer oder kleinerer Anzahl derartige Pfeiler aufweisen; am weitesten entfernt liegt die Kapelle von Saint-Herbot (Bild 35), (13. Reiseweg, S. 149).

In diesen Reiseweg haben wir nur Bauwerke einbezogen, bei denen sich eine gewisse Entwicklung verfolgen läßt, aber es sei betont, daß sich keine wirkliche Chronologie erstellen läßt, da keine Dokumente erhalten sind.

Auf der D 765 verläßt man Quimper in Richtung Douarnenez. 4,5 Kilometer nach Plonéis zweigt links die D 45 nach POULDERGAT ab.

Diese Kirche wird 1118 in der Gründungsurkunde des Priorats auf der Ile de Tristan (Bucht von Douarnenez) erwähnt. Das Datum stimmt mit der Architektur des romanischen Schiffs überein, dem ältesten Bauteil, der aus drei an der Nord- und der Südseite verschieden breiten Jochen besteht.

Auf den an den Breitseiten mit Halbsäulen kantonierten rechteckigen Pfeilern ruhen einfache Bögen auf einer manchmal mit geometrischen Motiven verzierten Deckplatte. Man kann nicht eigentlich von Kapitellen sprechen: Am oberen Ende verbreitert sich die Säule etwas; eine Säule weist ein Flachrelief auf, das ein Fabeltier darstellte.

Obwohl sich der Boden angehoben hat und dadurch die Basen der Säulen teilweise verdeckt, kann man noch Skulpturen in Form von Voluten und Verkröpfungen feststellen; einige davon sind noch gut zu erkennen.

Ein dreijochiger Chor mit Seitenschiffen verlängert das Hauptschiff. Da der Chor schmaler als das Hauptschiff ist, mußten diese beiden Bauteile wegen des Breitenunterschiedes auf der Nordseite durch einen Diagonalbogen verbunden werden. Dieser Bogen hat zwar vom Langhaus her gesehen ein normales Profil, nicht aber, wenn man ihn vom nördlichen Seitenschiff aus betrachtet. Von dort aus ist die Bogenform in der Tat sonderbar, und man muß den Steinmetzen eine ungewöhnliche Meisterschaft bei der Zurichtung der Steine, aus denen sich dieser Bogen zusammensetzt, zugestehen.

Vier Pfeiler der Schule von Pont-Croix trennen die Joche des Chors von den Seitenschiffen. Diese Pfeiler bestehen aus einem Bündel von acht kleinen Säulen, die auf erhöhten, fein gearbeiteten Basen ruhen und in Kapitellen enden, welche dem Pfeilerprofil angepaßt sind. Diese Kapitelle sind mit Blattwerk verziert, aus dem Köpfe hervorschauen; auf einem dieser Köpfe liegt ein Buch, das eine Figur hält, von der man nur die Arme sieht. Möglicherweise stammen diese vier Pfeiler von einem früheren Bauwerk und wurden bei den Umbauten der Kirche wiederverwendet, denn den Bögen darüber fehlen die für die Schule von Pont-Croix typischen Merkmale.

Die Westfassade wurde im 16. Jahrhundert verändert, wie man es aus den verschiedenen dort angebrachten Inschriften entnehmen kann.

In der Kirche befinden sich interessante alte Figuren. Das schöne Chorgestühl stammt aus dem 18. Jahrhundert.

Von Pouldergat aus fährt man wieder auf die D 43 bis zur D 765. Auf dieser geht es links bis zur Kreuzung von Notre-Dame de Confort. Gegenüber vom Calvaire (Besichtigung auf dem Rückweg) führt eine Straße zur Kapelle NOTRE-DAME-DE-KÉRINEC en Poullan-sur-Mer. Diese sehenswerte Kapelle ist wegen ihrer Proportionen, ihrer Bogenöffnungen und wegen des schmalen Reliefbandes, das die Chorarkaden betont, sicherlich das interessanteste Bauwerk aus der Werkstatt von Pont-Croix (** RB, S. 200). Die Kapitelle mit Menschenmasken oder Blattwerk sind sorgfältig gearbeitet und tragen reich gegliederte Bögen. Die Gesichter an der Seite der Pfeiler blicken zum Altar und sind in derselben Weise wie in Pouldergat von Säulen eingerahmt, welche von Händen gehalten werden. Auf der Nordseite sieht man eine Inschrift, die zwar lesbar ist, deren Bedeutung jedoch bis heute nicht geklärt werden konnte.

An der Südseite entdeckt man außen zwei stark ausgeschrägte romanische Fenster; sie kontrastieren mit den schmalen Schießscharten mit eingekerbtem Fenstersturz an der Nordseite, wo wir auch ein zugemauertes, schmales und niedriges romanisches Portal von schöner Formgebung sehen.

Am Chorhaupt der Kapelle, jedoch außerhalb des eigentlichen Kirchplatzes, erhebt sich über einer Steinkanzel ein schlankes Kreuz. Auf der Rückseite eines Pultes am Rand dieser Kanzel sieht man ein fratzenhaftes Gesicht. Eine Überlieferung berichtet, diese Kanzel sei für den heiligen Vincent Ferrier errichtet worden, einen Wanderprediger des 15. Jahrhunderts, der viele Zuhörer anzog und gerne im Freien predigte.

Auf der D 765 fahren wir zurück zur Kapelle NOTRE-DAME DE CONFORT und zu dem dazugehörigen Calvaire.

Der mit Nischen ausgestattete Unterbau dieses dreieckigen Monuments ist sehr ähnlich wie der in Notre-Dame-des-Trois-Fontaines (18. Reiseweg, S. 178). Den Statuen der zwölf Apostel schlug man während der Revolution die Köpfe ab, verstümmelte sie und vergrub sie nahe der Kapelle. Sie wurden 1849 wiedergefunden, restauriert und in die Nischen der Westfassade der Kapelle eingesetzt. Um 1870 versah man den Sockel des Calvaires mit neuen, vom Bildhauer Larc'hantec aus Plougonven (14. Reiseweg, S. 156) gefertigen Statuen. Dieser Künstler schuf auch das alles überragende Kruzifix.

Man nimmt nun hinter dem Calvaire die Straße, die am Placître entlang nach MEILARS führt, um dort die Kirche Saint-Méloire zu besichtigen. Hier handelt es sich um eine in mehreren Bauabschnitten errichtete Kirche, die wie viele andere im Lauf der Jahrhunderte vornehmlich im Ostteil ausgebaut wurde. Aus der Romanik sind erhalten: die Südmauer des Chors mit einem heute zugemauerten Rundbogenportal, das auf der Innenseite von einem dicken Rundstab eingefaßt ist (wahrscheinlich der älteste Teil); das dreijochige Langhaus mit Seitenschiffen; eine Arkade im Querschiff, die das nördliche Seitenschiff mit dem Querschiffarm verbindet, und zwei Vierungspfeiler auf der dem Chor zugewandten Seite.

Die Arkaden im Hauptschiff bestehen aus gestelzten Rundbögen ohne Stufung und aus gut zugerichteten Rechteckpfeilern, die abgeschrägte, scharfe Kanten haben und auf der Innenseite mit einer Halbsäule versehen sind. Darüber findet sich ein seltenes und originelles architektonisches Detail: Die Deckplatte ist nicht geradlinig, sondern bildet ein Dreieck, dessen Spitze auf dem grob behauenen Kapitell aufliegt.

Bei der – von der Westfassade aus – ersten Arkade ruht der Bogen links auf einem Rundpfeiler mit anliegender, schlanker Säule, rechts auf einem Viereckspfeiler mit vier kleinen Ecksäulen, die durch scharfe Kanten voneinander abgesetzt sind. Wir haben hier zwei Pfeiler aus der Schule von Pont-Croix vor uns; der zweite weist ein seltenes Profil auf, wie man es auch in Mahalon und in der Kapellenruine von Languidou en Plovan antrifft.

Wie in Notre-Dame de Kérinec und in Notre-Dame de Roscudon in Pont-Croix finden wir über dem Bogenlauf jenen eleganten gedrehten Rundstab, der sich an jedem Pfeiler auf zierliche Säulen stützt, die auf kleinen, mit der Spitze nach unten zeigenden Dreieckskonsolen ruhen und oben von einem kleinen, konsolartigen Kapitell abgeschlossen werden. Diese Säulen waren an der Basis reichverziert, aber der Boden hat sich um 60 Zentimeter erhöht und verdeckt sie daher teilweise. Auf einigen Deckplatten sieht man feine Skulpturen mit einfachen geometrischen Motiven.

Außen ist ein sehr eleganter Südvorbau zu sehen, dessen Tympanon ein schönes Spitzenmuster hat.

Von Meilars geht es etwa 1,5 Kilometer auf derselben Straße weiter nach MAHALON. Die ersten drei Joche der Kirche Saint-Magloire sind durch die Höhe und Leichtigkeit der Pfeiler und Arkaden das kühnste, was die Schule von Pont-Croix schuf. Der rhythmische Stützenwechsel zwischen schlanken Säulen und scharfkantigen Pfeilern unterstreicht noch diesen Eindruck von Leichtigkeit, der allein schon durch die Höhe entsteht. Die Bögen bestehen aus zweifach gestuften, profilierten Wölbsteinen und liegen auf den Deckplatten der Kapitelle auf. Auch die abwechslungsreiche Gestaltung der Basen fällt auf. Sie ruhen alle auf runden oder viereckigen Steinsockeln, wie wir es schon in Notre-Dame de Kérinec gesehen haben und in Notre-Dame de Roscudon wiederfinden werden. Bei dem 1772 erfolgten Neubau der Kirche sind die Joche der alten Kirche erhalten geblieben.

Das Grabmal in der an den Chor anschließenden Nordkapelle ist eines der ältesten und bedeutendsten Renaissance-Kunstdenkmäler in der Bretagne. Es war in der Revolution zugemauert worden und wurde 1910 bei Restaurierungsarbeiten wiederentdeckt. Es handelt sich um das Grabmal der Herren von Tromelin.

Außerdem bewahrt die Kirche einige alte Standbilder, darunter Holzfiguren vom heiligen Magloire als Bischof und vom Evangelisten Markus. Über dem Südportal, an dem sich eine weitere, sehr alte steinerne Figur des heiligen Magloire befindet, trägt eine Sonnenuhr die Jahreszahl 1652. Unter dem südlichen Strebepfeiler an der Westfassade ist eine antike Stele erhalten, und vor der Südseite der Kirche hat man einen Sarkophag aufgestellt, der früher am Eingang zum Südportal als Weihwasserbecken diente.

Gegenüber der Kirche gelangt man durch ein schönes, großes romanisches Portal zum Pfarrhaus, das an der Stelle errichtet wurde, wo einst der Almosenpfleger des Johanniterordens seine Wohnung gehabt hatte.

Von Mahalon führt eine direkte Straße nach PONT-CROIX (4 Kilometer). Notre-Dame de Roscudon (** RB, S. 179 u. 197ff.) ist die wichtigste Kirche in dieser Gruppe. Trotz des geschlossenen Gesamteindrucks lassen sich verschiedene Bauabschnitte unterscheiden. Die Anfänge scheinen weiter zurückzureichen, als man zunächst annehmen konnte. So gibt eine Inschrift an der Basis einer Querarkade im nördlichen Seitenschiff hinter der Kanzel, aber ziemlich hoch oben und daher schwer zu entziffern, das Jahr 1202 für »Renovierungsarbeiten« an.

Die Kapitelle bestechen durch ihre Schlichtheit, variieren aber leicht von Pfeiler zu Pfeiler und erzeugen mit den sehr zierlichen Konsolen, in die die Innenbögen der Arkaden münden, den Rundstäben, die den Bogenrücken betonen, im ersten Teil des Kirchenschiffs einen harmonischen, erhabenen Gesamteindruck. Die Kapitelle im Chor sind mit elegantem Blattwerk geschmückt, das an Notre-Dame de Kérinec erinnert.

Erhalten sind noch Reste von Glasfenstern aus dem 16. Jahrhundert. Eine vergoldete holzgeschnitzte Abendmahlsgruppe aus dem 17. Jahrhundert läßt an das Gemälde Leonardo da Vincis denken. Bemerkenswert sind auch eine schöne, polychrom gefaßte Pietà aus Holz (17. Jahrhundert) und die beiden anbetenden Engel aus derselben Zeit, die den Hochaltar einrahmen.

Die zierliche Spitze des Glockenturms erinnert an die neugotischen Turmspitzen der Kathedrale von Quimper, für die er 1854 das Modell abgab. Schließlich sei noch die südliche Vorhalle mit dem eleganten, mit Blendfensterrosen skulptierten Spitzgiebel erwähnt.

Man verläßt Pont-Croix auf der D 2 und erreicht in Lambabu die D 784, die nach PLOZÉVET führt. Plozévet ist eine sehr alte Pfarrgemeinde. Ihre unterhalb der Straße gelegene Kirche, die in Kreuzform gebaut und dem heiligen Devet geweiht ist, wurde im Laufe der Zeit mehrmals verändert. Zu beiden Seiten der südlichen Vorhalle sieht man die Quelle, über der die Kirche errichtet ist.

Im Innern gehören die Arkaden, die das Hauptschiff von den Seitenschiffen trennen, noch zum alten Bau, der zur Zeit der Schule von Pont-Croix entstand. In ihrer einfachen Struktur erinnern die Bögen an die Kirche von Meilars. Drei der Bögen sind Rundbögen, der vierte ein Spitzbogen. Sie liegen direkt auf dem Kapitellkörper – einer davon ist mit einem seltsam in eine Kapuze gehüllten Kopf verziert – und indirekt auf den von Dienstbündeln gebildeten Pfeilern auf. Die fensterlose Nordmauer stammt aus derselben Epoche.

Die Ausstattung scheint großenteils aus dem 17. Jahrhundert zu stammen. Das Becken neben dem eigentlichen Taufbecken ist mit vier Personen geschmückt, von denen zumindest drei an dieser Stelle etwas seltsam anmuten: Da ist Petrus mit seinen Schlüsseln, aber auch der Ankou mit seiner Sichel, begleitet von zwei Bauern, der eine mit einem Spaten, der andere mit einer Hacke. Soll man dies vielleicht als Hinweis auf ein Kapitel des Matthäusevangeliums (Mt 24) deuten? Eines der Weihwasserbecken könnte früher als Taufbecken gedient haben.

Der Calvaire aus dem 16. Jahrhundert zeigt den Gekreuzigten mit Engeln, die sein Blut auffangen. Auf der Rückseite des Kreuzes befreit sich der Auferstandene mit mächtiger Gebärde aus einem großen, sich weit aufblähenden Tuch, vielleicht dem Schweißtuch, und schwingt sich empor.

Man verläßt Plozévet auf der als »Plovan par la côte« bezeichneten Straße, die ganz dicht an der Bucht von Audierne entlangführt und weite Ausblicke bietet. Nach 7 Kilometern taucht die Kapelle NOTRE-DAME-DE-PENHORS in ihrem rasenbewachsenen Pfarrbezirk auf. Man tritt durch einen mächtigen Triumphbogen ein, der sich auf die Weite des Ozeans öffnet. Penhors heißt »Schilfkolben«. Dieser Name leitet sich von den Sumpfpflanzen des Süßwassersees im nahen Hinterland her.

Notre-Dame-de-Penhors ist im ganzen Bigouden als Wallfahrtsort berühmt und der Pardon am 8. September zieht immer eine große Menschenmenge an.

Die lange, niedrige Kapelle, zu der man sich den Schlüssel in einem der Häuser des Weilers holen kann, hat einen Chor mit Seitenschiffen; die vier Joche auf der Nordseite gliedern Pfeiler der Schule von Pont-Croix, auf denen einfache, gestufte Arkaden ruhen. Wie in der Kapelle von Languidou sind die Kapitelle mit Skulpturen verschiedener Motive geschmückt, unter anderem mit Lilien, aus Dreiecken gebildeten Sternen und Köpfen.

Eigenartigerweise steht rechts vom Hochaltar eine Statue des heiligen Eutropius, des Bischofs von Saintes. Sein Bild findet man meistens in Kapellen entlang der Pilgerrouten nach Santiago de Compostela.

Die Notre-Dame von Penhors links vom Altar trägt eine Krone und hält in ihrer Rechten ein Zepter. Das Christuskind hat den Kopf geneigt und blickt die Gläubigen an, wobei es sich zärtlich an seine Mutter schmiegt. Der Gesichtsausdruck der Maria ist von rührender Traurigkeit.

Eine andere Madonnenstatue, die sogenannte Notre-Dame des Anges, hebt sich von einem blaugrundigen Retabel ab. Sie ist von reizenden kleinen Engeln in goldenen Gewändern umgeben, die Musikinstrumente oder Gefäße mit Duftessenzen halten. Die Engel in der Mitte müssen Weihrauchgefäße in den Händen gehalten haben, die jedoch verschwunden sind. Die Madonna selbst ist in einen blaugoldenen Mantel gekleidet und hat langes, lockiges Haar. Ihre Züge sind nicht idealisiert, und man hat ganz den Eindruck, der Bildhauer habe sein Modell aus dem wirklichen Leben gegriffen. Im Profil gesehen umspielt das Lächeln einer glücklichen Mutter die Gesichtszüge der jungen Frau. Diese schöne Madonna aus dem 17. Jahrhundert ist besonders bemerkenswert.

Auf derselben Straße geht es weiter nach Plovan. Gegenüber vom Ostgiebel der Kirche zeigt ein Wegweiser die Kapelle von LANGUIDOU an (** RB, S. 203f.). Die Ruinen, die links von der Straße in einer Art kleinem Tal liegen, führen dem Betrachter die Eigenheiten der Pfeiler, Arkaturen und deren spindelartig auslaufende Auflagen sehr nah vor Augen.

Auf einem Pfeiler an der Nordseite sind die Inschriften gut zu lesen – die einzigen ausführlicheren, die die Schule von Pont-Croix hinterlassen hat. Auf dieser Seite sieht man auch das Motiv, das schon in Notre-Dame-de-Penhors auffiel: von einem Kreis umrundete Dreiecke und eine ganze Anzahl von Sternen.

Der folgende Pfeiler ist mit Lilien und einem kreuztragenden Lamm geschmückt. Da der Pfeiler an Höhe eingebüßt hat, befinden sich diese Darstellungen nun auf Augenhöhe.

Im Kirchhof sind auf der Südseite der Kapelle noch mehrere antike Stelen erhalten, und es sieht ganz so aus, als sei der Rundsockel für den Kreuzesschaft des Calvaires auch einmal eine solche Stele gewesen.

Von der Kapelle von Languidou kommt man nach 3 Kilometern auf der D 2 nach TRÉOGAT. Die kleine Dorfkirche, die mit dem sie umgebenden Friedhof etwas abseits von der Straße liegt, besitzt noch Pfeiler der Schule von Pont-Croix, die die späteren Umbauten überdauert haben. Sie stehen im Chor, der zwei Joche und Seitenschiffe umfaßt. Auf der Nordseite tragen sie Rundbögen, auf der Südseite Spitzbögen. Auf dieser Seite besteht der Zwischenpfeiler aus acht schlanken Säulen, getrennt von scharfen Kanten, die sich wölben, um dann in einer sehr schönen Bewegung das Kapitell und die Basis zu bilden. In seiner Art ist dieser Pfeiler für die Schule von Pont-Croix einzigartig.

In der Kirche gibt es noch eine alte Pietà sowie die Statue des Schutzpatrons, des heiligen Boscat, als Bischof.

Gegenüber vom Ostgiebel erhebt sich der Calvaire aus dem 15. Jahrhundert auf einem dreieckigen Unterbau von drei Stufen. Der runde Sockel trägt an der Basis Blattwerkskulpturen. Der Kreuzesschaft ist abgekantet. Maria und Johannes stehen dicht zu beiden Seiten des Kreuzes, das auf der Rückseite eine Pietà zeigt.

Man kehrt über die D 156 und die D 785 nach Quimper zurück (21,5 Kilometer).

Tréogat, Südpfeiler, Grundriß

20. Reiseweg: Südwestlich von Quimper, Cornouaille, Bigouden

Michelin-Karte 58, Falte 14–15. Insgesamt 89 km

Auf diesem Reiseweg kommen wir von der üppigen und fruchtbaren Gegend von Fouesnant bis zum Bigouden im Süden, wo in einer Landschaft, die allmählich zum Ozean hin immer kahler wird, die Farben in einem ganz eigenen Licht leuchten. In dieser Region sind schöne romanische Kirchen aus Granit erhalten, die zwischem dem 10. und dem 12. Jahrhundert entstanden sind.

Von Quimper aus gelangt man auf dem linken Odet-Ufer über die »Allées de Locmaria« zur Kirche NOTRE-DAME DE LOCMARIA (** RB, S. 205 ff.). Allem Anschein nach war es einst der gallorömische Bischofssitz, der später nach Quimper verlegt wurde. Vermutlich gab es hier schon im 9. Jahrhundert ein Kloster. Ein benediktinisches Nonnenkloster, das später in ein Priorat umgewandelt wurde, bestand bis zur Revolution. Die Klostergebäude gehören heute der Stadt Quimper und werden für kulturelle Zwecke wiederhergerichtet.

Die nördliche Außenmauer ist teilweise in kleinen, regelmäßigen Bruchsteinen, gelegentlich mit Ziegeln durchsetzt, aufgeführt, was zu der Annahme berechtigt, daß hier schon ein älterer Bau existierte und daß die Kirche in ihrer heutigen Form eine frühere ersetzt.

Der im 15. Jahrhundert an die Westfassade angefügte Vorbau läßt die für die Romanik in der Bretagne klassische Giebelstruktur sichtbar: flache, dreieckig abschließende Fassade, flankiert von Strebepfeilern, zwischen denen sich ein Portal und darüber ein Fenster öffnet.

Das sechsjochige, von hohen, pilasterartigen Pfeilern gegliederte Schiff aus dem 11. Jahrhundert ist von strenger Einfachheit und beachtlicher Größe. Die Arkaden mit einfacher Bogenrundung ruhen auf abgeschrägten Deckplatten, die unmittelbar auf kreuzförmigen Pfeilern aufliegen. Keinerlei Beiwerk lenkt ab, und die Aufmerksamkeit richtet sich ganz auf den Chor.

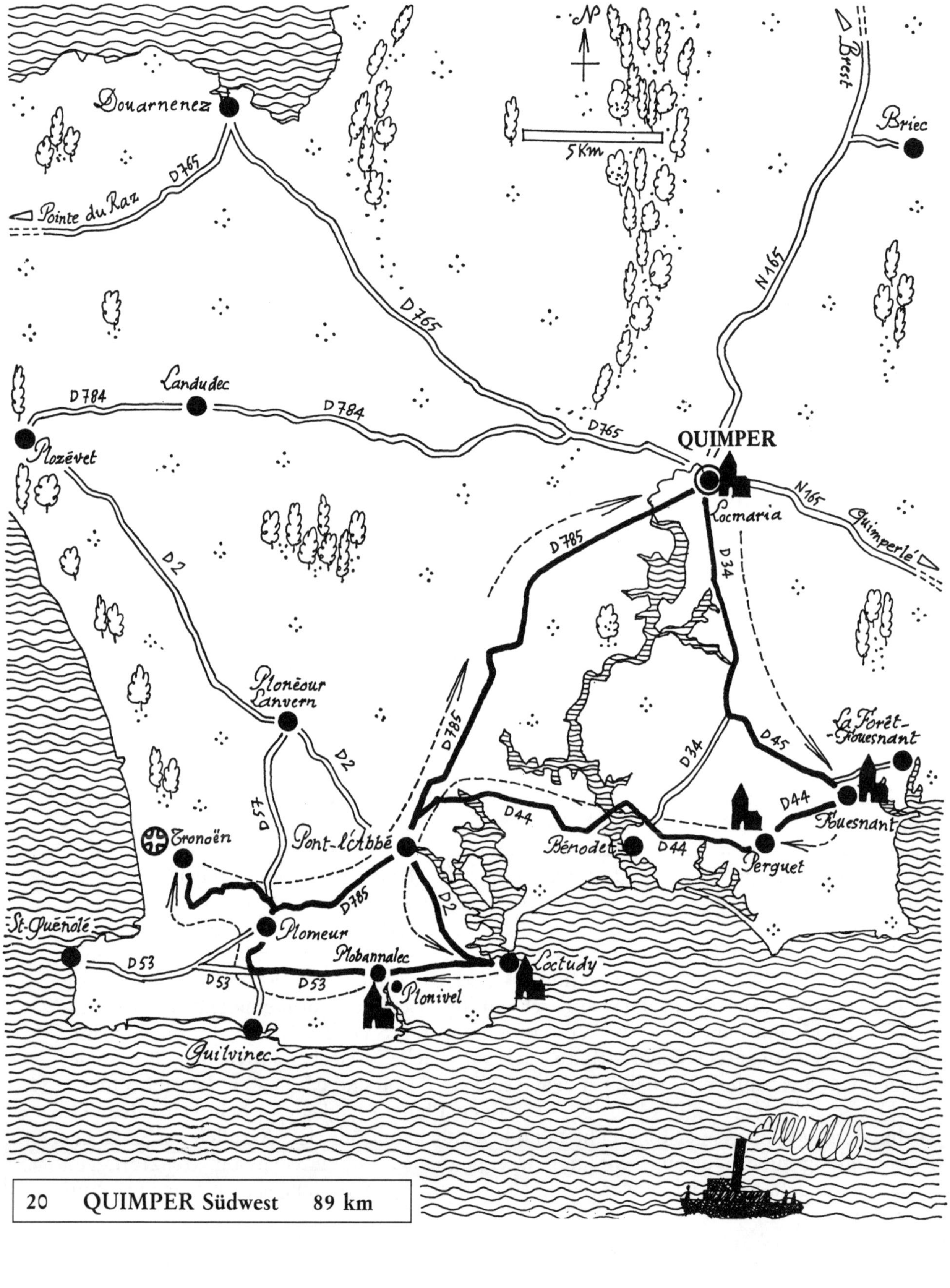

20 QUIMPER Südwest 89 km

Die Fenster des nördlichen Seitenschiffs – wo wir von außen das älteste Mauerwerk sehen – liegen nicht in der Achse der Arkaden. Das erhärtet die Theorie, nach der es vor dem Langhaus, das von Rundbogenfenstern erhellt wird, die in der Achse der Bögen liegen, bereits eine Mauer gegeben hat. Die Rundsäule in der Querschiffvierung dürfte zur Abstützung des Glockenturms dienen. Das Querschiff ist jünger, es datiert aus dem 12. Jahrhundert. Die elegante Anordnung der hohen Säulen, die in einer durchgehenden Linie die übereinanderliegenden Fenster einrahmen, verleiht den kaum hervortretenden Querschiffarmen, an denen sich zwei Absidiolen öffnen, eine besondere Vertikalität.

Der Chor und die Südabsidiole wurden im 19. Jahrhundert auf den alten Fundamenten, die der Diözesanarchitekt Bigot wiederaufgefunden hatte, neu errichtet. Die intakt gebliebene Nordabsidiole wurde lediglich gefestigt.

Im Garten des Pfarrhauses sieht man die Reste eines romanischen Kreuzgangs, den man durch eine Tür im südlichen Querschiffarm betritt.

Der massive Glockenturm vermittelt einen Eindruck von Stärke. Er erinnert in seiner Struktur an den von Notre-Dame-de-Kernitron en Lanmeur (14. Reiseweg, S. 156) und den insgesamt noch reicheren und komplexeren der Abteikirche von Redon (28. Reiseweg, S. 230).

Von Notre-Dame de Locmaria fährt man 10 Kilometer in Richtung Bénodet, bis es links nach FOUESNANT abgeht.

Wenn die Kirchen Notre-Dame de Locmaria und Loctudy durch angegliederte Abteien oder Klöster derartige Bedeutung erlangten, so trifft dies nicht für Fouesnant zu, wo es wohl kein Kloster, nicht einmal ein einfaches, Landévennec, Redon oder Quimperlé unterstelltes Priorat gegeben hat.

Über die Gründung der Pfarrgemeinde wissen wir nichts. Sie wird 1206 in einer Urkunde genannt, aber erst 1294 wird ein Herr von Fouesnant anläßlich einer Begegnung mit dem Herzog Johann II. der Bretagne, den er in die Schlacht begleiten soll, namentlich genannt.

In dieser großen, schönen Kirche (** RB, S. 235 ff.) lassen sich verschiedene Bauabschnitte erkennen. Langhaus und Seitenschiffe, mit separaten Dächern, sind die ältesten Teile. Die Größe und Form der schmalen, hohen Fenster im Langhaus, die innen stark ausgeschrägt sind und teilweise als Rundbögen zugerichtete, monolithe Fensterstürze tragen, lassen eine Datierung auf das Ende des 11. Jahrhunderts bzw. den unmittelbaren Beginn des 12. Jahrhunderts zu. Die Fenster in den Seitenschiffen wurden nachträglich erweitert.

Die Vierung und die Querschiffarme sind später entstanden. Die Fenster sind weniger groß und werden von kleinen, mit Kapitellen bekrönten Säulen flankiert, auf denen die schön gemauerten Rundbögen ruhen.

Die Westfassade, die Fenster der Seitenschiffe, das Südportal und das Chorhaupt stammen aus dem 18. Jahrhundert. Nachdem der Glockenturm über dem Querschiff eingestürzt war und die Apsis mit sich gerissen hatte, wurde das Chorhaupt mit abgekanteten Ecken neu errichtet.

Innen fallen die hohen und mächtigen Pfeiler auf. Im Chorumgang sieht man noch einige sorgsam gearbeitete romanische Blendarkaden, die bei der Neuerrichtung der Kirche von 1754 beibehalten wurden. Die Kapitelle sind teils mit geometrischen Motiven, teils mit recht primitiven Menschendarstellungen geschmückt. Manchmal wird eine menschliche Gestalt von verschiedenartigen Voluten, Verkröpfungen und Sternen begleitet. Bemerkenswert sind vor allem zwei Kapitelle mit stark verlängerten, ovalen Motiven, die sich aus konzentrischen Linien zusammensetzen und an ähnliche Motive in der Kirche von Langonnet erinnern (21. Reiseweg, S. 195).

Von Fouesnant fährt man 4,5 Kilometer auf der D 44 in Richtung Bénodet bis zur Kapelle SAINTE-BRIGITTE DU PERGUET, die links an der Straße liegt.

Durch ihre Lage inmitten des Placître, der noch vom Calvaire des alten Friedhofs beherrscht wird, ist sie bezeichnend für die bretonischen Kapellen, die sich vollendet in ein schönes Landschaftsbild einfügen und tiefen Frieden ausstrahlen.

Das Äußere ist stilmäßig dem 15. Jahrhundert zuzuordnen, aber innen besticht das romanische Schiff durch seine ausgewogenen Proportionen, seine Schlichtheit und das sehr sauber zugerichtete Mauerwerk.

An der südlichen Innenwand wurden Pilaster, Säulen und Arkaden in ungewöhnlicher Zusammenstellung wahrscheinlich zur Verstärkung dieser Seite errichtet. Die Basen und Kapitelle sind sehr sorgfältig ausgeführt und erinnern an Fouesnant und Loctudy.

Nahe bei dem früheren Taufstein sieht man einen Kamin, wie man ihn noch in dieser Gegend antrifft. Sainte-Brigitte du Perguet war die Pfarrkirche von Bénodet, und die mit dieser Pfarrei betrauten Geistlichen konnten daher die Taufe erteilen.

Wir setzen nun unseren Weg auf derselben Straße in Richtung Bénodet fort, überqueren die Odet-Mündung auf dem Pont-de-Cornouaille und kommen nach Pont-l'Abbé, wo die D 2 nach LOCTUDY abzweigt (** RB, S. 211ff.).

Die schöne Pfarrkirche von Loctudy ist eine der seltenen bretonischen Kirchen mit Chorumgang. Um sofort den richtigen Gesamteindruck zu gewinnen, sollte man durch das Westportal eintreten. Hier erschließt sich das Bauwerk in seiner ganzen Schönheit und Harmonie, mit einer vollendeten Ausgewogenheit der aufgeführten Steinmassen. Auf ihnen spielt das Licht, das durch die hohen romanischen Fenster des Langhauses und die Fenster der Radialkapellen einfällt, die sich auf den Chorumgang öffnen. Die hohen Pfeiler im Chor rufen mit ihren gestelzten Bögen und den darüberliegenden wohlproportionierten Blendfenstern den Eindruck von Leichtigkeit hervor und bilden einen glücklichen Kontrast zu den wuchtigen Pfeilern am Eingang des Hauptschiffes. Dieses ist von einem hölzernen Tonnengewölbe überfangen und wird von Gurtbögen mit einfacher oder doppelter Rundung gegliedert. Der mit Kreuzgratgewölbe versehene Chorumgang erhält viel Licht durch die innen stark ausgeschrägten Fenster, die von kleinen Säulen mit skulptierten Kapitellen eingerahmt sind.

Bei der Innenausschmückung der Kirche hat man besondere Sorgfalt walten lassen. Man sollte sich vor allem die Säulenbasen ansehen: Einige der hier verwendeten Motive sind sehr alt und schon auf megalithen Monumenten anzutreffen. Die abwechslungsreich skulptierten Kapitelle tragen meistens geometrische Muster, zuweilen aber auch Menschendarstellungen. Unter anderem erkennt man zweimal eine Kreuzigung; beide Kreuze haben die Form eines Malteserkreuzes. Von außen erinnert das Chorhaupt mit seiner Mittelapsis und zwei kleineren Absidiolen an Saint-Gildas-de-Rhuys (23. Reiseweg, S. 210), von dem sich die Erbauer von Loctudy vielleicht haben anregen lassen.

Vor der Westfassade steht ein schöner kannelierter Menhir, oben mit Näpfen verziert, darüber ein Doppelkreuz.

Von Loctudy aus fährt man in Richtung Plobannalec (5 Kilometer, D 53). Etwa einen Kilometer vor Plobannalec geht es links nach PLONIVEL.

Plonivel war einmal eine bretonische »Urgemeinde« mit einem ausgedehnten Territorium, das sich vom Ufer des Lesconil bis Pont-l'Abbé erstreckte. Durch die wahrscheinlich Ende des 10. Jahrhunderts erfolgte Gründung von Loctudy verlor es den ganzen Nordteil einschließlich Pont-l'Abbé.

Beim Konkordat wurde sie an die Gemeinde Plobannalec angeschlossen, zu der sie heute noch gehört.

Wir erfahren aus mehreren Urkunden des 18. Jahrhunderts, daß Plonivel damals der alten Baronie du Pont angehörte; deren Titelinhaber war *pair* und führte bei den Etats de Bretagne (Landständen) den Vorsitz. Die »kleine« Kirche war außerdem ziemlich baufällig, und man wollte sie abreißen, um sie durch eine neue und größere zu ersetzen. Bei den Verhandlungen mit den Baumeistern stellte sich jedoch heraus, daß die verschiedenen an dem Neubau interessierten Parteien, unter anderem die Gemeindeglieder, die persönliche Beiträge zu leisten hatten, die absehbaren Kosten nicht in voller Höhe tragen konnten. Man beließ daher das dreijochige romanische Schiff, das wir noch heute vor uns haben. Die Arbeiten beschränkten sich auf eine Erneuerung des Gebälks und der Bedachung sowie der Mauern der Seitenschiffe, wodurch diese kleiner wurden.

Gegen 1774 verlegte man den Glockenturm, bisher über dem Schnittpunkt von Langhaus und Chor, auf den Westgiebel, wobei die Apsis um »drei Fuß« erhöht wurde. Der Verputz auf den Pfeilern und Arkaden macht es derzeit unmöglich, das Mauerwerk zu studieren. Der Kirchenboden ist mit vielen Grabsteinen bedeckt.

Einer der beiden Seitenaltäre ist dem heiligen Benedikt geweiht, was benediktinischen Einfluß vermuten ließe. Vielleicht gab es in Loctudy ein Benediktinerkloster, aber es existieren keine Urkunden, die dies belegen. In die Umfassungsmauer des Pfarrbezirks ist ein sehr altes, ursprüngliches Kreuz eingelassen.

Auf der D 53 fahren wir weiter über Plobannalec bis zur Kreuzung Pendreff, dort rechts nach Plomeur und weiter auf der D 57 bis Saint-Jean-Tromilon. Im Vorbeifahren kann man die beiden Menhire sehen, die die Westfassade der Kirche einrahmen. Im Ort zweigt links eine Straße zum Calvaire von TRONOËN ab (4 Kilometer). Er wurde in den Jahren 1450 bis 1455 errichtet und ist mit dem Calvaire von Kerbreudeur (12. Reiseweg, S. 141) der älteste der Bretagne. An dem Glockenturm der Kapelle steht die Jahreszahl 1461. Diese 1964 entdeckte Inschrift bestätigt die Datierung des Calvaires.

Der Calvaire von Tronoën ist sicherlich auch der ergreifendste. Mit seinem auf die wesentlichen Linien reduzierten Steinmassiv (Titelbild und Bild 64) und den drei hohen Kreuzen erhebt er sich aus den Dünen im Angesicht des Ozeans. Zwei unvollständige antike Stelen rahmen ihn an der Nordost- und Südwestecke.

Zwei Bilderfriese – beginnend auf der Ostseite und nach Norden weiterlaufend – erzählen das Leben Christi.

Die Geburt Christi erinnert in ihrer Darstellungsweise wie auch in Details an Kerbreudeur. Die Taufe Christi finden wir zweimal dargestellt. Auf dem oberen Fries ist die Passion von der Geißelung bis zur Kreuztragung wiedergegeben. Dann kommen Auferstehung, Höllenfahrt, Noli me tangere. Christus am Kreuz ist von zwei Engeln umgeben und blickt nach Westen. Gen Osten steht auf der Plattform eine Pietà (Bild 62), die ihren toten Sohn auf dem Schoß hält und ihn schmerzerfüllt und voller Mitleid und Ergebenheit betrachtet.

In einer zärtlich-bemühten Geste halten zwei Engel den Schleier hoch, der ihr Gesicht umhüllt. Zu Füßen des Schächerkreuzes präsentiert die heilige Veronika das Schweißtuch mit dem majestätischen Antlitz Christi. Rechts Jakobus der ältere in Pilgertracht mit seinen Attributen. Auf der Westseite drei Figuren: Maria stehend, mit gefalteten Händen, ein kniender Mönch und eine geköpfte Figur, vielleicht Johannes.

Über Saint-Jean-Trolimon und Pont-l'Abbé sind es knapp 30 Kilometer zurück nach Quimper.

Das Morbihan

Das Morbihan ist nach dem gleichnamigen Golf benannt, dem »kleinen Meer«, das von unzähligen kleinen Inseln durchsetzt ist. Auf einigen Inseln landeten die ersten Missionsmönche, die aus Großbritannien kamen.

Dieses Departement ist reich an landschaftlichen Kontrasten: Zwischen dem zerklüfteten Küstenland im Süden und dem Nordteil mit seinen Tälern, Quellen, Bächen und Wäldern – einige sind Reste des großen armorikanischen Waldes – erstrecken sich durchgehend von Osten nach Westen die Landes de Lanvaux, eine Heidelandschaft.

Es ist auch eine Landschaft, die seit undenklichen Zeiten bewohnt ist. Davon zeugen überall die prähistorischen Steine: Dolmen, isoliert stehende oder aneinandergereihte Menhire, große, runde Steine, die vielfach für christliche Symbole als Sockel weiterverwendet wurden, gallische Stelen, teilweise mit Inschriften versehen; sechs dieser Stelen finden sich zwischen den Flüßchen Etel und Auray. Am neolithischen Tempel von Gravr'inis auf einer Insel im Golf von Morbihan sind Zeichen eingeritzt, ebenso auf der *Table des marchands* (dem »Kaufmannstisch«) in Locmariaquer.

Der größte Teil des Morbihan war lange fest in römischer Hand. Man findet noch Spuren römischer Siedlungen, und zahlreiche Römerstraßen durchziehen das Land.

Sowohl in politischer als auch in religiöser Hinsicht war die Region vom 8. bis zum 10. Jahrhundert Schauplatz wichtiger historischer Ereignisse. Man hat Grund, anzunehmen, daß die Christianisierung schon früh erfolgte. Unter den Namen auf dem alten Kataster findet man Hinweise auf kleine Klostergemeinschaften, und um das 6. Jahrhundert wurden einige größere Klöster wie Saint-Gildas-de-Rhuys (23. Reiseweg, S. 210) gegründet. Auch konnte man feststellen, daß es in diesen an Stelen und Menhiren reichen Regionen mehr Kreuze als anderswo gibt. Bestimmte Formen von Kalvarienkreuzen sind typisch: Kreuze mit Schild oder Baldachin auf skulptiertem Sockel oder Zwillingskreuze wurden wohl als Hochzeitskreuze oder Grenzmarken aufgestellt.

Ein einziger bedeutender Calvaire, der von Guéhenno (26. Reiseweg, S. 224), hebt sich durch einen ganz eigenwilligen architektonischen Aufbau deutlich von den großen Calvaires in den Departements Côtes-du-Nord oder Finistère ab.

21. Reiseweg: Südöstlich von Carhaix

Michelin-Karte 58, Falte 17–19. Hinweg 90 km, Rückweg 78 km, d.h. insgesamt 168 km

Der folgende Reiseweg führt größtenteils durch das »Pays Pourlet« mit seinen von Wasserläufen durchzogenen Tälern – eine freundliche Landschaft, deren Charme sich erst allmählich erschließt. Auf gewundenen Straßen fährt man durch Waldungen und an kleinen Seen vorbei; die rauschenden Bäche speisen im Osten den Blavet, im Westen den Scorff.

In dieser Region, die an die heutigen Departements Finistère, Côtes-du-Nord und Morbihan grenzt, spielte sich im 9. und 10. Jahrhundert ein großer Teil der bretonischen Geschichte ab.

CARHAIX, sicher das antike *Vorgium,* kam schon vor den Römern mit antiker Zivilisation in Berührung. Es liegt an einem Knotenpunkt, von dem aus Wege in die ganze Bretagne führen. Man hat Spuren von Verkehrswegen gefunden, die älter sind als die Römerstraßen und vielleicht auf die Bronzezeit zurückgehen.

Zahlreiche Funde weisen auf die Anwesenheit der Römer hin, und wahrscheinlich erfolgte die Christianisierung schon sehr früh. Bei neueren Ausgrabungen fand man einen auf das 4. Jahrhundert datierbaren Ring mit christlichen Symbolen.

Vier wichtige Römerstraßen sowie weitere von zweitrangiger Bedeutung laufen in Carhaix zusammen. An einer dieser Straßen hat man vor wenigen Jahren einen Friedhof ausgegraben. Nach und nach stößt man auf alle klassischen Elemente der römischen Zivilisation und wird sich über die Bedeutung der Stadt klar. Die Insel-Bretonen, die im 6. bis 7. Jahrhundert einwanderten, siedelten sich ihrerseits hier an und gründeten die Pfarrgemeinde PLOUGUER. Heute hat Carhaix der alten Pfarrgemeinde – in deren Zentrum es liegt – wieder den Rang abgelaufen.

Im frühen 11. Jahrhundert beginnt man mit dem Bau der dem heiligen Petrus geweih-

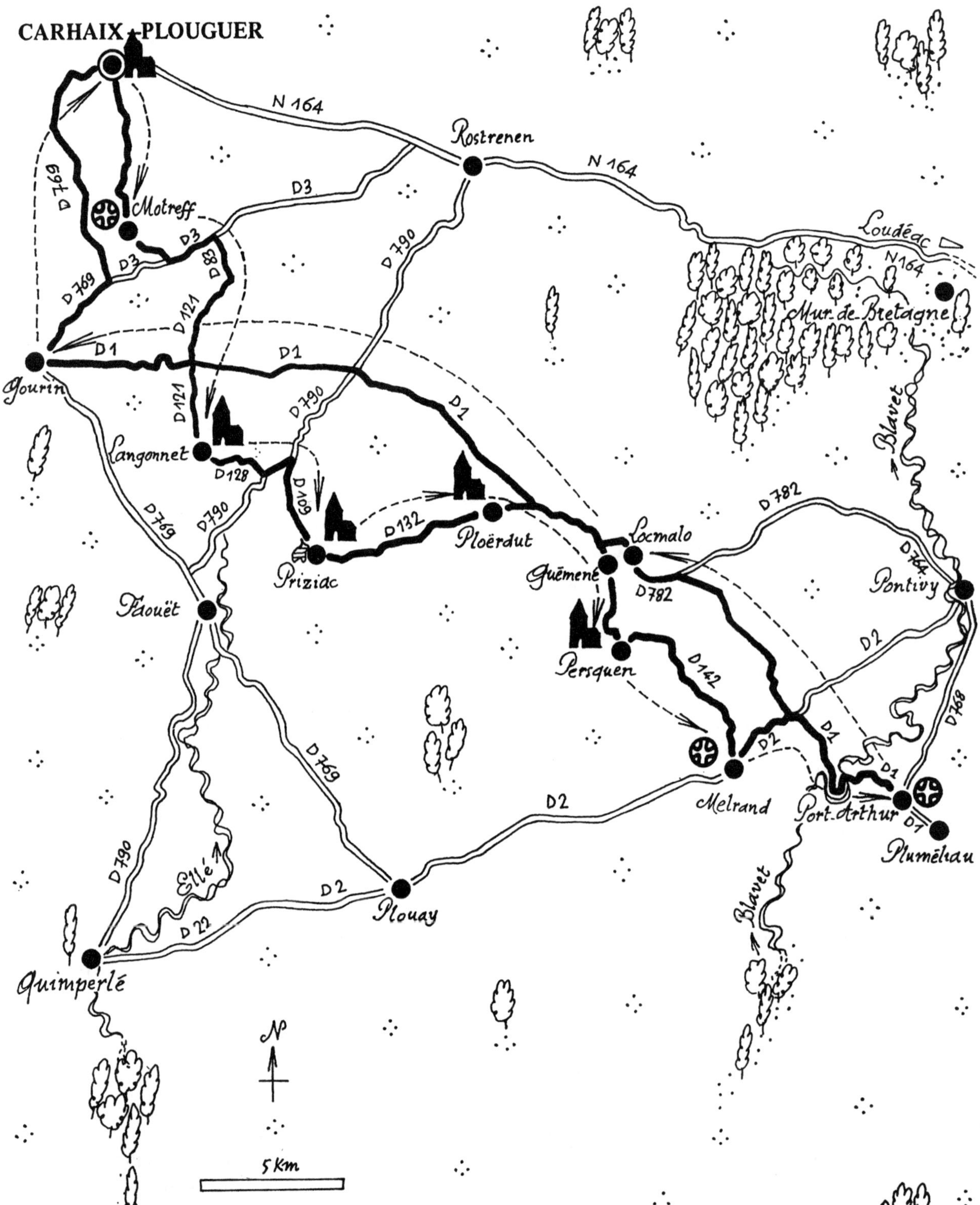
CARHAIX-PLOUGUER
N 164
Rostrenen
N 164
Loudéac
N164
Mur-de-Bretagne
Blavet
D 769
Motreff
D3
D3
D3
D83
D 769
D 121
D 790
D1
D1
Gourin
D 121
D790
Langonnet
D128
D1
D109
D 132
Ploërdut
Locmalo
D 782
D769
D790
Priziac
Guémené
D782
Pontivy
D764
Faouët
Persquen
D142
D2
D2
D1
D1
D 768
D769
Melrand
Port-Arthur
D7
Pluméliau
D790
Ellé
D2
D2
D 22
Plouay
Blavet
Quimperlé
N
5 Km

21/1 CARHAIX Südost 93 km

ten Kirche von Plouguer. Aus diesem ersten Bauabschnitt sind die ersten vier Arkaden auf der Nordseite, zweieinhalb Arkaden auf der Südseite sowie eine ebenfalls romanische, breite Spitzbogenarkade erhalten.

Die einfachen Bögen sind leicht gestelzt und ruhen unmittelbar – ohne Deckplatte oder Kapitell – auf den massiven Rechteckpfeilern. Die gleiche Bauweise finden wir in einigen ebenfalls aus dem 11. Jahrhundert stammenden Kirchen im Finistère.

Seitdem die Kirche im 16. Jahrhundert vergrößert wurde, öffnen sich über jeder Arkade kleine romanische Fenster auf das nördliche Seitenschiff und nicht mehr wie früher direkt nach außen. Das Schiff ist im Westteil – dem ältesten Teil – breiter. Bis zum Abschluß der Arkaden ist die Mauer gleichbleibend stark, dann verjüngt sie sich allmählich bis zu den schlichten romanischen Fenstern.

Außen ist auf der Südseite die ursprüngliche Mauer erhalten. Die regelmäßigen, gut zugerichteten Keilsteine weisen große Fugen auf. Das Mauerwerk besteht aus kleinen Bruchsteinen, in denen als Spurenelemente auch Ziegel auftauchen, wodurch sich die Entstehungszeit gut belegen läßt.

Die übrige Kirche ist aus dem 16. Jahrhundert und hat eine schöne Innenausstattung: Altäre, Retabeln und Standbilder.

Von Carhaix führt eine direkte Straße nach MOTREFF. Im umfriedeten Pfarrbezirk auf der Südseite der Kirche erhebt sich der hohe, aus grobkörnigem Granit geschaffene Calvaire aus dem 15. Jahrhundert mit seinen über einem quadratischen Unterbau und einem auf einem Altartisch ruhenden, abgekanteten Monolithsockel aufragenden Kreuzen.

Auf dem Sockel findet sich an der Westseite eine Pietà (Bild 66), umgeben von zwei heiligen Frauen; in all ihrem Schmerz ist ihre Haltung äußerst würdevoll. Über ihr der heilige Michael, der den Drachen überwindet.

Weiter oben auf den schildartigen Stützen bilden drei kleine fratzenhafte Gestalten eine Art Konsole für Maria und Johannes. Über allen diesen Figuren hängt der Gekreuzigte; zwei kleine Engel fangen das Blut aus den Wundmalen seiner Hände auf. Nach Osten auf der Rückseite des Kreuzes der Auferstandene, nur mit einem einfachen, um die Hüften geschlungenen Tuch bekleidet. Es lassen sich Parallelen zu den Calvaires von Saint-Hernin (12. Reiseweg, S. 143) und Quilinen en Landrévarzec (18. Reiseweg, S. 179) ziehen.

Von Motreff fährt man in Richtung Tréogan auf die D 3, dann links bis zur D 83, und auf dieser rechts bis zum Weiler Toul-Dous. Die an der Grenze des Morbihan verlaufende Straße ändert sich in 121 und führt nach LANGONNET (** RB, S. 253 und 271 f.).

Die Kirche ist den Aposteln Petrus und Paulus geweiht. Ihr romanisches Schiff ist mit interessanten Kapitellen und über manchen Pfeilern mit recht rätselhaften Figuren ausgeschmückt, deren Stil an nordische Kirchen erinnert. Keine andere bretonische Kirche hat Vergleichbares aufzuweisen.

Nach einer Urkunde aus den Klosterarchiven von Landévennec gab es in Langonnet eine *villa* und eine kleine, von Landévennec abhängige klösterliche Siedlung.

Einige Kilometer vom Dorf entfernt erreicht man über die D 128 und 790 die Abtei Langonnet, die den Patres vom Heiligen Geist gehört und von der alten Zisterzienserabtei einen Kapitelsaal aus der ersten Hälfte des 13. Jahrhunderts bewahrt hat.

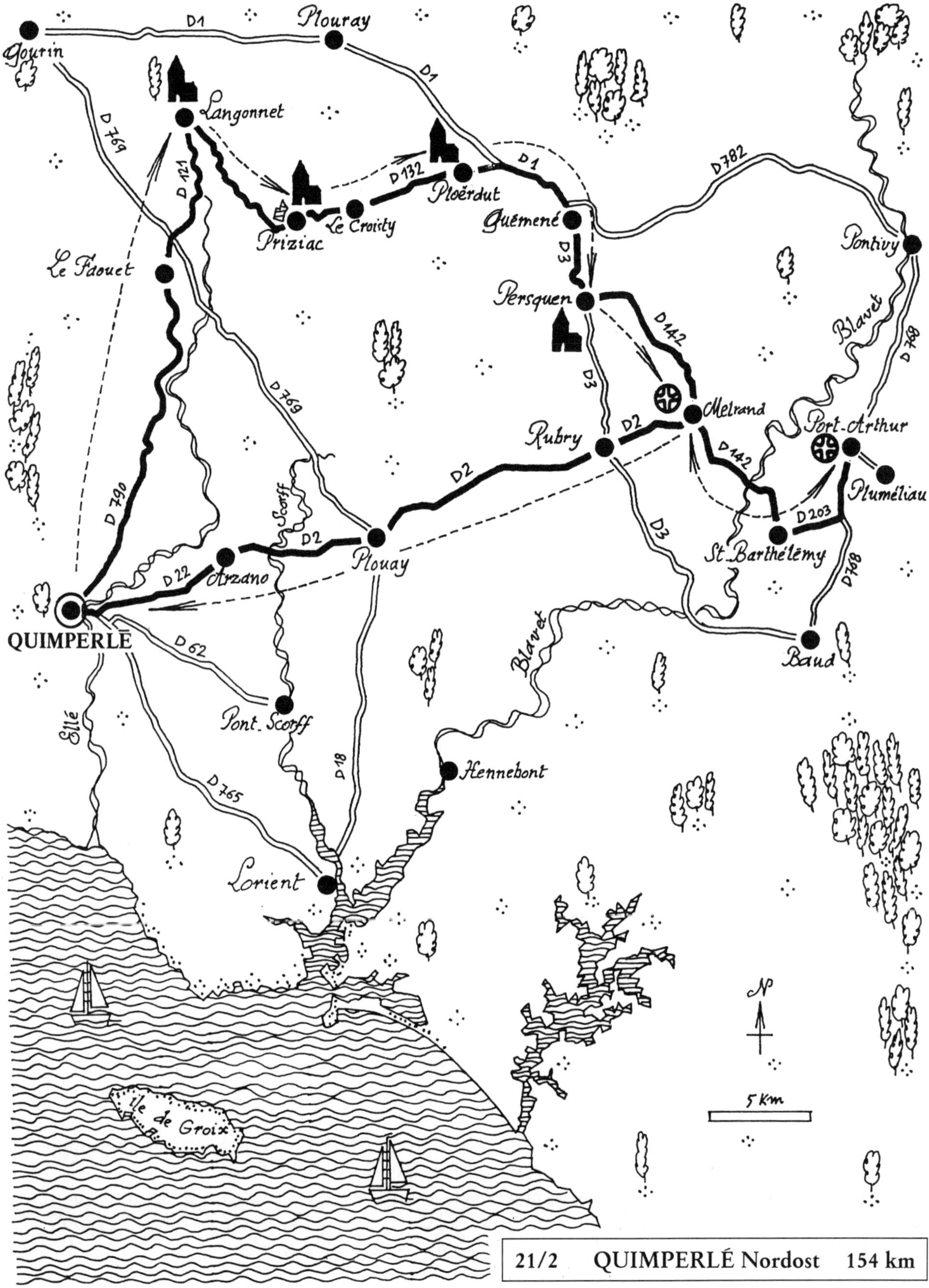

21/2 QUIMPERLÉ Nordost 154 km

Genau gegenüber vom Eingangsportal der Abtei nimmt man die D 109 nach PRIZIAC (** RB, S. 273ff.). Auf dem Gebiet dieser Gemeinde schlug Ludwig der Fromme im Jahre 818 sein Lager auf, als er ins aufständische Léon zog. Er ließ Matmonoc, den Abt von Landévennec (wo die irische Klosterregel galt) zu sich kommen, um ihm die Benediktinerregel zu verordnen, sicherlich in der Absicht, den Eigenwillen der bretonischen Klöster zu brechen und sich damit die Provinz allgemein gefügig zu machen. Priziac blieb anscheinend lange ein bedeutender Ort: 1860 fand man in einem Dorf namens Kervenah einen Schatz von über tausend Denar, eine Anzahl davon in Silber mit dem Bildnis Karls des Kahlen.

Die Kirche ist dem heiligen Beheau, einem im 6. Jahrhundert eingewanderten irischen Bischof, geweiht. Das großenteils aus dem 12. Jahrhundert stammende Bauwerk wurde wiederholt umgebaut; durch die von den Herren von Dréon hervorgerufenen Streitigkeiten sind die Daten bekannt.

Die Pfeiler im Hauptschiff, auf denen romanische Bögen ruhen, haben äußerst interessante Kapitelle. Einige sind aus einem einzigen Granitblock durchbrochen gemeißelt und damit seltene Beispiele der Bildhauerkunst. Diese Technik kehrt in späteren Jahrhunderten wieder, vor allem im 16. Jahrhundert als krönender Abschluß an einigen Calvaires im Morbihan: Rochefort-en-Terre (Bild 72, 27. Reiseweg, S. 227), Sainte-Croix de Josselin (Bild 74; 26. Reiseweg, S. 223), Sérent (25. Reiseweg, S. 219).

In der Südkapelle ist eine polychrom gefaßte Holzfigur aus dem 12. Jahrhundert erhalten. Dargestellt ist die heilige Margareta von Antiochien, die den Drachen überwältigt.

Über die D 132 erreichen wir PLOËRDUT (** RB, S. 277f.). Die Kirche hat manches mit den beiden vorhergehenden gemeinsam, wie auch mit Calan (24. Reiseweg, S. 213). Sie ist dem Apostel Petrus geweiht; der eigentliche Patron der Gemeinde ist jedoch Ildut, ein großer walisischer Heiliger.

Das überwiegend romanische Schiff besitzt verschiedenartige, abwechselnd zylindrische und zusammengesetzte Pfeiler. Ein quadratischer Pfeiler ist auf jeder Seite mit zwei Säulen versehen, während gegenüber nur ein einfacher Viereckspfeiler steht. Alle Kapitelle sind – bis auf ein einziges mit einer langgestreckten Tiergestalt – mit keltisch beeinflußten Motiven geschmückt.

Sehenswert ist auch das Beinhaus an der Südseite der Kirche nahe dem Glockenturm.

Von Ploërdut erreicht man über die D 132 die D 1 und fährt auf dieser rechts nach Guémené-sur-Scorff. Nach der Ortsdurchfahrt kommt man auf die D 3 nach PERSQUEN. Hier sollte man einen kurzen Halt einlegen, um den hübschen romanischen Vorbau auf der Südseite der Kirche anzusehen. Der runde Außenbogen ist mit einem Rundstab auf kleinen Säulen versehen, das Portal zum Innenraum der Kirche ist dagegen spitzbogig. Außerdem ist ein kleines, hohes und schmales Fenster mit Spitz- und Kleeblattbogen erhalten.

Nach 3 Kilometern trifft die D 130 auf die D 142, die nach MELRAND führt. In den Boden ihrer Gemeinde haben die Einwohner von Melrand vielfache Zeugnisse ihres Glaubens eingepflanzt: An allen wichtigen Straßen befindet sich an der Dorfgrenze ein Calvaire oder ein Kreuz.

An der Straßenkreuzung nach Guéméné steht der Calvaire, dem wir uns nun zuwenden wollen, ein Dreifaltigkeits-Calvaire, wie wir ihn noch verschiedentlich um Pontivy antreffen. Er läßt sich nur schwer datieren. Einige Teile könnten dem 19. Jahrhundert angehören; doch der Gesamtaufbau, der so offensichtlich von dem anderer Calvaires abweicht, und die recht ungewöhnlichen Symbolik lassen ältere Ursprünge vermuten.

Der überstehende Unterbau hat die Form eines in der Mitte ausgebuchteten Altars. Die verhältnismäßig großen Figuren von Maria und Johannes stehen direkt auf diesem Unterbau. Haltung und Ausdruck Mariens (Bild 65) sind in ihrer Verhaltenheit und Einfachheit, in ihrer von Schmerz und Resignation gleichermaßen geprägten Würde tief ergreifend. Diese Maria drückt grenzenlose Hingabe in den göttlichen Willen aus.

Auf dem Sockel finden sich einige in der Darstellungsweise ältere Passionsszenen; über der Kreuztragung eine leider stark beschädigte Grablegung. Auf der anderen Seite wäscht sich Pilatus vor dem von einem Soldaten bewachten Christus die Hände; an den Seiten verschiedene Figuren sowie zwei Männer, die das Schweißtuch der Veronika halten. Die Beschädigung vieler Köpfe geht wahrscheinlich auf die Revolution zurück.

Der Kreuzesschaft ist mit den Köpfen der zwölf Apostel geschmückt; hiervon leitet sich der für diesen Calvaire gebräuchliche Name her. Der kleine Sockel, auf dem das Kreuz selbst steht, ist an jeder Ecke mit einem Menschenkopf verziert.

Das Kreuz Christi hat hier eine ungewöhnliche Form, da es mit den Schächerkreuzen verbunden ist: Über den drei Stämmen ist ein durchgehender Querbalken angebracht. Zu Füßen Christi fängt ein Kelch das Blut aus den nebeneinandergenagelten Füßen auf.

Über dem Gekreuzigten thront Gottvater, ernst und majestätisch, in einem weiten, breitgefälteten Gewand. Er hält den in Form einer von einem Strahlenkreuz umgebenen Taube dargestellten Heiligen Geist. Am Querbalken des Kreuzes sind zwei Gesichter mit verklärtem Ausdruck zu sehen. Es scheint, als ob ihnen Gottvater die Hände auflegte. Der Symbolgehalt dieser Geste ist schwer zu deuten, da sich hierfür keinerlei biblischer Bezug bietet. Sicher kommt darin die persönliche, tiefempfundene Glaubensgewißheit des Bildhauers zum Ausdruck, wonach die Gläubigen am Erlösungsmysterium teilhaben.

Nach PLUMELIAU gelangt man von Melrand aus über die D 2 bis zur Kreuzung von Kergost und über die D 1 bis PORT-ARTHUR, wo sich die D 1 und die D 768 schneiden. Diese Strecke führt an der Blavet-Schleife entlang bei Castennec vorbei, wo der Überlieferung nach der heilige Gildas seine Klause hatte, nahebei auch sein Schüler Bieuzy.

Der Calvaire von Port-Arthur (Bild 67) stand früher am Feldrand und befindet sich heute auf einem Landstreifen zwischen zwei Straßen.

Wie in Melrand haben wir hier einen Dreifaltigkeits-Calvaire vor uns, wenn auch das Thema anders behandelt ist. Über dem T-förmigen Kreuz sind Gottvater und der Heilige Geist dargestellt. Gottvater hält ein seltsames S-förmiges Motiv in Händen.

Die Basis ist mit einem Lamm und an den Ecken mit Köpfen verziert; über ihr eine Art Tischplatte, auf welcher der Sockel mit dem Kreuz steht. Der Kreuzesschaft ist mit Reliefdarstellungen von Herzen und Hermelinen geschmückt. Zu beiden Seiten des Kreuzes Maria und Johannes.

Anscheinend wurde in dieser Gegend die Heilige Dreifaltigkeit besonders verehrt: Darauf weisen eine sehr alte Dreifaltigkeitskapelle sowie andere Kreuze und Calvaires hin, wo über dem Gekreuzigten Gottvater und der Heilige Geist dargestellt sind.

Die Rückfahrt nach Carhaix erfolgt auf der D 1, dann auf der D 782 bis Gourin und schließlich auf der D 769. Man kann dieselben Kunstwerke – Langonnet, Priziac, Ploërdut, Persquen, Melrand, Port-Arthur en Pluméliau – auch von Quimperlé aus besuchen, die Strecke beträgt dann einschließlich Rückfahrt nach Quimperlé 154 km, allerdings entfallen dabei Carhaix und Motreff.

Wegbeschreibung: D 790 ab Quimperlé, über Faouët hinaus bis zur D 121, die links nach Langonnet abzweigt. Dann 21. Reiseweg bis Melrand. Man verläßt Melrand in südlicher Richtung auf der D 142 bis Saint-Barthélemy, fährt dann erst auf die D 203 und anschließend auf die D 768 nach links in Richtung Pontivy bis zum Dreifaltigkeits-Calvaire von Port-Arthur.

Zurück über Melrand, auf die D 2 (später, kurz vor Arzano wird daraus die D 22) über Bubry und Plouay nach Quimperlé (53 km).

22. Reiseweg: Auf den Spuren des heiligen Guthiern. Von Quimperlé zum Etel

Michelin-Karte 58, Falte 17; Karte 63, Falte 1. Hin und zurück bis Quimperlé ca. 125 km

KEMPER ELLÉ: Der Name der Stadt Quimperlé verweist auf ihre geographische Lage, denn Kemper heißt Zusammenfluß. Hier werden die Flüsse Ellé und Isole zur Laïta.

Von hier aus durchfahren wir im südwestlichen Morbihan eine durch Täler klar begrenzte Region: im Westen durch die Flußtäler des Scorff und des Blavet – die Mündungstrichter dieser beiden Flüsse vereinigen sich und bilden die Reede von Lorient –, im Osten durch den Etel, eine breite Bucht, an der sich die vielen Halbinseln aneinanderreihen, die Cäsar in *De bello Gallico* erwähnt, als ihm die niemals greifbaren Veneter dank dieser besonderen Ausformung der Küste standhalten konnten. Das kleine Binnenmeer ist von vielen Inselchen durchsetzt.

In QUIMPERLÉ (** RB, S. 241 ff.) ist die im letzten Viertel des 11. Jahrhunderts errichtete Kirche sehenswert, die als Rundbau in ein aus vier Apsiden gebildetes griechisches Kreuz eingeschrieben ist – eine ziemlich seltene architektonische Konzeption.

Schon im 6. Jahrhundert, wahrscheinlich um 550, ließ sich ein heiliger Eremit namens Guthiern (oder Gurthiern), der zunächst auf der Ile de Groix gelebt hatte, mit einigen Gefährten hier nieder. Von diesem ersten Kloster, das im 9./10. Jahrhundert während der Normanneneinfälle von seinen Bewohnern verlassen wurde, ist nichts erhalten. Zu Beginn des 11. Jahrhunderts kehrten jedoch Mönche hierher zurück, angeführt von Gurloës, dem ehemaligen Prior der Abtei Saint-Sauveur in Redon, der in Sainte-Croix in Quimperlé erster Abt wurde. Das neue Kloster nahm die Benediktinerregel an. Gurloës starb 1057. Wahrscheinlich begann man mit dem Bau der heutigen Kirche, als um 1083 der Bischof von Nantes, Benoît, die sterblichen Überreste des Abtes Gurloës, dessen Kanonisierung durch Papst Urban II. in Aussicht stand, zur Verehrung durch die Gläubigen exhumieren ließ.

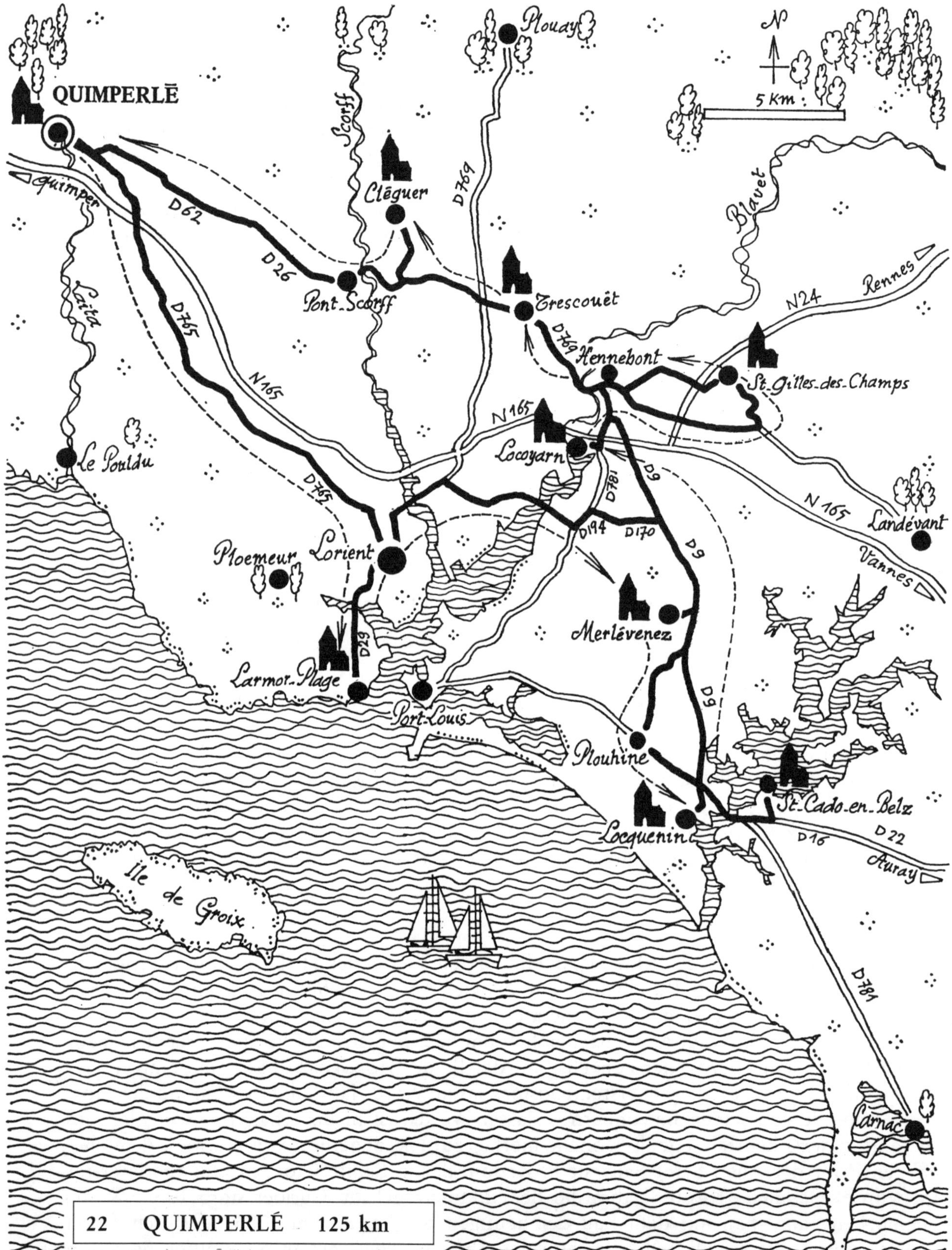

22 QUIMPERLÉ 125 km

Wir beginnen unsere Route auf der D 765 und fahren von Quimperlé nach Lorient, dann auf der D 29 nach LARMOR-PLAGE und besuchen dort die Kirche Notre-Dame, einen traditionellen Wallfahrtsort der Seeleute.

In den Grundzügen stammt diese Kirche aus dem 12. Jahrhundert, wurde jedoch im 16. und 17. Jahrhundert umgebaut. Die von Strebepfeilern in verschiedenen Formen abgestützten und stellenweise aus Bruchsteinen aufgeführten Außenmauern sind zum Teil romanisch. Der massive quadratische Turm mit wenigen schmalen Fensteröffnungen und niedrigen Türen in der Westfassade stammt aus dem Jahre 1615. Er trägt zum Eindruck einer Wehrkirche bei, was in diesen Regionen ungewöhnlich ist, aber sicher durch die Nähe des Ozeans plausibel wird, über den nicht nur die Stürme, sondern auch Invasoren kommen konnten. Eine schöne Vorhalle – im Norden statt wie sonst im Süden – ist mit zwölf Apostelstatuen versehen. Auf einer Reliefinschrift liest man die Jahreszahl 1505.

Im Innern wird die Vierung durch Rundbogenarkaden gebildet, die auf Säulenbündeln und romanischen Kapitellen ruhen; die Basen sind mit einfachen Rundstäben verziert.

Die Arkadenpfeiler im Hauptschiff bestehen aus einem von schlanken Säulen umgebenen Pfeilerkern und erinnern an die Schule von Pont-Croix. Noch offensichtlicher ist jedoch die Ähnlichkeit mit dem Pays Pourlet (21. Reiseweg).

Schließlich sollte man noch eine Madonna mit Kind aus dem 15. Jahrhundert sowie Statuen und ein flämisch inspiriertes Kreuzigungs-Retabel aus dem 16. Jahrhundert beachten. Vor der Abfahrt aus Larmor-Plage erinnern wir uns beim Anblick der Ile de Groix, daß der heilige Guthiern eine Zeitlang dort lebte, bevor er sich in Quimperlé niederließ.

Nun geht es zurück nach Lorient, durch die Stadt, bis Lanester ausgeschildert ist. Man biegt nach rechts ab und überquert den Blavet auf der Brücke »Pont du Bonhomme«. Dann geht links die D 194 ab; nach knapp einem Kilometer kommt man auf die D 170 und dann in Kervignac auf die D 9. Weiter nach rechts auf der D 9 bis zur Abzweigung nach MERLÉVÉNEZ.

Vom »Pont du Bonhomme« aus könnte man auch anders fahren. Das Gebiet zwischen Blavet und Etel ist von zahlreichen Flüssen durchzogen und hat viele kleine Seen und mehr oder minder dichte Wälder. Eine weniger bedeutende Römerstraße führte von Port-Louis nach Landévant, wo sie auf die große antike Straße Vannes – Quimper traf. Es gibt hier viele reizvolle, schmale Wege, auf denen sich der ganz eigene Charme dieser Gegend entdecken läßt.

Mitten im Herzen dieser Region liegt Merlévénez. Der Überlieferung nach hatten die Templer hier »ein großes und schönes Priorat«, dessen Kapelle die heutige, Notre- Dame de la Joie (Unsere Liebe Frau von der Freude) geweihte Pfarrkirche geworden ist. Diese Zuschreibung der Ursprünge an die Templer konnte durch einige Angaben auf dem alten Kataster bestätigt werden: Das Gelände nahe an Kirche und Pfarrhaus hieß »Park-er-kloestr« (Kreuzgang-Feld) und »Park-er-menach« (Mönchs-Feld). Auch der Name Merlévénez, vielleicht eine Verballhornung von Brélévénez im Departement Côtes-du-Nord (** RB, S. 123 ff.) ließe sich mit »Hügel der Freude« (*colline de la joie*) oder besser »Berg der Freude« (*Montjoie*) übersetzen, was die Zugehörigkeit zu einem so bezeichneten Zweig des Templerordens untermauern würde, denn die erste Bedeutung läßt sich nicht durch die geographischen Gegebenheiten erklären.

Notre-Dame de la Joie, großenteils ein romanisches Ensemble von hohem künstlerischen Rang, steht unter Denkmalschutz. Anscheinend wurden Teile eines älteren Bauwerks übernommen, vor allem im nördlichen Querschiffarm. Sehenswert sind auch drei schöne Portale, eines in der für die bretonische Romanik typischen Westfassade und zwei in der Südseite. Die den vorherrschenden Südwinden ausgesetzten Skulpturen sind ziemlich verwittert, aber man kann noch unschwer das Martyrium des heiligen Laurentius und des heiligen Simon erkennen; beide Darstellungen finden sich auch an den Kapitellen der Innenpfeiler wieder.

Ikonographie und Stil dieser Dekorationen sowie das Fehlen gewisser in der bretonischen Romanik traditioneller Motive lassen den Einfluß von Bildhauern südlich der Loire (Aunis oder Saintonge) vermuten. Dies erscheint um so wahrscheinlicher, als man in der Basilika Saint-Aubin in Guérande (S. 236) nicht nur dieselben Motive wiederfindet, sondern auch dieselbe Behandlung des skulptierten Materials. Sollten beide Bauwerke auf wandernde Handwerksleute einer Werkstatt zurückgehen?

An das ziemlich düstere, hohe und von zwei Seitenschiffen flankierte Langhaus schließt sich das Querschiff mit einer Kuppel aus dem 14. Jahrhundert an. Über der Kuppel erhebt sich ein achteckiger steinerner Glockenturm, der 1944 im Krieg zerstört, danach aber originalgetreu wiederaufgebaut wurde.

Der Chor könnte noch sein ursprüngliches Mauerwerk bewahren, wie die flachen, typisch romanischen Strebepfeiler am äußeren Chorumgang vermuten lassen.

Der südliche Querschiffarm ist vielleicht älter als das Langhaus. Es zeichnet sich durch Rundbogenarkaden aus; zwei davon sind Blendarkaden. Die Bögen ruhen auf Kapitellen mit starren, ziemlich grob skulptierten Masken, die zu den sonstigen Skulpturen dieses Bauwerks im deutlichen Gegensatz stehen. In die Arkaden hat man in der Apsis entdeckte Grabsteine eingelassen.

Ein Weihwasserbecken am Eingang zum Hauptschiff scheint aus einem alten Kapitell ausgehöhlt zu sein und ist mit jener Art von Malteserkreuzen versehen, die man auch als »Templerkreuze« bezeichnet.

Von Merlévénez geht es auf die D 9, dann die D 781; einige hundert Meter in Richtung des Pont Lorois, dann rechts auf eine kleine Straße nach LOCQUENIN.

Dieser Ort wurde erst 1936 Pfarrgemeinde und entstand um eine schon im 18. Jahrhundert umgebaute Kapelle, die aus liturgischen Notwendigkeiten 1924 einen weiteren Flügel erhielt.

Von der ursprünglichen Kapelle sind drei schöne Rundbogenarkaden erhalten; die Bögen ruhen auf massiven quadratischen Pfeilern mit einfachem Abakus. Das Ganze hat künstlerischen Rang und ist sorgfältig gemauert.

Von Locquenin zurück zum Pont Lorois; diese Brücke führt über den Etel. Wir fahren auf der D 16 in Richtung Belz weiter und folgen dann dem Wegweiser »SAINT-CADO par la côte«.

Es empfiehlt sich sehr, hier langsam zu fahren, um die Eindrücke ganz in sich aufzunehmen. Zu welcher Stunde oder Jahreszeit man auch eintrifft, man wird stets verzaubert, wenn man sich Saint-Cado nähert. Der Horizont weitet sich, das hier ganz besondere Licht erzeugt eine Symphonie von unwirklichen Blau- und Grautönen, und das Spiel von Licht und Wellen bereichert diese Symphonie noch um Perltöne. Diese zarte und märchenhafte Stimmung atmet Harmonie und Frieden.

Man läßt das Auto auf dem Parkplatz und geht zu Fuß über den vom heiligen Cado (Cadoc) selbst errichteten Damm zu der romanischen Kapelle, die dort errichtet wurde, wo der Heilige unter harten Lebensbedingungen im 6. Jahrhundert in Arbeit und Gebet lebte. Er war ein Freund des heiligen Gildas, der von dem heiligmäßigen Leben dieses Eremiten hörte und ihn besuchte. Hatte dieser selbst ein Kloster gegründet? Es ist nichts davon überliefert. Aber es gab an diesem Ort bestimmt eine kleine Gemeinschaft: Zu Beginn des 10. Jahrhunderts übergibt ein gewisser Rudalt dem Bischof von Vannes das Priorat Saint-Cado. Einige Alexandriner an den Innenwänden erinnern die Gläubigen an die verschiedenen Ereignisse im Leben des heiligen Cado.

Wir verlassen Saint-Cado wieder auf der D 9; nach dem Pont Lorois geht es in Richtung Hennebont. Am Ortseingang von Hennebont führt der Weg gleich hinter der Brücke nach rechts, am rechten Blavet-Ufer entlang bis zum Viadukt. Unmittelbar danach biegt rechts eine kleine Straße nach »LOCOYRAN haut et bas« ab. Auf dieser fährt man am Herrenhaus (Manoir) vorbei bis zum anschließenden Gehöft.

Hier finden wir den heiligen Guthiern als Patron der Kapelle wieder. Einer Überlieferung zufolge soll er sich gerne in eine Höhle am Blavet-Ufer zum Gebet zurückgezogen haben und auch dort gestorben sein.

Seit 1960 ist die Kapelle unter den »Monuments historiques« registriert, steht also unter Denkmalschutz. Sie ist daher für Besucher zugänglich, bleibt jedoch normalerweise wegen der in der Bretagne leider häufigen Diebstähle geschlossen. Man muß sich den Schlüssel im Herrenhaus holen.

Das kleine Bauwerk diente lange als Vorratsraum und drohte einzustürzen, ehe es gerade noch rechtzeitig wegen seiner Architektur und Ausschmückung von hohem künstlerischen Rang unter Denkmalschutz gestellt wurde und nun nach und nach vom Besitzer wiederhergestellt wird.

Es handelt sich um eine kleine rechteckige Kapelle (Bild 69) mit vierjochigem, zwei Seitenschiffe umfassenden Langhaus aus dem 12. Jahrhundert. Das Bauwerk ist mit großer Sorgfalt errichtet. Die Fenster des Schiffs sind innen stark ausgeschrägt. Die Rundbogenarkaden ruhen auf quadratischen Pfeilern aus Granit oder weißem Stein, deren Kanten in voller Höhe durch einen Rundstab profiliert sind. Auf den skulptierten kubischen Kapitellen befinden sich sehr breite Abaki. Einer davon ist mit zwei eindrucksvollen, Rücken an Rükken stehenden Ungeheuern versehen, die an ein Kapitell in Langonnet (21. Reiseweg, S. 195, ** RB, S. 253 ff.) erinnern. Der erste Pfeiler rechts, von Westen aus gesehen, trägt an der Deckplatte einen Pferdefries. Die recht hohen, sorgfältig skulptierten Basen zeigen verschiedene Motive wie konzentrische Kreisbögen oder Zahnschnitt.

Ein schön geschwungener Triumphbogen ruht auf zwei eingebundenen Säulen mit skulptierten Kapitellen. Auf dem einen sehen wir Widderköpfe und darüber auf der Deckplatte stilisierte Pferde mit gesenkten Köpfen. Der quadratische Chor ist niedriger als das Langhaus. Innen ist die Jahreszahl 1652 zu lesen; wahrscheinlich wurde die Kirche zu diesem Zeitpunkt umgebaut. Auch die Westfassade ist sicher erneuert worden.

Trotzdem wirken zwei romanische Fenster am Chorhaupt recht archaisch. Der Fenstersturz rechts ist mit einer durchgehenden Zickzacklinie verziert.

Die vor kurzem renovierten Dächer, jeweils separat auf Haupt- und Nebenschiffen, heben die Eigenart dieser interessanten und wenig bekannten Kapelle hervor, die ein gutes Beispiel romanischer Kunst bietet.

Es geht zurück nach Hennebont, durch die Stadt, dann nach rechts in Richtung Brandérion – Landévant – Vannes. Nach etwa drei Kilometern zweigt links eine Straße nach SAINT-GILLES-DES-CHAMPS ab.

Diese Kirche bestand ursprünglich aus einem Hauptschiff mit zwei Nebenschiffen und einem Querschiff; lediglich der stark veränderte nördliche Querschiffarm ist erhalten.

Die Arkaden des fünfjochigen Hauptschiffs, die dieses mit den Nebenschiffen verbanden, sind zugemauert, aber ihre leicht hufeisenförmige Rundbogenstruktur ist erhalten, und sie sind in der Außenmauer gut zu erkennen. Die romanischen Fenster aus rosa Granit sind nach innen stark ausgeschrägt und werden von einem in den als Fenstersturz dienenden Steinblock eingemeißelten Bogen überwölbt – eine sehr alte und originelle Verfahrensweise.

Von der Querschiffvierung ist die Nordseite und lediglich ein Teil der Südseite erhalten. Die massiven Pfeiler, sorgfältig gemauert und mit großen Fugen, ruhen auf schön skulptierten Basen in Form umgekehrter Kapitelle. Über den anliegenden Diensten befinden sich hohe Kapitelle mit sorgfältig gearbeiteten geometrischen Motiven.

Von Saint-Gilles-des-Champs aus kehren wir nach Hennebont zurück und biegen dort wieder auf die D 169 in Richtung Quimperlé. Nach etwa 4,5 Kilometern steht rechts ganz dicht an der Straße die Kapelle NOTRE-DAME-DES-NEIGES oder NOTRE-DAME-DE-TRESCOUET en Caudan. Sie gehört heute zur psychiatrischen Klinik Charcot. Da sie aber direkt an der Straße liegt, kann man sie besichtigen, ohne das eigentliche Klinikgelände zu betreten. Sollte sie geschlossen sein, kann man den nahe an der Kapelle wohnenden Anstaltsgeistlichen um den Schlüssel bitten.

Die Kapelle ist l-förmig angelegt, Chor und Querschiff sind höher als das Hauptschiff. Zwei Bauabschnitte lassen sich deutlich unterscheiden. Das niedrige und dunkle Schiff – auf der Südseite von einem romanischen Fenster erhellt – ist der älteste Teil.

Die Vierung ist vom Langhaus und den beiden Seitenkapellen aus dem 15. Jahrhundert durch große Rundbogenarkaden getrennt, die auf kleinen zylindrischen Säulen mit einfachen Kapitellen aufliegen. Diese Anordnung erinnert an die Schule von Pont-Croix.

Wir fahren auf derselben Straße nach Pont-Scorff weiter und stoßen dort auf die D 26. Von dieser geht nach 3,5 Kilometern rechts eine Straße nach CLÉGUER ab, die uns zur Pfarrkirche Saint-Géran führt.

In das wahrscheinlich aus dem 11. Jahrhundert stammende Schiff fällt direkt Licht ein. Es besitzt noch fünf Joche auf der Südseite und vier auf der Nordseite. Die ungestuften Rundbogenarkaden ruhen auf quadratischen Pfeilern mit starken Deckplatten und verbinden das Langhaus mit den im 12. Jahrhundert angebauten und seither veränderten Seitenschiffen. Die letzte Arkade an der Nordseite des Chors hat einen doppelten Bogenlauf. Die Kanten der Pfeiler und Arkaden sind etwas abgerundet und verleihen dem sorgfältig aufgeführten Mauerwerk mit den gut zugerichteten Keilsteinen eine gewisse Eleganz.

Auf demselben Weg, der nahe an der Kapelle Notre-Dame de Bonne Nouvelle in Bas Pont-Scorff die D 26 erreicht, kehrt man nach Pont-Scorff zurück. Diese Kapelle hat an der Westfassade hohe Strebepfeiler aus romanischer Zeit, ebenso ein kleines romanisches Fenster an der Südmauer.

Nach einigen Kilometern auf einer angenehmen Straße erreicht man über die D 26 Quimperlé.

23. Reiseweg: Die östliche Umgebung von Vannes

Michelin-Karte 63, Falte 13–14. Einschließlich Rückfahrt direkt nach Vannes ca. 125 km

Auf dieser Route beschreiben wir einen weiten Halbkreis um den Golf von Morbihan, von Saint-Avé zu den vier Calvaires in Saint-Gildas-de-Rhuys, der alten, dem Meer zugewandten und »den Orkanen Trotz bietenden« Abtei.

Zwischen dem Golf von Morbihan und der Vilaine-Mündung erstreckt sich eine stark zerklüftete Küste, viele Wasserläufe durchfließen die Landschaft von Norden nach Süden. Hier finden sich sehr alte Kreuze, manche aus dem frühen Mittelalter. Einige darunter sind in Menhire oder Stelen eingemeißelt und weisen christliche Symbole und schwer zu entziffernde, rätselhafte Zeichen auf. Man kann sie unmöglich alle anführen, aber der Reisende, der sie am Wegrand, auf einer Böschung, an einer Kapelle erblickt, wird dort haltmachen.

Man verläßt Vannes in nördlicher Richtung und fährt unter der Schnellstraße Brest-Nantes hindurch, um über die D 126 nach SAINT-AVÉ zu gelangen. Im oberen Ortsteil von Saint-Avé ist das Kalvarien-Kreuz an seinem alten Platz geblieben, den es auf dem einstigen Friedhof vor dem Südportal der Kirche Saint-Michel stets innehatte.

Obwohl von Flechten überzogen, sind die drei Skulpturen an den Seiten des breiten Sockels immer noch beeindruckend. Der Kreuzesschaft ist sehr kurz und von unten bis oben geschmückt. Vier Heilige stehen unter dreieckigen Baldachinen. Eine mit Zahnschnittmuster verzierte Art von Kapitell trägt die Tafel, die auf der Ostseite die Kreuzigung zeigt und von Zeit und Witterung angegriffen ist. Wenn die Gesichtszüge von Maria und Johannes lediglich verhaltenen Schmerz zeigen, so sind dafür die Hände um so ausdrucksvoller: Die Hände Christi sind in vergebendem Gestus weit geöffnet; bei Maria wirken sie sowohl beherrscht als auch resigniert, und Johannes legt durch seine Gestik Zeugnis dafür ab, was er mit eigenen Augen gesehen hat und im Evangelium niederschreiben wird.

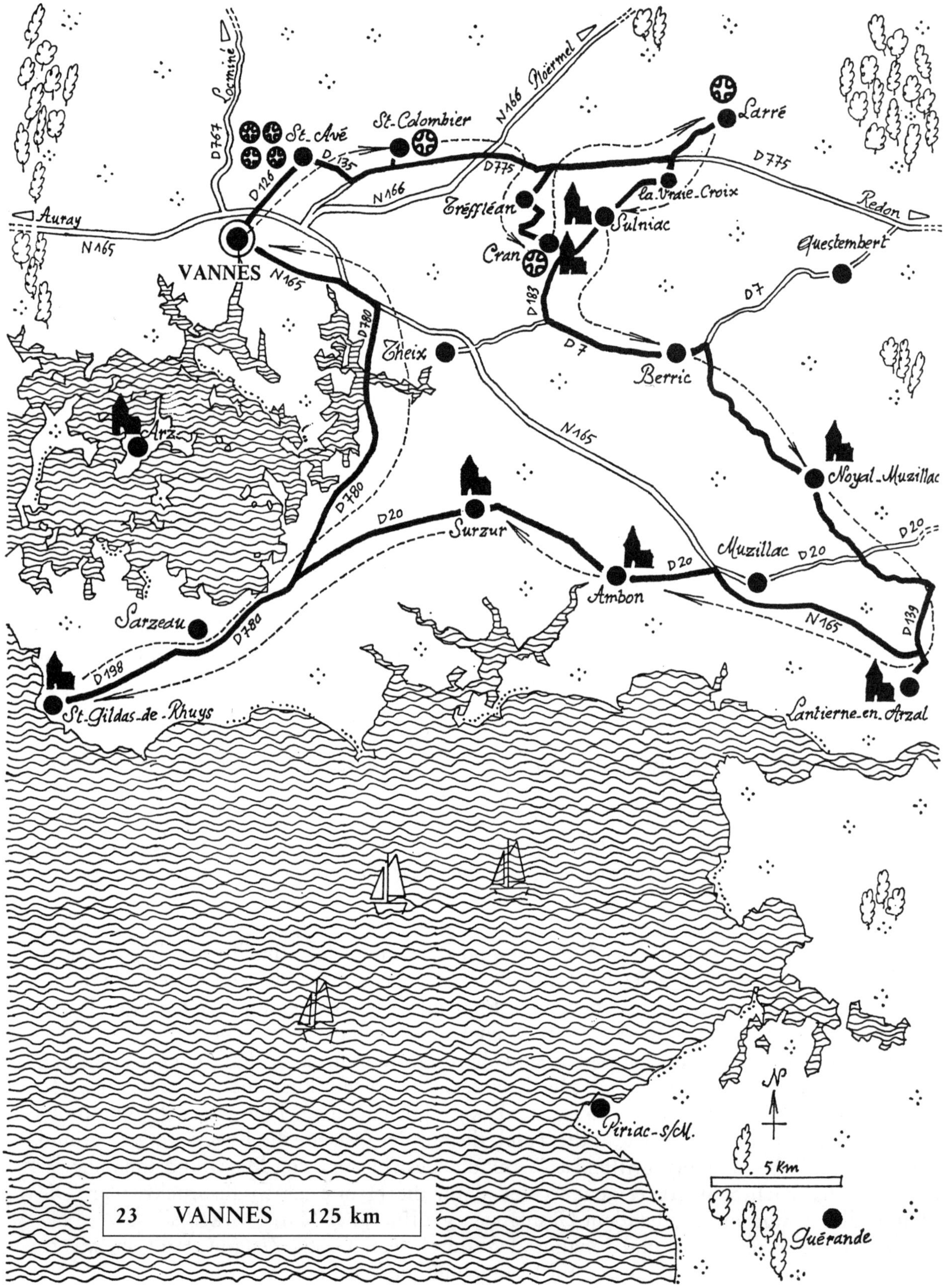

23 VANNES 125 km

Auf der nach Westen ausgerichteten Rückseite dieser Tafel sieht man die Madonna mit Kind in majestätischer Haltung, wie sie recht oft an den Kalvarien-Kreuzen dargestellt ist.

Im unteren Ortsteil von Saint-Avé sind bei Notre-Dame du Loc drei Calvaires erhalten. Der erste vor dem Eingang der Kapelle unterscheidet sich durch seinen Gesamtaufbau. Die Tafel in Form eines vierblättrigen Kleeblatts zeigt auf der Westseite eine Kreuzigung und auf der Ostseite eine Madonna mit Kind, umgeben von kleinen Engeln und Dudelsackbläsern. Eine anmutige Szene, die zutiefst mit der anderen Seite kontrastiert – und doch ist auch dieser verkürzten Form die ganze Geschichte unserer Erlösung eingeschrieben.

Auf der Westseite der Basis sieht man über dem Altar eine Verkündigung; eine Vase mit Lilien steht zwischen Maria und dem Engel. Die anderen Seiten des Sockels zeigen Heilige, jeweils unter Arkaden.

Im Innern der Kapelle findet sich ein sehr seltenes Beispiel für einen holzgeschnitzten, bemalten Calvaire.

Auf der Umfassungsmauer des Pfarrbezirks dient ein vollkommen runder antiker Stein als Sockel für eine Steintafel mit einer grazilen Madonna unter einem Baldachin, die eine Krone auf dem Haupt trägt und ihr Kind darbietet (Bild 71). Diejenigen, die dieses Ensemble errichteten, wollten vielleicht ihren Glauben an die Herrschaft Mariens über die Welt zum Ausdruck bringen und eigneten sich daher für ihre eigene Symbolsprache diese von früheren Völkern geschaffene Kugel an.

Man verläßt Saint-Avé auf der D 135, erreicht nach 3 Kilometern die D 755, fährt auf dieser nach links, bis nach ca. 1,5 Kilometern linker Hand eine kleine Straße abzweigt; nach einigen hundert Metern erblickt man den Calvaire von SAINT-COLOMBIER en Saint-Nolff.

An der Kapelle befindet sich ein Altar-Calvaire, der ein gutes Beispiel für diese in der Region Vannes verbreiteten Monumente abgibt. Die leicht überstehende Altarplatte liegt auf einem auf allen Seiten mit Passionsszenen ausgestalteten Sockel. Unter anderem ist eine Höllenfahrt zu sehen, bei der Christus sein Kreuz in der Rechten hochhält und dem von zwei anderen Figuren gefolgten Adam die Linke entgegenstreckt. Diese sorgsam gearbeitete Szene strömt Frieden aus und ist sehr eindrucksvoll.

Auf der Westseite antwortet eine triumphale Auferstehung in gewisser Weise auf die darüber aufragende Kreuzigung. Der Schaft endet in einer Art Krone aus Flechtwerk, darauf steht die rechteckige Tafel und auf dieser wiederum das Kreuz.

Christus am Kreuz wird von Maria und Johannes eingerahmt. Auf der Rückseite eine Pietà, regungslos in ihrem Schmerz verharrend, auf den Knien den im Tode erstarrten Christus, dessen Hand von einem kleinen Engel gehalten wird; Maria Magdalena und Johannes stehen dabei und teilen ihren Schmerz.

Man fährt auf die D 755 zurück und kreuzt die N 166, durchquert Trefflêan und biegt auf die D 104, rechts in Richtung Theix. Etwa einen Kilometer nach Trefflêan führt links eine kleine Straße zur Kapelle NOTRE-DAME DU CRAN, einem sehr alten Wallfahrtsort zu Ehren der Jungfrau Maria, auch unter der Bezeichnung Notre-Dame du Bon Secours bekannt.

Den Schlüssel zur Kapelle gibt es in einem benachbarten Haus bei Mr. Amédée Le Garnec. Ein weiterer Schlüssel ist in der Bäckerei Dano im Dorf Trefflêan hinterlegt.

Diese bedeutende Kapelle, die ihren Dimensionen nach eine Kirche sein könnte, geht teilweise auf das ausgehende 12. Jahrhundert zurück und wurde im 15. und 16. Jahrhundert umgebaut. Aus romanischer Zeit ist die Vierung erhalten, deren sorgfältig gemauerte Spitzbogenarkaden mit doppelter Rundung und scharfen Kanten auf Halbsäulen mit Kapitellen ruhen. Diese Kapitelle (Bild 68) sind unter den Deckplatten mit romanischen Motiven versehen und mit seltsamen, fratzenhaften Gesichtern geschmückt.

Auch die Pfetten aus dem 16. Jahrhundert um den Chor zeigen humoristische Motive: ein Schwein, das wegrennt, einen Fuchs, der Dudelsack bläst, usw.; sie wechseln mit karikaturhaften Menschendarstellungen ab.

Über dem Querschiff befindet sich ein quadratischer Laternenturm, in den durch kleine spitzbogige Fenster Licht einfällt. Darüber erhebt sich eine hölzerne, schiefergedeckte Turmspitze.

An der nördlichen Innenwand der Kirche lassen sich noch Reste einer Bemalung erahnen, die aus dem 15. Jahrhundert stammen könnte. Rechts vom Eingang ist eine mächtige steinerne Halbkugel als Weihwasserbecken ausgehöhlt. Wie bei dem runden Sockel von Notre-Dame du Loc in Saint-Avé könnte es sich hier um einen prähistorischen Stein handeln, für den sich im christlichen Kontext ein neuer Verwendungszweck fand. Derartige kugelige Steine sind in dieser Gegend häufig in der Nähe von Kirchen und Kapellen anzutreffen. Ein bescheidenes, aber ergreifendes Kalvarien-Kreuz hebt sich vor dem dichten grünen Buschwerk an der Kapelle ab (Bild 70).

Zurück nach Treffléan, rechts auf die D 755 bis zur Kreuzung mit der D 1; dann biegt man links auf die D 1 ab, und kurz darauf, nach etwa 50 Metern, geht es rechts nach LARRÉ.

Hier stehen zwei Calvaires dicht beieinander auf dem Placître. Sockel und Basis des einen erinnern in manchem an den Calvaire von Saint-Avé (Haut), auch wenn die Szenen und Figuren anders sind; vergleichbar ist nur die Verkündigung an der Westseite. Zwei Ecken sind mit Menschenköpfen und einem fratzenschneidenden Drachenkopf versehen. Christus hängt mit weit ausgestreckten Armen und hervortretenden Rippen an einem wuchtigen Kreuz mit abgerundetem Querbalken.

Der zweite Calvaire hat an der Basis keinerlei Ausschmückung und trägt eine Tafel in Form eines vierblättrigen Kleeblatts, auf deren Südseite Christus am Kreuz zwischen Maria und Johannes zu sehen ist, darüber eine Madonna mit Kind. Auf der Nordseite wird Christus in der Glorie von zwei Gestalten eingerahmt, die die Leidenswerkzeuge tragen, darüber Christophorus mit dem Jesusknaben.

Von Larré aus fährt man auf der Zubringerstraße zur D 1, überquert die D 755, erreicht das Dorf La Vraie-Croix und dann SULNIAC, wo man haltmachen kann, um sich die wahrscheinlich aus dem 12. Jahrhundert stammende Vierung anzusehen, die man nach dem Brand von 1948 erhalten und in den im selben Jahr erfolgten Wiederaufbau der Kirche einbezogen hat. Die Arkaden ruhen auf kreuzförmigen, mit Halbsäulen versehenen, wuchtigen Pfeilern. Die Kapitelle mit schlichten Deckplatten tragen hübschen Skulpturenschmuck in Form von Flechtwerk oder Eckvoluten. Zwischen zwei Rauten und zwei Eckvoluten sieht man Gottvater, der den gekreuzigten Christus in den Armen hält. Obwohl der Fußboden angehoben wurde, ist am Südwestpfeiler eine verzierte Basis zu sehen.

Am Ortsausgang von Sulniac kommt man auf die D 183, die in Le Gorvello auf die D 7 in Richtung Berric trifft, und fährt dann etwas über Berric hinaus, um rechts auf die Straße nach NOYAL-MUZILLAC abzubiegen.

Vor Le Gorvello kommt man an zwei alten Zwillingskreuzen vorbei, die auf einem gemeinsamen Sockel stehen, aber verschieden hoch sind. Diese im Morbihan häufig vorkommenden Zwillingskreuze konnten diverse Ursprünge und Bestimmungen haben: Es konnten Hochzeitskreuze wie auch Markierung von Gemeindegrenzen sein. Das höhere dieser beiden Kreuze hat eine waagrechte Rille über dem Querarm. Diente es wie der »Mönchsgalgen« (Bild 47) bei der Abtei Saint-Mathieu de Fineterre im Mittelalter als Pranger?

Die Kirche Saint-Martin in Noyal-Muzillac stammt aus dem 12. Jahrhundert und hat aus romanischer Zeit noch ein Langhaus ohne Wölbung mit direktem Lichteinfall; Rundbogenarkaden bilden den Übergang zu den beiden Seitenschiffen. Durch einen Triumphbogen gelangt man in das Querschiff mit seinen nur wenig vorspringenden Armen.

Eigentümlich an dieser Kirche ist der Bau des Glockenturms, der nicht auf der Querschiffvierung, sondern auf dem südlichen Querschiffarm ruht. Die hölzerne Turmspitze hat kein steinernes Fundament, sondern lastet auf vier dicken viereckigen Holzbalken auf, die im Innern des Querschiffarms vom Boden ab hochgezogen sind.

Zwei interessante Gemälde aus dem 17. Jahrhundert, eine Verkündigung und eine Darstellung im Tempel, sind außerdem beachtenswert.

Auf dem Placître steht ein kleiner Tafel-Calvaire, dessen Postament an drei Seiten mit Pflanzenmotiven verziert ist; auf der Ostseite sind ein Hammer und ein Winkelmaß dargestellt.

LANTIERNE en Arzal ist auf angenehmer Straße zu erreichen. Man überquert die D 20 und kommt über die Kreuzung »le Pigeon vert« zur D 139, die auf der Brücke »Corne du Cerf« über die Schnellstraße führt. Unmittelbar darauf zweigt eine Straße nach Lantierne ab. Den Schlüssel zur alten Kapelle gibt es in dem Haus, das nahe am Chorhaupt steht.

Der Überlieferung nach gehörte die Kapelle Saint-Jean-Baptiste in Lantierne den Tempelrittern. 1312 ging sie an die Hospitaliter über, die sie bis zur Revolution behielten. Lantierne gehörte zur Komturei Carentoir, was in einer Urkunde von 1732 bestätigt wird. Außen wurden zu Beginn des 17. Jahrhunderts verschiedene Änderungen vorgenommen; so wurde der Chor nach Osten erweitert.

Das Kirchenschiff hat ein einziges Seitenschiff nach Norden zu, das man durch zwei Rundbogenarkaden betritt, die auf schlichten Pfeilern ruhen, welche lediglich auf der Höhe des Bogenkämpfers einen fein gearbeiteten keilförmigen Vorsprung haben. Über dem Westportal befindet sich die alte Herrschaftsempore. Eine Besonderheit an dieser Kirche ist, daß sie neben dem Hauptaltar sieben alte Seitenaltäre aufweist. Einer davon ruht auf zwei kleinen polygonalen Pfeilern, wobei eine der grob skulptierten Basen einen Menschenkopf zeigt, der seltsamerweise verkehrt herum mit dem Kinn nach oben gesetzt ist. Die Vielzahl von Altären spricht für die Existenz einer Priestergemeinschaft. Andererseits weiß man, daß die Mönche der Abtei Prières zweimal im Jahr eine Prozession zur Kapelle von Lantierne veranstalteten, da diese eine Reliquie des wahren Kreuzes besaß.

Bevor man die Kapelle verläßt, sollte man sich den schön gemeißelten Mönchskopf mit friedlichem Ausdruck an einem Pfeiler nahe dem Südportal ansehen.

Das schlichte Südportal ist rundbogig wie auch das Westportal, welches aber mehrfach gestuft und mit einfachen Abaki versehen ist.

Von Lantierne aus fährt man am besten auf die Schnellstraße und nimmt hinter Muzillac dann die D 20 nach Ambon, Surzur und Saint-Gildas-de-Rhuys.

In AMBON haben alle Epochen prägende Spuren hinterlassen – angefangen beim alten Fundament, das an der nördlichen Außenwand gut zu sehen ist, bis zu den an die alten Mauern angebauten Kapellen. Das Kircheninnere wie auch die schlichte Westfassade sind typisch für den bretonischen Baustil und stammen zweifellos aus romanischer Zeit. Wie alt diese Pfarrgemeinde ist, geht auch daraus hervor, daß der Prior den Titel »recteur primitif« innehatte, was klar auf das 11. Jahrhundert weist.

Von Ambon sind es 6 Kilometer nach SURZUR. Das Langhaus der Kirche Saint-Symphorien ist ganz romanisch geblieben. Ursprünglich fiel durch die später zugemauerten Fensteröffnungen direktes Licht ein. Die Rundbogenarkaden öffen sich auf zwei Seitenschiffe, deren Fenster ebenfalls zugemauert wurden. Die sehr schlichten quadratischen Pfeiler haben scharfe Kanten, die Arkaden liegen auf einfachen Deckplatten auf. Diese Schlichtheit läßt auf das Ende des 11. Jahrhunderts oder den Beginn des 12. Jahrhunderts schließen.

Ein rundbogiger Triumphbogen trennt Langhaus und Querschiff; letzteres erinnert an Ambon. Das Chorhaupt schließt gerade ab. Die Querschiffarme wurden im 15. und 16. Jahrhundert verändert. Der romanische Vierungsturm wurde im 19. Jahrhundert abgerissen und durch einen neoromanischen Glockenturm über der Vorhalle am südlichen Querschiffarm ersetzt.

Sehr typisch für die Romanik der Bretagne ist die Westfassade: eine flache Mauer, die sich zu einem Dreiecksgiebel verjüngt und durch vier Strebepfeiler gegliedert ist. Zwischen den beiden Mittelpfeilern öffnet sich in einem kaum hervortretenden dreieckigen Mauerteil ein Portal mit drei leicht spitz zulaufenden Bogenläufen, die mit äußerster Sorgfalt zugerichtet sind. Die scharfen Kanten reichen ohne Vorsprung oder Dekoration bis zum Boden. Über dem Portal befindet sich ein großes Rundbogenfenster. Diese Fassade scheint etwas später entstanden zu sein als das Langhaus. Sie läßt sich mit den Westfassaden von Ambon und Merlévénez vergleichen, die dieselbe Struktur aufweisen.

SAINT-GILDAS-DE-RHUYS (** RB, S. 293ff.) erreicht man über die D 20, die D 780 und die D 198. Es liegt nahe an der Pointe du Grand Mont und ist den Westwinden und an manchen Tagen den heranbrausenden Stürmen ausgesetzt.

Die Geschichte der Abtei Rhuys, die der heilige Gildas im 6. Jahrhundert gründete, ist eng mit der Halbinsel verknüpft, die die Mönche im Laufe der Jahrhunderte urbar machten. Die Abtei erholte sich von den verheerenden Normanneneinfällen im 9./10. Jahrhundert, und obwohl sie noch andere düstere Zeiten durchmachte, blieb sie doch ständig ein wichtiges Zentrum, das auf die vielen von ihr gegründeten Priorate ausstrahlte.

In der großen Kirche, die nur teilweise romanisch geblieben ist, kann man sehr schöne romanische Kapitelle bewundern.

Die Rückfahrt nach Vannes erfolgt auf der D 198, D 780 und N 165.

Die Ile d'Arz im Golf von Morbihan

Dieser Ausflug ist an einem schönen Tag ein ganz besonderes Erlebnis. Man nimmt ein Ausflugsschiff in der »Gare maritime des Vedettes vertes« in Vannes-Conleau. Der Fahrplan ist je nach Saison unterschiedlich. Die Überfahrt dauert etwa 15 Minuten; dann hat man noch weitere 15 Minuten Fußweg von dem kleinen Hafen Pen Raz bis zum Dorf mit seiner Kirche.

In dem kleinen Binnenmeer, dem Golf von Morbihan, liegen größere und kleinere Inseln verstreut, »so zahlreich wie die Tage im Jahr« sagt man. Viele dieser Inseln waren seit der Antike bewohnt und sind es noch. Zeugen der Vergangenheit sind der Tempel von Gavr'inis und die Alignements von Er Lannic.

Die Ile aux Moines (Mönchsinsel) gehörte der mächtigen Abtei Saint-Gildas-de-Rhuys – woran noch ihr Name erinnert. Dasselbe gilt auch für einen Teil der Ile d'Arz. Anscheinend wurde die Ile d'Arz schon früh christianisiert, denn zur Zeit der Normanneneinfälle im 9./10. Jahrhundert war sie bereits Pfarrgemeinde. Als es im 11. Jahrhundert ein religiöses Wiederaufleben gab, trat Herzog Gottfried I. 1088 dem heiligen Felix, Abt von Rhuys, die südliche Hälfte der Insel ab, und die Mönche gründeten dort ein Priorat. Sie erbauten die Kirche Notre-Dame, die die Pfarrkirche der Ile d'Arz wurde und auch den liturgischen Dienst für die alte Pfarrgemeinde Illur (Il Hur), eine Nachbarinsel, übernahm. Der Prior war gleichzeitig für die Mönche und als »recteur« für die Gemeinde verantwortlich. Die Kirche ist der Jungfrau Maria geweiht und hat ihr Patronatsfest an ihrem Geburtstag, dem 8. September.

Das Gebäude, das wir heute vor uns haben, wurde im Laufe der Jahrhunderte verändert, erneuert und erweitert. Von der alten romanischen Kirche aus dem 11. Jahrhundert sind die Außenmauern des Langhauses und die beiden Querschiffarme erhalten, die aus kleinen Granitsteinen errichtet sind.

Die romanischen Pfeiler der Vierung tragen Spitzbögen, die vom Ende des 12. Jahrhunderts zu stammen scheinen. Die inneren Bogenläufe ruhen auf Halbsäulen mit interessanten Kapitellen. Sozusagen klassisch für den damaligen bretonischen Stil ist ihr Dekor aus Schnecken, Flechtwerk, Widderköpfen und Meeresflora. Man erkennt aber auch die Symbole der vier Evangelisten, ein Motiv, das seltener vorkommt. Die Verzierung an den Basen scheint etwas jünger zu sein.

In die Kirche fällt sowohl durch Fenster im Hauptschiff als in den Nebenschiffen direktes Licht ein. Wie auch im südlichen Querschiffarm und rechts an der Südseite des Chors sind kleine, nach innen stark ausgeschrägte romanische Fenster erhalten.

Im Langhaus wurde das Gebälk wiederholt erneuert. Gotische Inschriften auf den Pfetten geben zwei Jahreszahlen an, 1396 und 1412, sowie den Namen des Zimmermanns, Jehan Piers. An den Balkenenden halten zwei Engel Wappenschilde mit Bibelversen. Der Chor wurde im 16. Jahrhundert renoviert; das Gebälk trägt die Jahreszahl 1553. 1753 wurde das Bodenpflaster erneuert: »Vom Chor bis zur Kanzel auf Kosten des Priors, das Kirchenschiff auf Kosten der Gemeinde.« Im 19. Jahrhundert verlängerte man das Schiff nach Westen, stellte aber die Fassade aus dem 15. Jahrhundert wieder her.

Wie meistens in der Bretagne erhebt sich der Glockenturm über der Vierung. Der massive Mauersockel geht auf den ersten Bauabschnitt zurück; darüber befindet sich ein eigenartiger schiefergedeckter Glockenturm.

Nach der Urkundensammlung des Morbihan schenkte der bretonische Herzog Alain um 1034 einen Teil der Ile d'Arz den Nonnen der Abtei Saint-Georges in Rennes. Daher gibt es auf der Insel zwei schöne »Prioratshäuser« aus dem 18. Jahrhundert.

Auf der Rückfahrt nach Vannes bemerkt man auf einer der Inseln, an denen das Schiff vorbeifährt, eine kleine romanische Kapelle, die wie fest verwurzelt dasteht.

24. Reiseweg: Die Umgebung von Auray

Michelin-Karte 63, Falte 2. Etwa 59,5 km

Keine andere Landschaft der Bretagne ist so reich an Megalithen wie die westlich des Golfs von Morbihan. Verschiedene Völker folgten hier aufeinander, jedes hinterließ seine Spuren, die sich mehr oder minder über die Zeiten hinweg erhalten haben. Jedem neuen Jahrhundert kam das schon vorher Geleistete zugute, und ohne nun starr an all diesem Überlieferten festzuhalten, trug es seinerseits zur Erneuerung und Umformung des Bestehenden bei, wobei dessen tiefer Bedeutungsgehalt vielleicht verlorenging und angesichts einer Vergangenheit, die weit über die Grenzen des Erinnerns zurückreicht, dem Vergessen anheimfallen mußte. Das werden wir auf dieser Fahrt feststellen können, die sich ohne weiteres in zwei halbe Tage aufteilen läßt.

Wir verlassen Auray in südlicher Richtung auf der D 28 und erreichen LOCMARIAQUER (** RB, S. 289ff.), das nach Westen zu den Eingang zum Golf von Morbihan überschaut. Als Pfarrgemeinde existierte es schon im 9. Jahrhundert, wie aus einer Urkunde (Nr. 70) im Archiv der Abtei Redon hervorgeht.

Die Etymologie des Namens ist nicht eindeutig geklärt. Im Jahre 1082 galt noch die Schreibung LOC MARIA KAER, was mit »der Schönen Jungfrau Maria geweihter Ort« übersetzt werden könnte.

Außen am Chorhaupt der Kirche erkennt man deutlich einen alten Teil: kleine Schießschartenfenster, über denen sich ein monolither Fenstersturz befindet, der als Rundbogen zugerichtet ist; Mauerwerk aus kleinen Bruchsteinen, die von antiken Bauwerken stammen und hier wiederverwendet wurden, was in dieser Gegend, wo sich viele Zeugnisse aus der Römerzeit bewahrten, häufig vorkommt, und schließlich die Verwendung von Ziegeln, die mehr oder weniger in Fischgrätenverband aufgeführt sind.

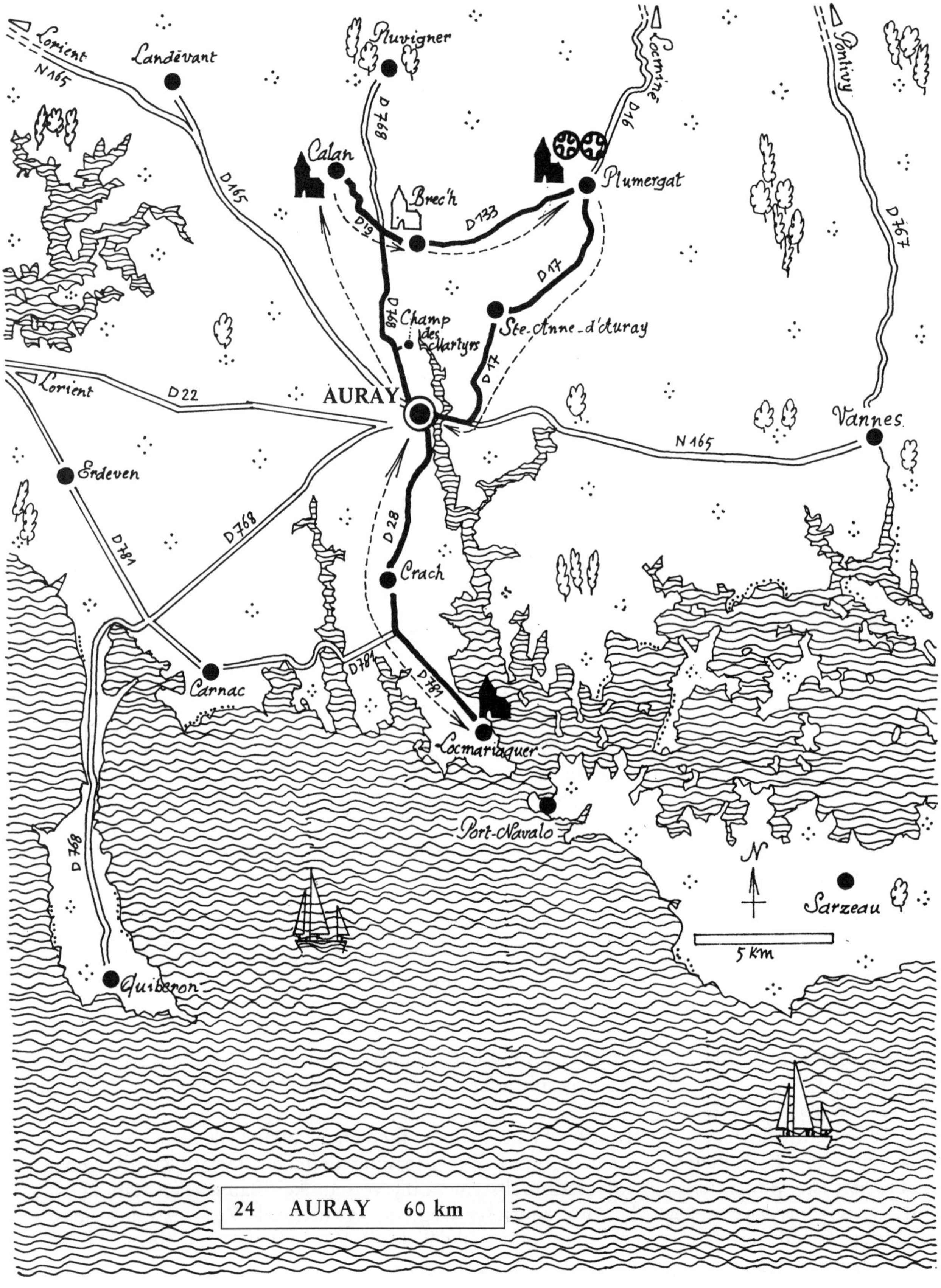

24 AURAY 60 km

Das Langhaus wurde wahrscheinlich im 18. Jahrhundert erneuert, ebenso die Fassade, aber die Maße der alten Kirche wurden beibehalten; der Westgiebel steht noch auf der ursprünglichen romanischen Basis. Auch die Vierung und der mit einem steinernen Tonnengewölbe versehene Chor sind erhalten.

Die schönen Kapitelle sind sorgfältig skulptiert und von einer gewissen Eleganz. Sie weisen recht verschiedene, meistens typisch bretonische Motive auf. So finden sich Meeresalgen, aber auch Widderköpfe, die in der Bretagne im allgemeinen ziemlich selten vorkommen, in dieser Region aber gleich in mehreren Kirchen anzutreffen sind.

Man kann auf demselben Weg nach Auray zurückfahren oder auch kleine Seitenstraßen benutzen, ohne dabei nennenswerte Umwege zu machen. Wir durchqueren Auray, um über die D 786 nach BREC'H und CALAN zu gelangen. Die Straße führt uns zu Orten mit reicher geschichtlicher Vergangenheit. Jean de Montfort, der siegreich aus der Schlacht von 1364 hervorgegangen war, in der Charles de Blois, der Ansprüche auf das Herzogtum Bretagne erhoben hatte, den Tod fand, gründete zum Andenken an diese Schlacht im Rahmen der Erbfolgekriege um das Herzogtum Bretagne die Kartause von Auray.

Etwas weiter findet man ein Denkmal und eine Kapelle, die an die Emigranten von Quiberon erinnern. Sie wurden auf diesem »champ des martyrs« 1795 während der Revolution erschossen.

Sieben Kilometer nach Auray fährt man links auf die D 19, von der nach etwa zwei Kilometern eine kleine Straße in Richtung CALAN abzweigt (** RB, S. 281 f.). Die der Heiligen Dreifaltigkeit geweihte Pfarrkirche von Calan ist größtenteils romanisch, obwohl verschiedene Bauabschnitte ersichtlich sind, vor allem im Chor.

Man betritt die Kirche durch eine kleine Galerie, die eine Art Vorhalle bildet und ein verhältnismäßig niedriges romanisches Portal mit einem monolithen Tympanon abschirmt. Die Überdachung dieser Galerie ruht auf zylindrischen Säulen, die auf einem 60 Zentimeter hohen Mauersockel stehen. Sie haben einfache Basen und Kapitelle, mit Ausnahme der beiden Pfeiler rechts und links vom Eingang, die mit groben Masken geschmückt sind. Am Ostende dieser Galerie befindet sich eine eigenartige Darstellung eines Gnadenstuhls, des Bildes der Dreifaltigkeit, in dem Gottvater seinen gekreuzigten Sohn darbietet.

Ein quadratischer romanischer Turm mit hohen, schmalen Fenstern und einer schiefergedeckten Spitze erhebt sich über der Querschiffvierung.

Der Grundriß beschreibt die Form eines lateinischen Kreuzes, doch stehen die Querschiffarme kaum hervor, und das Langhaus wirkt recht massiv. Die Vierung ist mit größerer Sorgfalt gemauert. Der Südarm wie auch der Chor wurden im 15. Jahrhundert errichtet.

Unweigerlich fällt die Uneinheitlichkeit im Kircheninnern auf. Die Pfeiler haben verschiedene Formen und tragen Rundbögen unterschiedlicher Weite. Nicht einmal die Ausschmückung ist einheitlich. Manche Kapitelle sind wegen ihrer geometrischen Motive sehr interessant.

Von Calan fahren wir in umgekehrter Richtung nach BREC'H zurück. Wir überqueren die D 768 und erreichen nach knapp zwei Kilometern die dem heiligen Andreas geweihte Pfarrkirche, die noch ein fünfjochiges Schiff aus romanischer Zeit besitzt (** RB, S. 285 f.). Die

Seitenschiffe wurden im 18. Jahrhundert erneuert, wobei aber auch Partien aus dem 12. Jahrhundert erhalten blieben. Der ganze Bau wurde mit Sorgfalt ausgeführt; die regelmäßig gesetzten quadratischen Pfeiler sind an den Querseiten mit Halbsäulen versehen, die teilweise originelle skulptierte Kapitelle tragen.

Die Bögen sind gestuft, wobei der Innenbogen auf den Halbsäulen des jeweiligen Pfeilers ruht.

Dank der vollendet gehandhabten Technik geht ein harmonischer Gesamteindruck von diesem Bauwerk aus.

In östlicher Richtung fahren wir nun auf der D 133 nach PLUMERGAT (** RB, S. 287f.). Diese alte Pfarrgemeinde entstand an einem sicher schon jahrhundertelang besiedelten Ort. Aus dem Kataster lassen sich einige Hinweise entnehmen: »Mané-er-Goh-Ilis« (= Hügel der alten Kirche), »Moustoiric« (= kleines Kloster), und unweit davon »Park-er-Menac'h« (= Mönchsfeld) sind Namen, die eine sehr frühe Christianisierung bezeugen.

Doch wird man in noch frühere Zeiten zurückversetzt, denn ganz nahe am Südportal der Kirche befindet sich eine achteckige gallische Stele. Eine Seite ist mit christlichen Symbolen versehen worden und zeigt ein Malteserkreuz mit einem schlanken Schaft und der senkrechten Inschrift RIMOETE; die Schreibweise deutet auf das 9. oder 10. Jahrhundert hin. Auf einer anderen Seite ist unter einem bestimmten Lichteinfall eine vorkeltische Grabinschrift zu entziffern. Sie stellt die einzige gallische Inschrift dar, die uns im ganzen nordwestlichen Gallien, hier im einstigen Land der Veneter, bekannt ist. Nach einer neueren Untersuchung von Gildas Bernier handelt es sich um eine den Göttern des Stammes Aganntos geweihte und von Durnos für seinen Sohn Giapos errichtete Stele.

Patron der Pfarrkirche von Plumergat ist der heilige Thuriau, Bischof von Dol, der als Heiliger große Verehrung genießt. Der Kirche sind zwei Kapellen benachbart: eine Dreifaltigkeitskapelle aus dem 15. Jahrhundert und eine dem heiligen Servatius geweihte, 1610 fertiggestellte Kapelle.

Ein massiver, von einem eigenartigen Glockenstuhl gekrönter Turm lehnt sich an die romanische Kirchenfassade an, die alle klassischen Elemente in sich vereint. Man betritt die Kirche durch ein schlichtes Rundbogenportal.

Über dem Eingang zum Turm ist ein altes Kreuzigungsrelief eingelassen. Im ersten Geschoß befindet sich ein kleines Fenster aus dem 14. Jahrhundert. Das Kirchenschiff mag im ausgehenden 11. Jahrhundert oder im frühen 12. Jahrhundert entstanden sein. Die vier Joche werden durch massive quadratische Pfeiler mit Halbsäulen an den Seitenflächen gebildet. Die leicht gestelzten Arkaden mit doppelter Bogenrundung sind schön gezeichnet. Der Innenbogen liegt auf den sorgfältig skulptierten, mit geometrischen oder pflanzlichen Motiven verzierten Säulenkapitellen. Man bemerkt ein hübsches, um eine glatte Oberfläche gewundenes Flechtband, einen Kopf mit langen, spitzen Ohren über einem Blattmotiv und daneben zwei weitere, gröbere Gesichter.

Die Meisterschaft der hier tätigen Handwerker zeigt sich in der Qualität des verwendeten Materials und der Sorgfalt, mit der dieses schlichte, sehr ausgewogene romanische Kirchenschiff errichtet wurde.

Der Altar wird von einer schönen Madonna mit Kind, wahrschenlich aus dem 15. Jahrhundert, und einer alten, hölzernen Christusfigur eingerahmt. Das achteckige Taufbecken aus Granit, dem die Zeit Patina verliehen hat, fällt durch seine Dimensionen auf.

 Ehe man Plumergat verläßt, sollte man sich das Kalvarien-Kreuz von 1696 ansehen, das an seinem angestammten Platz auf dem alten Friedhof belassen wurde. Es überragt die zahlreichen gallischen Stelen, die sich im umfriedeten Pfarrbezirk verstreut finden. Auf den vier Seiten des Sockels sind Passionsszenen dargestellt.

Wie in Melrand (21. Reiseweg, S. 194) waren am Anfang der drei von Plumergat ausgehenden Hauptstraßen Kreuze aufgerichtet. Ein altes Kreuz, das früher an der Straße nach Locminé gestanden hatte, befindet sich nun auf dem neuen Friedhof. Auf der Rückseite reicht eine thronende Madonna dem Jesuskind einen Vogel.

Man fährt über die D 17 nach Auray zurück und kommt durch Sainte-Anne-d'Auray, einen Wallfahrtsort, wohin sich die Menschen aus der ganzen Bretagne vor allem im Juli begeben, um zur Mutter der Jungfrau Maria zu beten.

25. Reiseweg: Malestroit

Michelin-Karte 63, Falte 4–5. Eine ziemlich kurze Rundfahrt, die man entweder mit dem Reiseweg 27 – Oust- und Vilainetal – oder mit dem Reiseweg 26 – dem Porhoët – kombinieren kann.

Diese Rundreise führt uns ins Binnenland, in eine Region nordöstlich der Landes de Lanvaux, die vom Oust und seinen Nebenflüssen durchflossen wird und sehr waldreich ist. Immer wieder bieten sich an Wegbiegungen schöne Ausblicke.

MALESTROIT (** RB, S. 301 u. 336 ff.) Unser Ausgangsort ist ein am rechten Oust-Ufer gelegenes Städtchen. Als eine der neun Baronien der Bretagne ist seine Vergangenheit durch den Adel geprägt.

Malestroit bewahrt zwei aneinandergebaute Kirchen. An der südlichen Außenmauer dieses Komplexes sind sehr schöne Skulpturen zu bewundern, die von einem noch älteren Bauwerk stammen.

Von einer der heiligen Magdalena geweihten Kapelle auf dem linken Flußufer steht nur noch der Westgiebel. Die Kapelle soll einmal den Templern gehört haben. Das Patronat der heiligen Magdalena scheint tatsächlich darauf hinzuweisen, daß die Kapelle zu einem Spital gehörte.

Von Malestroit nimmt man die D 764 nach Osten in Richtung Saint-Congard; doch schon einige hundert Meter nach dem Ortsausgang zweigt rechts eine kleine Straße nach SAINT-MARC en Pleucadeuc ab. An diesem letztgenannten Ort findet man eines der schönsten »croix à panneaux« (Kreuz mit schildartigen Bildtafeln) des ganzen Morbihan.

Etwas zurückversetzt von der Straße steht links vor einer modernen Kapelle der Calvaire aus dem 16. Jahrhundert, dem die Zeit kaum etwas anhaben konnte. Auf einer 1895 er-

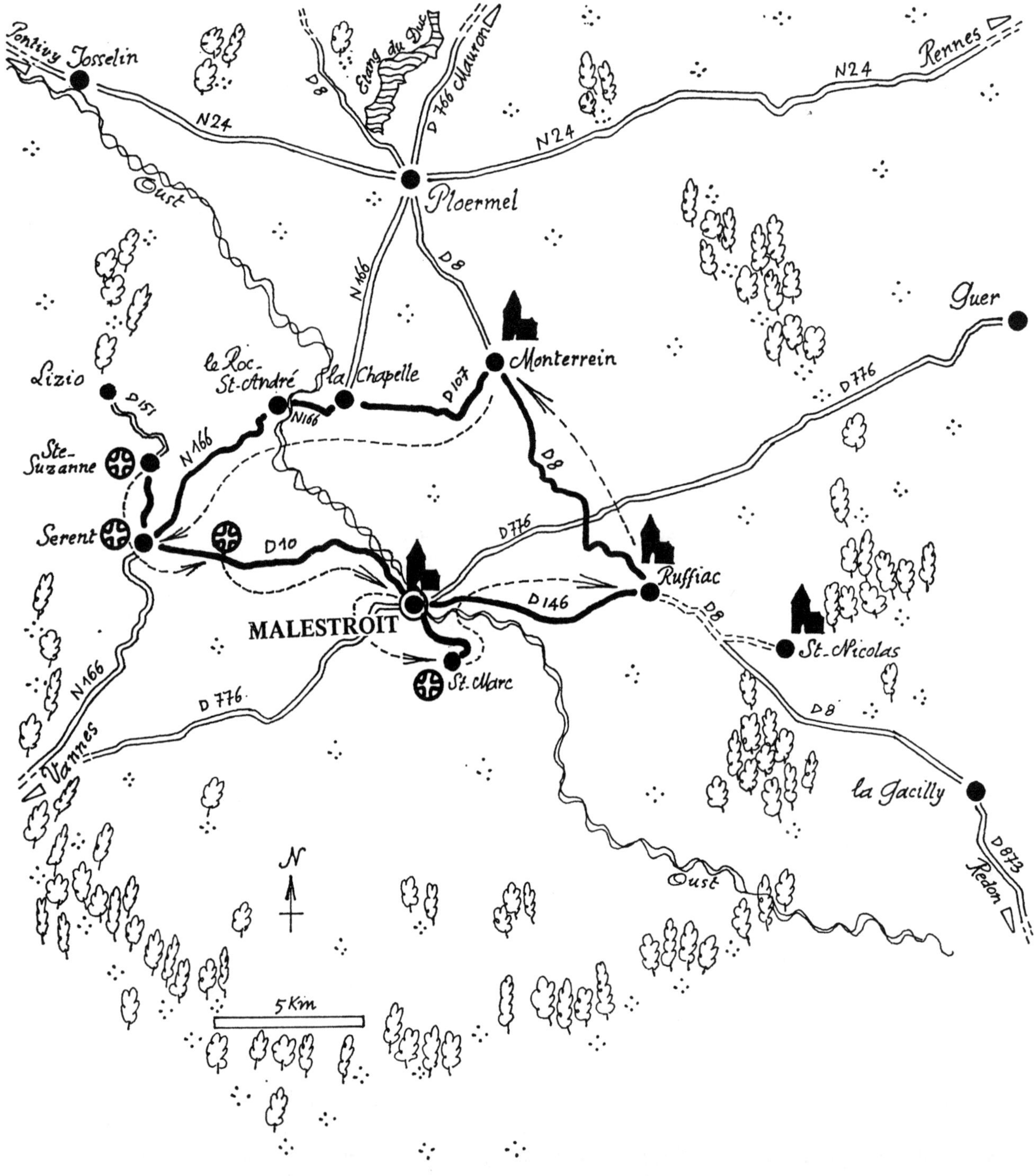

25 MALESTROIT 60 km

neuerten Basis befindet sich der Kreuzessockel, der in chronologischer Reihenfolge mit Szenen skulptiert ist, die der Kreuzigung folgen. Daraus spricht ein ungewöhnliches Bibelverständnis. Sehenswert ist vor allem die Ostseite, auf der Christi Höllenfahrt und sein Erscheinen vor Maria Magdalena dargestellt sind. Der Schaft trägt zweifach übereinander angeordnet Figuren, die unter kleinen dreieckigen, durch Pflanzenmotive voneinander abgetrennten Baldachinen stehen.

Den krönenden Abschluß bildet eine Tafel in Form eines viereckigen Kleeblatts. Auf der Westseite zeigt sie Christus am Kreuz zwischen Maria und Johannes, auf der Ostseite Christus in der Herrlichkeit, umgeben von den Symbolen der vier Evangelisten. Triumphierend gen Osten gewandt, segnet er das Universum und weist damit symbolisch auf die neue Morgenröte und die Erfüllung seiner Erlösungstat hin.

Von Saint-Marc fährt man am einfachsten nach Malestroit zurück und von dort aus auf der D 146 nach RUFFIAC, einer sehr alten Pfarrgemeinde, die schon im Jahre 830 existierte. Die Kirche Saint-Pierre-Saint-Paul, die zum alten Priorat der Abtei Redon gehörte, wurde im 12. Jahrhundert wiedererrichtet und in der Folgezeit stark verändert. Trotzdem sind Fragmente von alten Mauern auf der Nordseite des Schiffs erhalten, ebenso flache, kaum hervorspringende romanische Strebepfeiler.

In der Südmauer öffnet sich ein dreifach abgestuftes Rundbogenportal mit kleinen Säulen und schmucklosen Kapitellen. Auf dem Friedhof steht noch ein altes Kreuz.

Von Ruffiac aus kann man in etwa 6 Kilometern über die D 8 und die D 8A nach SAINT-NICOLAS-DU-TERTRE fahren. Die romanischen Bauteile, die in der Kirche erhalten blieben, sind nicht mehr sichtbar, aber auf dem Friedhof stehen am Chorhaupt noch zwei eigenartige, hohe und schlanke Kreuze aus graublauem Schiefer. Das kleinere ist in der Mitte mit einem von einem Kreis umgebenen Kreuz mit schräggestellten Armen versehen.

Wer auf diesen Abstecher verzichten will, nimmt gleich die D 8 in Richtung MONTERREIN. Die wohl im 11. Jahrhundert errichtete und später umgebaute Pfarrkirche weist immerhin noch einen großen Teil der ursprünglichen Bausubstanz auf.

Das nichteingewölbte Langhaus erhält direktes Licht durch später veränderte romanische Fenster. Die Rundbogenarkaden ruhen auf zylindrischen Pfeilern ohne Profil oder Dekoration. Das Querschiff mit seinen beiden Armen öffnet sich auf einen Chor mit geradem Chorhaupt.

Im Winkel zwischen dem nördlichen Querschiffarm und dem Langhaus steht ein quadratischer Turm romanischen Ursprungs. In ihm ist noch ein romanisches Portal mit schönem Rundbogen erhalten.

Auf dem Friedhof befindet sich ein Malteser- oder Templerkreuz. Die ganze Region hing von der nahegelegenen, bedeutenden Komturei Carantoir ab (vgl. 27. Reiseweg, S. 228).

Ab Monterrein benutzt man die D 107 und fährt dann bei der Abzweigung Tréviguet rechts auf die N 166, die nach La Chapelle führt. Dann biegt man links ab und fährt bis SÉRENT weiter, von dort aus in nördlicher Richtung auf der D 151 zur etwa 2,5 Kilometer vom Dorf entfernt gelegenen Kapelle Sainte-Suzanne. Nach weiteren 500 Metern auf einem schmalen

Weg gelangt man zu einem Placître mit einem Calvaire, der in der ganzen Bretagne nicht seinesgleichen hat.

Es ist ein in der Tat monumentaler Altar aus gut zugerichteten Hausteinen mit einer einen Tabernakel bildenden Nische, an Basis und Ecken sorgfältig bearbeitet und abgekantet. Sein Volumen verjüngt sich stufenweise bis zur Spitze des Tabernakels. Darüber befindet sich ein unten skulptierter quadratischer Sockel mit einem runden, »abgeästeten« Säulenschaft. Dieser trägt ein verziertes Rundkapitell, über dem unter einem abgerundeten und mit Blattwerk ausgeschmückten Giebel eine Kreuzigung dargestellt ist.

Auf diesem Tafelrelief ist das Kreuz kaum angedeutet. Christus scheint die Arme in einem flehenden Gestus eher erhoben als ausgestreckt zu haben. Diese Skulptur ist zwar recht grob, aber dennoch ausdrucksvoll.

Auf den Altarstufen stehen vier roh behauene Säulen; je zwei rahmen auf verschiedener Höhe die Kreuzigung ein. Sie enden in einer Kugel – vielleicht handelt es sich um Kerzenleuchter aus Stein – und tragen zu dem ungewöhnlichen Gesamtbild bei.

Zurück nach Sérent, durch den Ort und auf die D 10 in Richtung Malestroit; man kommt an einem sehr alten Kreuz vorbei und stößt nach etwa 1,3 Kilometern auf einen völlig anderen, in seiner Art aber ebenfalls sehr erstaunlichen Calvaire. 1944 wurde er zum ersten Mal in der Untersuchung J.-S. Gauthiers, *Croix et calvaires de Bretagne*, publiziert. Damals stand er auf einer Böschung an einer alten Kapelle. Seither kam er zu neuen Ehren und steht nun auf einer Säule mit Rundkapitell.

Aufbau und Ausführung überraschen besonders, denn ein einziger Granitblock wurde an den Ecken ausgehöhlt, um kleine Säulen herauszuarbeiten, die sich oben ineinander verschlingen; auch die Figuren sind in dieser Art aus dem Steinblock herausgemeißelt. In der Hauptnische ist Christus mit erhobenen Armen dargestellt. In der gegenüberliegenden, etwas weniger ausgeschmückten Nische scheint Maria auf einem Thron zu sitzen. Sie ist als Muttergottes in der Herrlichkeit mit einer üppigen Krone dargestellt und ragt wie die Christusgestalt mit den Füßen aus der Nischeneinfassung heraus. Auf ihrem Schoß hält sie ihr Kind mit der Weltkugel.

Die Figuren in den Seitennischen tragen alle einen großen Heiligenschein, sind aber schwer zu identifizieren.

Dieser Calvaire bietet Parallelen zu den Calvaires auf dem Kirchhof von Sainte-Croix in Josselin (Bild 74; 26. Reiseweg, S. 223) oder in Rochefort-en-Terre (Bild 72; 27. Reiseweg, S. 227), die ebenfalls beide aus einem monolithen Steinblock gemeißelt sind. Sie sind jedoch feiner ausgearbeitet und vielleicht später zu datieren. Trotzdem hat der Bildhauer von Sérent technische Meisterschaft bewiesen; auch wegen der originellen Konzeption sollte man vor seinem Werk haltmachen.

Danach gelangt man in knapp 9 Kilometern auf der D 10 nach Malestroit zurück.

26. Reiseweg: Das Porhoët

Michelin-Karte 58, Falte 20; Karte 63, Falte 3–4; einschließlich Rückfahrt nach La Trinité-Porhoët 110 km

Von seiner Etymologie her ist das PORHOËT das Waldland oder auch das Land jenseits der Wälder, »POU TRE COET«. Von den einstmals ausgedehnten Wäldern sind der schöne Forst von Lanouée und einige mehr oder weniger große, vereinzelte Wälder erhalten. Nach Osten hin erinnert auch der Wald von Paimpont, einst »Brocéliande«, an die Zeit, als Armorika großenteils von Wäldern bedeckt war.

Bis 874 gehörte das Porhoët den Königen der Bretagne. Vom Tode des Königs Salomon an bis zum Ende des 10. Jahrhunderts war es der Grafschaft Rennes angeschlossen. Die Herren von Porhoët, die vom jüngeren Zweig des bretonischen Herrscherhauses abstammten, nahmen den Titel Vizegraf von Rennes und Graf der Bretagne an.

Die Stadt LA TRINITÉ-PORHOËT kann sich daher rühmen, auf ein Fürstenhaus zurückzugehen, das aus dem bretonischen Herrscherhaus hervorging und sich später mit den vornehmsten Familien Frankreichs verband. Aber auch in noch früheren Zeiten hatte hier schon der heilige Judicaël, König von Domnonée, geherrscht.

Die Kirche ist der Heiligen Dreifaltigkeit geweiht und wurde von den Mönchen von Saint-Jacut aus der Diözese Dol errichtet, die Mitte des 11. Jahrhunderts das gleichnamige Priorat innehatten; so erhielt die Stadt den ersten Teil ihres Namens.

Aus der Prioratskirche wurde bald die von der Gemeinde unterhaltene Pfarrkirche, obwohl die Benediktiner von Saint-Jacut diese Pfarrei weiterhin betreuten.

Die Kirche fällt durch eine interessante Architektur auf, die nicht in allen ihren Besonderheiten erklärt werden kann. Auch die in ihrer Vielfalt reichhaltige Innenausstattung verdient Beachtung.

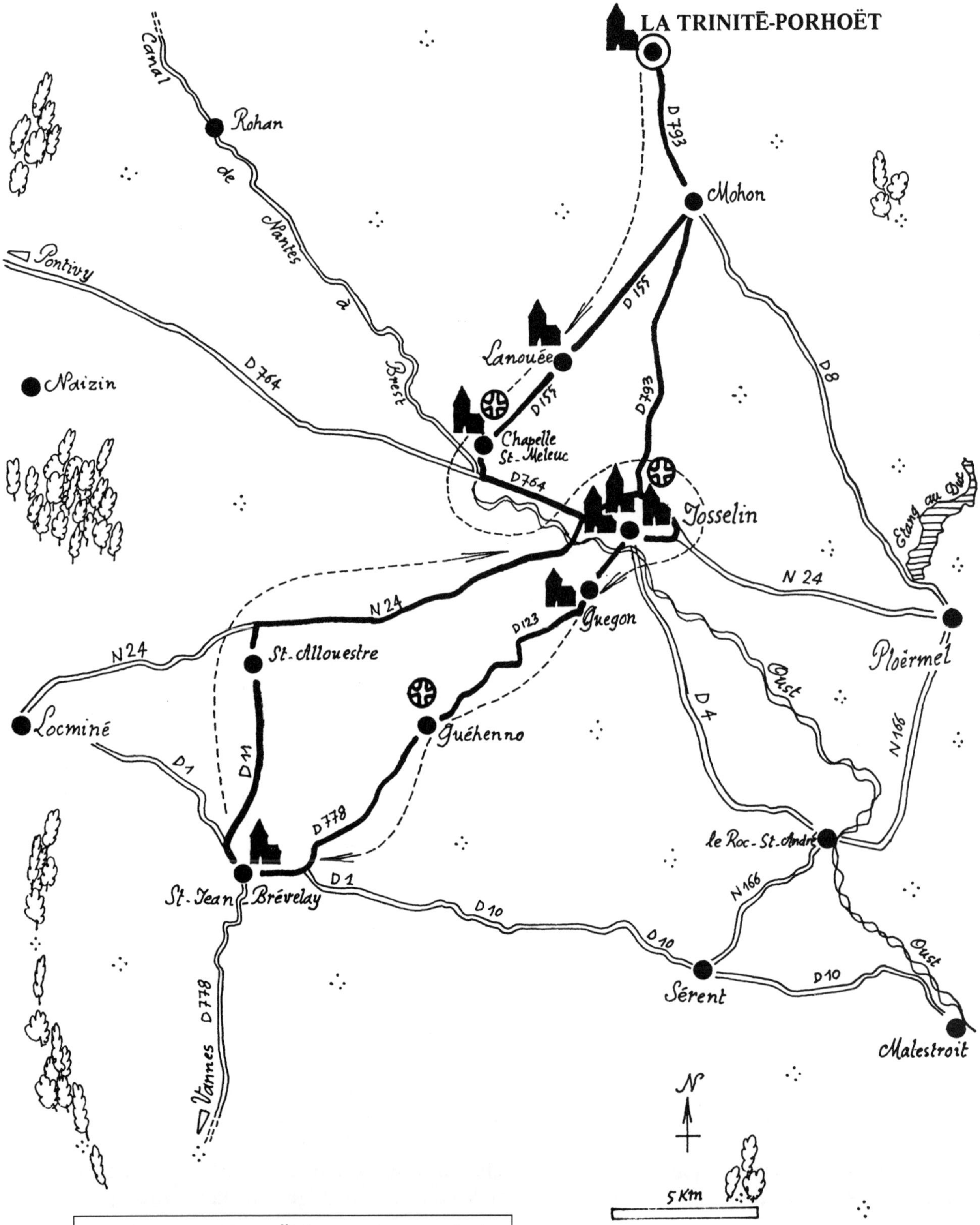

26 LE PORHOËT 54 km (einfach)

Von La Trinité-Porhoët geht es auf die D 793 bis Mohan, dann auf die D 155, die den Wald von LANOUÉE durchquert. Die Pfarrkirche von Lanouée weist verschiedene romanische Elemente auf: Langhaus und nördlicher Querschiffarm sind dem 12. Jahrhundert zuzuordnen. Die Westfassade stützen zwei kräftige, kurze Strebepfeiler, die in dem Mauerwerk des romanischen Giebels aufgehen. Ein massiver Viereckturm scheint ebenfalls aus dieser Epoche zu stammen; er trägt den 1720 errichteten Glockenturm.

Im Innern der Kirche finden sich zwei schöne Retabeln und ein schmiedeeisernes Chorgitter aus dem 18. Jahrhundert.

Man fährt wieder auf die D 155, über die D 778 hinaus bis zur Abzweigung mit dem Wegweiser nach POMMELEUC, wo man in ländlicher Umgebung die Kapelle Saint-Meleuc antrifft. Die Malteserritter hatten in Pommeleuc eine Komturei. Die Kapelle in Form eines lateinischen Kreuzes wird von hohen, einfachen und kaum vorspringenden Strebepfeilern flankiert. Sie erhält ihr Licht durch kleine romanische Rundbogenfenster. Auch begegnen wir hier wieder der bretonischen Besonderheit, daß der Glockenturm durch eine Art Holzgerüst getragen wird, das unmittelbar vom Kirchenboden ausgeht. Das Innere schmücken alte Holzfiguren sowie ein Altaraufsatz mit einem recht einfältig gemalten Bild der Geburt Christi.

Die schlichten Türen haben Rund- oder Spitzbögen; unter einem kleinen Holzvorbau öffnet sich ein romanisches Portal. Ein kleines romanisches Fenster am Chorhaupt trägt am Fenstersturz ein Wappen und die Jahreszahl 1065.

Nahe an der Kapelle erhebt sich über einem Steinaltar ein schönes Kalvarien-Kreuz (Bild 73). Auf dem abgeästeten Schaft von mittlerer Höhe ruht ein skulptiertes Kapitell, das die eigentliche Basis für das Kruzifix abgibt. Christus wird von Maria und Johannes eingerahmt. Diese Anordnung weist auf die Calvaires mit figurenbestandenen Konsolen hin.

Von der Kapelle Saint-Meleuc aus geht es entweder auf die D 778 zurück oder auf der schmalen Straße weiter zur D 764. Beide Strecken nach Josselin sind gleich lang.

In der hübschen alten Stadt JOSSELIN überschaut das schöne Schloß der Rohan den unter ihm dahinfließenden Oust. Guethenoc, Vizegraf des Porhoët, errichtete hier schon im 11. Jahrhundert eine Festung. Die Stadt, die dort allmählich entstand, nahm den Namen seines Sohnes Josselin an.

An der gleichzeitig mit dem Schloß errichteten Kirche Notre-Dame du Roncier erinnern einige romanische Elemente an ein erstes Bauwerk, das im Laufe der Jahrhunderte vielfach verändert wurde. In der Chormauer sieht man ein Rundbogenfenster, und drei teilweise überarbeitete und von schlanken Säulen mit skulptierten Kapitellen kantonierte Pfeiler tragen die Spitzbogenarkaden, die den Chor mit der Nordkapelle verbinden. In dieser der heiligen Katharina geweihten Kapelle verehrt man die Statue der Notre-Dame du Roncier. An der Basis des Chorhaupts sind noch die romanischen Strebepfeiler zu erkennen. In der Kapelle Sainte-Marguerite rechts vom Chor sieht man das Grabmal des Olivier de Clisson und seiner Gemahlin Marguerite de Rohan.

Wenn man auf der Rue Olivier Clisson weitergeht, erreicht man links über die Rue de Devins den Platz Saint-Martin mit den Ruinen der alten romanischen Kirche. Sie weist den in der Bretagne ziemlich seltenen benediktinischen Grundriß auf. Erhalten sind ein Teil des von zwei Absidiolen flankierten Chorhaupts im Süden sowie der südliche Querschiffarm und eine Absidiole im Norden. An dieser Nordabsidiole sieht man auch noch eine schmale Treppe, die einmal zum – heute nicht mehr vorhandenen – Glockenturm führte.

Von der Place Saint-Martin kehrt man an den Oust zurück, den man über die Brücke Sainte-Croix überquert, und erreicht durch malerische, schmale Gassen das Priorat SAINTE-CROIX, umgeben von seinem umfriedeten Pfarrbezirk mit Friedhof.

Josselin I. errichtete dieses Priorat 1030 für die Mönche von Redon. Die schmucklose Kirche mit ihrem schlichten Langhaus aus dem 11. Jahrhundert und schmalen, nach innen stark ausgeschrägten Fenstern sowie einem flachen Chorhaupt hat überdauert.

Auf dem Friedhof, der beherrschend über dem Tal liegt, erhebt sich ein interessanter, aus einem einzigen Monolithblock gemeißelter Calvaire (Bild 74). Die Relieftafel zeigt auf der einen Seite Christus am Kreuz, auf der anderen eine gekrönte Madonna. Auf den Schmalseiten erkennt man Johannes den Täufer, der das Lamm auf den Armen trägt, und den Evangelisten Johannes, der ein geöffnetes Buch hält. In diesem Teil des Morbihan trifft man noch einige weitere Calvaires dieser Art an.

Von der Esplanade des Priorats Sainte-Croix aus hat man einen schönen Blick auf das Schloß, das von dieser Seite einen ausgesprochenen Wehrcharakter hat und sich im Fluß spiegelt, als ob es darin versinke.

Von Josselin aus fährt man auf die D 126. Nach 3 Kilometern bietet uns GUÉGON mit seiner großen, hauptsächlich aus örtlichem Baumaterial, nämlich Schiefer, errichteten Kirche eine klassische, von Strebepfeilern flankierte romanische Fassade dar.

Auffällig ist eine schmale, recht hohe Fensteröffnung in der Mitte eines Strebepfeilers am nördlichen Querschiffarm – eine Disposition, der wir sonst nirgendwo begegnet sind.

Am Ortsausgang von Guégon kommt man rechts auf die D 123 nach GUÉHENNO. Dort steht in der Friedhofsmitte im Süden der Kirche der Calvaire aus dem Jahre 1550. Nachdem er während der Revolution beschädigt worden war, wurde er 1859 vom Pfarrherrn, dem Abbé Jacquot, wiederaufgestellt, restauriert und ergänzt. Vor dem Calvaire steht eine Säule, in deren Sockel die Leidenswerkzeuge eingemeißelt sind; oben auf der Säule steht der Hahn, der dreimal krähte. Am Calvaire selbst sieht man in Bodenhöhe die Propheten, an den Seiten des Sockels die vier Evangelisten. Vorne ist genau über dem Altar die Grablegung dargestellt.

Hoch über dem Calvaire mit seinen einzelnen Passionsszenen, wie der Kreuztragung oder der heiligen Veronika mit dem Schweißtuch, ragt das Kreuz Jesu über den Kreuzen der Schächer auf. Oberhalb der Schmerzensmutter, die ihren Sohn im Schoß hält, scheint der Kreuzesschaft aus dem Rücken Jesses herauszuwachsen.

Eingerahmt von zwei knienden Engeln ist der von den Toten auferstandene Christus an beherrschender Stelle am Beinhaus dargestellt, dessen Eingang zwei steinerne Wachtposten flankieren, während sich die heiligen Frauen mit schmerzvollen Gesichtern an das Grab Christi begeben. An der Längsmauer des Beinhauses führt ein Flachrelief den Gläubigen in beeindruckender Kurzfassung die verschiedenen Etappen der Leidensgeschichte vor Augen (Bild 76). Der Calvaire von Guéhenno unterscheidet sich deutlich von anderen Calvaires, doch zeugt er von einem tiefen Verständnis der Bibel und der kirchlichen Überlieferung und verwendet die traditionellen Elemente jedes bretonischen Pfarrbezirks, um auch uns die Wirklichkeit der Erlösung und der Auferstehung näherzubringen.

Von Guéhenno ist SAINT-JEAN-BRÉVELAY in acht Kilometern auf der D 778 erreicht. Diese Kirche ist einem englischen Heiligen, Johannes von Beverley, geweiht. So wie wir sie heute sehen, hat sie im Laufe der Jahrhunderte manche Veränderung erfahren; trotzdem läßt sich noch vieles der romanischen Zeit, wahrscheinlich dem 11. Jahrhundert, zuordnen.

Die Westfassade entspricht mit dem flachen Dreiecksgiebel der »bretonischen« Romanik. Ein kleines romanisches Fenster auf der Südseite ist zugemauert, aber seine Ausschrägung nach innen ist erhalten geblieben. An der Basis des südlichen Querschiffarms ist ein profiliertes Rundbogenportal eingelassen. Ein sorgfältig gesetzter und schön gezeichneter Vorbau an derselben Mauer trägt am Schlußstein einen bärtigen Männerkopf. Im Innern findet sich eine sehenswerte hölzerne Madonna mit Kind aus dem 14. Jahrhundert.

Die Rückfahrt nach La Trinité-Porhoët verläuft über die D 778, N 24 und D 793 (35 km).

27. Reiseweg: Die Täler des Oust und der Vilaine

Michelin-Karte 63, Falte 15, 4, 5. 102 km plus 40 km zurück nach Redon. Wegen des Andrangs zu dem großen, an mittelalterliche Traditionen anknüpfenden Markt von Redon, der in unmittelbarer Nähe der Abteikirche abgehalten wird, sollte man den Montag für Besichtigungen unter Umständen meiden.

Die am Zusammenfluß von Oust und Vilaine gelegene Stadt REDON (** RB, S. 55 ff.), die von einem wunderbaren, in der Bretagne einmaligen romanischen Glockenturm beherrscht wird, verdankt ihre Entstehung der alten, im 9. Jahrhundert vom heiligen Convoïon gegründeten Abtei. Diese berühmte Benediktinerabtei hatte einen gewaltigen Einfluß über ganz Armorika und wurde von Königen und Fürsten der Bretagne gefördert.

Die Kirche Saint-Sauveur hat die Jahrhunderte überdauert und legt noch Zeugnis vom ersten Bau ab. Das strenge, schlichte Langhaus endet in einer schönen Querschiffvierung, die von großen Pfeilern mit den einzigen hier unversehrten Kapitellen eingefaßt ist. Erhalten sind auch noch einige spätromanische Wandmalereien.

RIEUX erreicht man von Redon aus auf der D 775 und der D 114. Dort ist die Pfarrkirche Saint-Melaine zu besichtigen, ein ehemaliges Priorat, das bis zur Revolution der Abtei Saint-Gildas-de-Rhuys unterstand. Der Prior war gleichzeitig »recteur primitif«, d. h., er übte souveräne Rechte über die Pfarrei aus. Aus diesem Titel geht eindeutig hervor, daß die Kirche mindestens bis ins 11. Jahrhundert zurückreicht. Das bestehende Gebäude stützt diese Vermutung. Manche Autoren halten einen noch vorromanischen Bau für möglich.

Die Vierung bilden kurze, gedrungene zylindrische Pfeiler, die in die Chorwand eingebunden sind. Diese Pfeiler tragen große Spitzbogenarkaden mit doppeltem Bogenlauf. Der südliche Querschiffarm scheint wegen der kleinen, in karolingischer Art regelmäßig aufgeschichteten Granit-Bruchsteinen der älteste Teil zu sein. Die hohen romanischen Strebepfeiler, die den Giebel abstützen, sind in offensichtlich älteres Mauerwerk eingefügt.

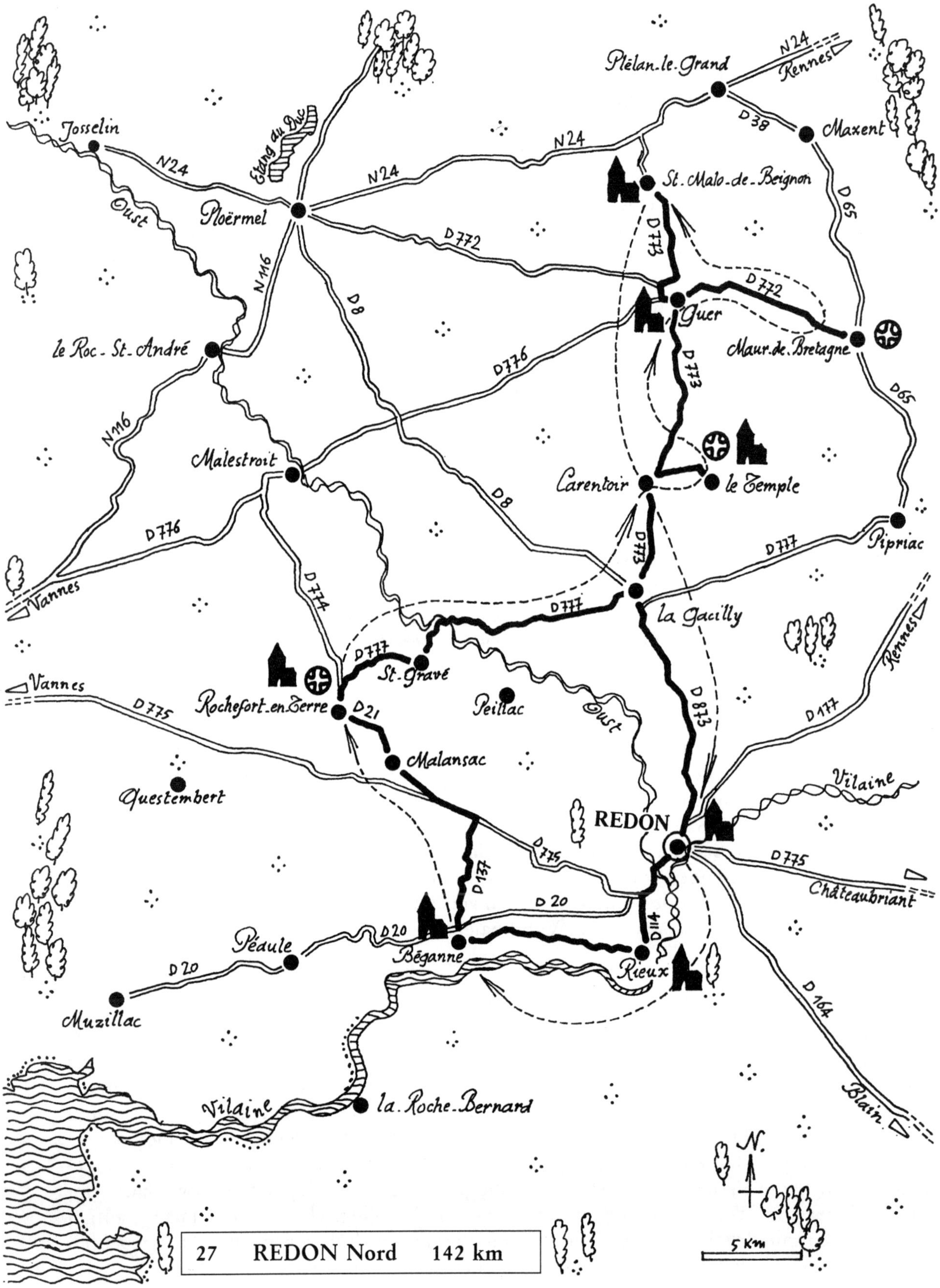

27 REDON Nord 142 km

Bei einer jüngeren Restaurierung behielt man die alten Bauteile bei, veränderte aber die Ausrichtung der Kirche, die nunmehr eine Nord-Süd-Achse hat.

Die Straße nach BÉGANNE folgt von weitem dem Lauf der Vilaine nach Westen und führt durch eine hübsche Gegend mit reizvollen Wasserläufen, die in die sich allmählich verbreiternde Vilaine münden.

Die Pfarrkirche Saint-Hermeland stammt größtenteils aus dem 12. Jahrhundert und wird schon in der Urkundensammlung von Redon im 11. Jahrhundert erwähnt. Wie bei vielen romanischen Kirchen in den Schiefergebieten der Bretagne waren die Mauern damals von recht wuchtigen Strebepfeilern abgestützt. Später wurde die Kirche um Seitenschiffe erweitert, aber die alten Strebepfeiler blieben erhalten und sind nun innen auf beiden Seiten in den Seitenschiffen zu sehen.

Auch die romanische Fassade ist erhalten. Sie wird von flachen Strebepfeilern flankiert. Links unten an dieser Fassade sieht man eine steinerne Christusfigur aus dem 12. Jahrhundert mit schmerzvollem Antlitz.

Von Béganne aus geht es auf die D 137, dann für zwei Kilometer auf die D 775, bis rechts die D 313 in Richtung Malansac und ROCHEFORT-EN-TERRE abzweigt. Diese Stadt mit ihren zwischen dem 15. und 18. Jahrhundert erbauten Granithäusern beherrscht sehr malerisch einen von tiefen Schluchten und Wäldern umgebenen Felsvorsprung. Von der Burg aus erspähte man alles, was sich auf die Stadt zubewegte.

Etwas hangabwärts liegt die Kirche Notre-Dame de la Tronchaye. Man sieht ihr die vielen Um- und Erweiterungsbauten an, die an ihr im Laufe der Jahrhunderte vorgenommen wurden, weil die Marienwallfahrt hierher immer größere Ausmaße annahm.

Das Schiff ist von seiner Struktur her romanisch geblieben, auch die Außenmauern blieben erhalten. Chor und Querschiff stammen sicher aus derselben Epoche; dies belegt das Rundbogenfenster, das sich nach dem Kirchenschiff zu oben in der Chorwand öffnet. Die Rundbogenarkaden ruhen auf zylindrischen Pfeilern mit Kapitellresten, wovon einige noch Skulpturen aufweisen. Die Basen dieser Rundpfeiler sind mit einem Rundstab und einer Hohlkehle versehen und ruhen auf quadratischen Sockeln. Auf der Südseite wurde noch ein zweites Seitenschiff angebaut, um die Kapelle mit der hochverehrten Marienstatue aufzunehmen.

1498 gründete Jean IV. de Rieux-Rochefort ein Kollegium für sieben Chorherren mit dem Auftrag, »jeden Tag das Hochamt und die Messe zu singen und abends ein Salve Regina vor Unserer Lieben Frau«. 1527 ließ sein Sohn Claude de Rieux zur Unterbringung der Chorherren den Chor erweitern. Im Laufe der Zeit kam es jedoch zu Differenzen zwischen den Chorherren und den Priestern, die an dieser Kirche den Pfarrdienst versahen – die Messen ließen sich nicht koordinieren. Man trennte daher den Chor durch einen großen steinernen Altaraufsatz von der Kirche ab und errichtete ein zweites südliches Seitenschiff.

1923 stellte man dieses Retabel an seinen heutigen Platz am Ende des Chors. Hier ist auch noch das Chorgestühl mit geschnitzten Miserikordien und den Namen der Chorherren erhalten. Ein einstiger Lettner dient nun hinten in der Kirche als Empore; dort kann man neben einem Retabel reichverziertes Mobiliar und die geschnitzten Pfetten bewundern.

Vor der nördlichen Vorhalle, durch die man die Kirche betritt, erhebt sich ein schöner Calvaire aus dem 16. Jahrhundert (Bild 72). Er steht auf einem Sockel mit sechs skulptierten

Bildtafeln, auf denen Passionsszenen dargestellt sind. Besonders auffällig sind zwei in der Bretagne sehr seltene Motive, die Annagelung ans Kreuz und die Himmelfahrt.

An der Basis des Kreuzesschaftes erkennt man unter kleinen Baldachinen Petrus, Paulus und Jakobus mit der Pilgermuschel sowie Johannes den Täufer mit dem Lamm Gottes.

Ein von zwei Engeln gehaltener kronenförmiger Baldachin wölbt sich über Christus am Kreuz zwischen Maria und Johannes auf der Ostseite. Auf der Rückseite, d.h. der Westseite, ist an demselben, hier zusätzlich von einem schönen Bogen überwölbten Kreuz voller lebensechter Bewegtheit die Kreuzabnahme dargestellt. Seltsamerweise sind auch die Schächer auf dieser Seite zu sehen.

Bemerkenswert ist, daß diese durchbrochenen Darstellungen aus einem einzigen Granitblock gemeißelt sind. Es ist eine der großen künstlerischen Leistungen, die die Bretagne hervorgebracht hat; wir verdanken sie einem Bildhauer, der seine Kunst meisterlich beherrschte.

Am Ortsausgang von Rochefort-en-Terre geht es auf die D 777. In La Gacilly nimmt man dann die D 773 nach Carentoir. Am Ortsausgang von Carentoir führt rechts eine kleine Straße zum Dorf LE TEMPLE. Die von den bretonischen Herzögen gegründete Komturei Carentoir wird schon in einer Urkunde von Conan IV. als Besitz des Tempelordens erwähnt.

Die Johanniter übernahmen das Erbe der Templer und gliederten die Komturei Carentoir dem Großpriorat Aquitanien an.

Die Johannes dem Täufer geweihte »chapelle du Temple« geht auf sie zurück; nahebei, auf dem Weg vom Dorf Le Temple nach Quelneuc stand das Schloß des Komturs; es wurde jedoch von den königlichen Armeen während der Religionskriege verwüstet und nicht wieder aufgebaut.

Von der Gesamtstruktur her kann man sich noch heute vorstellen, wie die Kirche Saint-Jean-Baptiste in romanischer Zeit ausgesehen haben mag. Das kleine rechteckige Langhaus hat keine Seitenschiffe; die Stirnwand vor dem Chor ist rein romanisch. Die Kirche war zweigeteilt: vom Sanktuarium bis zu dem so eigenartigen Gewölbe Komtureikirche, jenseits davon Pfarrkirche.

Links vom Chor befindet sich ein Grab mit der Liegefigur eines Tempelritters.

Am Chorhaupt ist ein altes, sehr schlankes Steinkreuz in Kleeblattform zu sehen, in dem fünf Löcher die Wundmale Christi symbolisieren. Sollte die ungewöhnliche Form des dreiblättrigen Kleeblatts eine Anspielung auf die Heilige Dreifaltigkeit sein?

In der Sakristei verwahrte man ein sehr altes, goldkupferüberzogenenes Holzkreuz mit doppeltem Querbalken und einer Christusfigur in einem bis zu den Knien herabreichenden Gewand. Wie man uns versicherte, existiert es noch, es wurde jedoch zur sicheren Verwahrung in die Pfarrkirche Carentoir gebracht.

Von Le Temple aus erreicht man über die D 248 MAURE-DE-BRETAGNE. Man biegt am Weiler Barriais links auf die D 59 und fährt dann rechts auf die D 772 bis zur Kreuzung mit der D 776, die am Friedhof von Maure-de-Bretagne entlangführt. Am Ende der Allee steht rechterhand vor einer hohen grünen Hecke ein sehr schönes Tafelkreuz (Bild 75). Die Tafel selbst ist rechteckig und oben unter einem dreieckigen Baldachin in ein dreiblättriges Kleeblatt aufgegliedert. Sie ruht auf einer Art Kapitell mit fein skulptiertem Blattwerk.

Christus ist an ein breites Kreuz genagelt. Maria und eine der heiligen Frauen stehen bei ihm. Auf der Rückseite präsentiert eine Madonna mit Krone ihren Sohn, der die Hand segnend erhoben hat. Zwei kleine Engel rahmen sie ein, einer trägt ein Weihrauchgefäß.

An den Seiten sind Petrus und ein Heiliger dargestellt, der seinen abgeschlagenen Kopf in den Händen trägt. Beide stehen auf einer Mondsichel.

Diese bemerkenswerte Tafel unterscheidet sich von anderen Kreuzen dieser Gegend, erinnert jedoch in manchem an den Calvaire auf dem Friedhof des Priorats Sainte-Croix in Josselin.

Man nimmt die D 772 nach Guer zurück und durchfährt einen großen Teil des Ortes stets auf der D 772, bis links eine Abzweigung zum Weiler Launay-Couëdor kommt. Etwas vor diesem Dorf zweigt rechts eine Straße nach SAINT-ÉTIENNE ab. Die Kapelle, die wir hier besuchen, ist eine der ältesten der Bretagne. Sie ist heute in Privatbesitz und dient als Scheune und Keller. Innen sind noch einige Malereien aus dem 15. Jahrhundert zu sehen, doch vor allem außen ist sie hochinteressant und lohnt wirklich einen Umweg.

Die Kapelle gehörte zu einem Priorat, das seinerseits dem Benediktinerpriorat Paimpont unterstand und 1211 Abtei wurde. Anscheinend ging das Priorat Saint-Étienne damals an die Augustinerchorherren über. Kapelle und Meierei wurden 1791 als Nationaleigentum verkauft und säkularisiert.

Saint-Étienne läßt sich nur schwer datieren. Daß diese Stätte dem heiligen Stephanus geweiht war, verrät ein hohes Alter. Bauweise und Ziegeldekoration lassen an die Karolingerzeit denken. Für manche Kunsthistoriker reicht die Kirche mindestens teilweise bis in die Merowingerzeit, ins 6. Jahrhundert zurück. Genauso vermutet man, daß hier von einem gallorömischen Gebäude stammendes Baumaterial wiederverwendet wurde. Fest steht jedoch, daß wir eine sehr alte Kapelle vor uns haben, die ihre Entsprechung in Saint-Éloi de Bagaron in Pléchatel hat, obwohl letztere noch urtümlicher ist (28. Reiseweg, S. 231).

Saint-Étienne besteht aus einem kleinen rechteckigen Raum, den an beiden Stirnseiten eine flache Mauer mit Spitzgiebel abschließt. Die alten Fensteröffnungen sind zugemauert, der aus einer flachen Schieferplatte gefertigte Fenstersturz ist aber noch sichtbar.

Das Mauerwerk ist sorgfältig aus kleinen Schieferbruchsteinen errichtet, die vor allem unten am Ostgiebel mit großen, dicken und glatten Ziegeln durchmischt sind. Es wird von mehreren verschieden großen Strebepfeilern abgestützt. Die äußerste Spitze des Ostgiebels ist mit mehreren, nach oben schmaler werdenden Ziegelbändern verziert. Teilweise bilden die Ziegel Dreiecke, deren Spitze nach oben weist und mit Bändern aus waagrecht gesetzten Ziegeln alternieren. Diese Mauer ist wohl der älteste Bauteil.

Man fährt nun auf demselben Weg nach Guer zurück, kann jedoch den Ort umgehen und biegt links auf die D 773 nach SAINT-MALO-DE-BEIGNON ab. Diese Pfarrgemeinde liegt zwar im Morbihan, gehörte jedoch zur Diözese Saint-Malo. Die Bischöfe hatten hier eine Sommerresidenz, die sie gern aufsuchten. So sind einige Bischöfe aus Saint-Malo im Chor beigesetzt, wie man aus den Grabplatten ersieht.

Die Kirche ist weitgehend romanischen Ursprungs, wurde allerdings später umgebaut. Sie hat ein kleinteiliges, unregelmäßiges Mauerwerk und erhält ihr Licht aus hohen, schmalen, innen stark ausgeschrägten Rundbogenfenstern. Innen ist ein schlichtes, aber zugleich sehr schönes Retabel zu bewundern.

Die aus warmgetöntem rötlichen Sandstein errichtete Fassade hat einen eigenartigen und seltenen Aufbau. Abgesehen von den beiden Eckstrebepfeilen, die für bretonische Fassaden typisch sind, nimmt hier ein breiter Mauerblock die ganze Mittelpartie ein. Er reicht bis zum Dach hinauf, nimmt allmählich an Breite ab und stellt so einen weiteren Strebepfeiler dar. In diesem Mittelstrebepfeiler öffnet sich das Portal. Auf dem von einer schlichten Deckplatte abgeschlossenen Gewände ruhen mehrere leicht zugespitzte Archivolten. Das Ganze läßt sich dem 12. Jahrhundert zuschreiben.

Die Rückfahrt direkt nach Redon verläuft über die D 773 und ab La Gacilly über die D 873, (40 km).

28. Reiseweg: Der Nordosten von Redon und das Tal der Vilaine

Michelin-Karte 65, Falte 5 und 6. Insgesamt 105 km

Von der Vilaine durchflossen, die allmählich breiter wird und vor allem um Redon Sümpfe bildet, und von Wald- und Heidelandschaften durchzogen, ist diese Region seit undenklichen Zeiten ein Durchgangsland, das die dem Atlantik zugewandte Südbretagne mit dem am Ärmelkanal gelegenen Umland von Rennes verbindet.

Die einzelnen Völker hinterließen hier viele und ganz verschiedenartige Spuren, von Megalithen bis zu gallorömischen Ruinen. Auch politisch spielte diese Region stets eine für die gesamte Bretagne wichtige Rolle: Könige, Fürsten und Herzöge residierten hier.

REDON (** RB, S. 55ff.) liegt am Zusammenfluß von Oust und Vilaine, wo die Gezeiten noch deutlich spürbar sind. Der Ort entstand, nachdem Convoïon, ein Priester aus der Diözese Vannes, im Jahre 832 auf einem Gelände, das er von dem bretonischen Oberhaupt Ratuili erhalten hatte, ein kleines Kloster gründete.

Die Abteikirche, die wir besuchen wollen und die 1789 bei einem Brand einige Joche eingebüßt hat, liegt an dem Platz, der als Keimzelle der Stadt anzusehen ist. Das Langhaus ist von schlichter Größe. Untersuchungen einzelner Mauerteile ergaben, daß es ins späte 11. Jahrhundert zurückreichen kann. Es wird durch einen Chor aus dem 13. Jahrhundert verlängert und ist von einem wunderschönen romanischen Glockenturm bekrönt, der sich durch die Verwendung verschiedenfarbigen Gesteins und durch eine raffiniert ausgearbeitete Gliederung der einzelnen Geschosse auszeichnet.

Man verläßt Redon in Richtung Rennes, fährt auf der D 177 bis nach Renac und nimmt dort rechts die D 55 nach LANGON. Die Pfarrkirche, die wohl in zwei Bauabschnitten während des 12. Jahrhunderts entstanden ist, ersetzt wahrscheinlich ein älteres Bauwerk, wenn wir einer Urkunde aus der Sammlung von Redon vom 11. Oktober 862 Glauben schenken wollen, die »zwei Kirchen, St. Peter und St. Venier«, erwähnt; noch heute heißt die romanische Kirche Saint-Pierre.

Die Lehnsherrschaft Langon war bis 1789 Besitz der Benediktiner von Redon, und der Abt fungierte als »recteur primitif« der Pfarrgemeinde.

Die ältesten Bauteile sind Chorhaupt, Absidiole und nördlicher Querschiffarm. Man beachte die geglückte Gliederung durch Stützpfeiler am Chorhaupt (Bild 77), die sich zu rundbogigen Blendarkaden verbinden; damit ist diese Verstärkung der Mauern in äußersten eleganter Weise gelöst.

Römischen Ursprungs sind offensichtlich die Köpfe im Innern, die in der Gegend gefunden und zu Dekorationszwecken wiederverwendet wurden.

Der eigenartige Turm aus dem 16. Jahrhundert mit breiter Mauerbasis und kleinen, zwillingshaften Turmhauben zeugt vom Können der örtlichen Zimmerleute.

Die nahegelegene Kapelle Sainte-Agathe ist sehr sorgfältig aus regelmäßigen Bruchsteinen mit Backsteinlagen errichtet. Es handelt sich um ein ehemaliges gallorömisches Bauwerk. Am Gewölbe der Innenapsis sieht man Spuren von Malereien aus derselben Zeit: ein Fresko, das vermutlich Venus darstellt, die mit ihrem Sohn im Meer spielt, wo sich deutlich erkennbar Fische tummeln. Dies ist die einzige gallorömische Malerei in Frankreich, die noch an ihrem ursprünglichen Platz verblieben ist.

Man fährt auf der D 56 aus Langon heraus bis Port-de-Roche, wo eine Brücke über die Vilaine führt, und weiter bis GRAND-FOUGERAY. Die Kirche dieses Ortes wurde zwar im 15. Jahrhundert umgebaut, hat jedoch interessante romanische Elemente bewahrt. Auf beiden Seiten des Turmvorbaus aus dem 18. Jahrhundert erkennt man noch gut die alte Fassade mit ihrem gestuften romanischen Rundbogenportal. Die innere Archivolte setzt sich abwechselnd aus weißen und rötlichen Keilsteinen zusammen, was sehr dekorativ wirkt. Die Mauern werden durch zahlreiche verschiedenartige Stützpfeiler verstärkt und stammen daher vom ursprünglichen Bau.

Im Innern gelangt man durch einen majestätischen Triumphbogen in den Chor. Auf der Nordseite beachte man eine Säule mit einer quadratischen Deckplatte, die von vier fein skulptierten Figuren gehalten wird.

Nach 2,5 Kilometern auf der D 69 erreichen wir die N 137 (Richtung Rennes) und gelangen nach BAIN-DE-BRETAGNE. Auf dem Friedhof unterhalb der Kirche erhebt sich ein eigentümlich geformtes Kreuz. Auf der gemauerten Basis und dem Sockel steht ein recht kurzer Schaft, der eine Art Tafel in Form eines vierblättrigen Kleeblatts trägt. Diese Tafel zeigt Christus am Kreuz zwischen Maria und Johannes. Christus hat die Arme fast in Orantengestus erhoben; auf der anderen Seite eine Madonna mit Kind.

Nach weiteren 4 Kilometern auf der N 137 zweigt in Le Châtellier links die D 84 ab. Sie führt nach PLÉCHATEL, wo ein sehr seltsames, unter Denkmalschutz stehendes Kreuz aus dem 15. Jahrhundert zu sehen ist. Früher war es vom Friedhof der alten Kirche umgeben; es ist an seinem alten Platz geblieben und steht heute nahe an der Post. Es ist ein komplexes

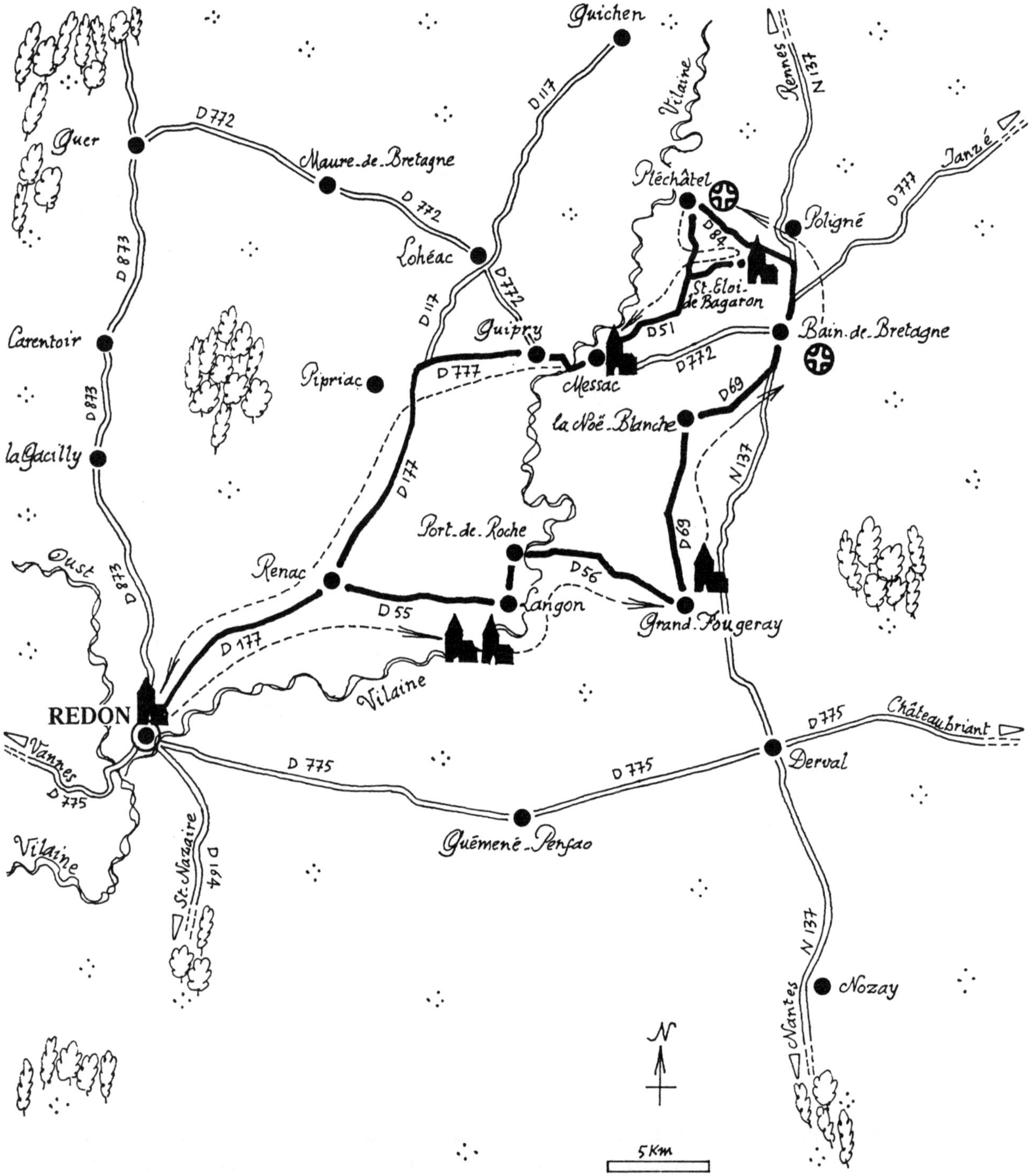

28 REDON Nordost 104 km

Monument, dessen vollständig skulptierter Schaft auf einer ersten gemauerten Basis, dann einem mit einem Kranzgesims verzierten Unterbau und schließlich einem Sockel steht.

Der eigentliche Schaft hat vier Seiten, die durch senkrechte, säulchenartig abgerundete Zierleisten getrennt werden. Auf jeder Seite stehen jeweils in einer kleinen Spitzbogennische, die an den Ecksteinen mit feinem Blattwerk verziert ist, drei Apostel übereinander. Jedem Apostel ist sein Attribut beigegeben. Außerdem steht sein Name in gotischen Lettern jeweils zu seinen Füßen.

Dieser Schaft trägt eine Art Deckplatte mit dreifachem Profil, auf der eine massive Relieftafel ruht. In diese Tafel ist auf der Westseite ein wuchtiges Kruzifix mit abgekanteten Ecken eingemeißelt; Maria und Johannes stehen zu beiden Seiten des Kreuzes. Die gekrönte Madonna auf der Ostseite hat zwei betende Engel zu ihren Füßen und reicht ihr Kind dar, dessen rechte Hand segnend erhoben ist. An der Seite sieht man jeweils eine Figur in priesterlicher Gewandung. Diese Figuren stehen in kleinen, dreieckigen Nischen, deren obere Spitze vom Kreuzesarm abgeschirmt wird; darüber, direkt am äußeren Ende des Kreuzbalkens, ist jeweils ein Hermelin eingemeißelt.

Eine Art dreieckiges Dach wölbt sich baldachinartig über dem Kreuz und trägt eine weitere viereckige Tafel mit einem ähnlichen Abschluß. Diese letzte Tafel zeigt auf den Hauptseiten eine Art Gnadenstuhl und den auferstandenen, siegreichen Christus sowie auf den Schmalseiten jeweils einen Engel.

In seinem großen Bedeutungsgehalt läßt dieses Kreuz sowohl an das sogenannte »Apostelkreuz« in Melrand (Bild 65; 21. Reiseweg, S. 197) denken – obwohl dieses jünger und anders ausgeführt ist, zeigt es doch auch über der Kreuzigung die Dreifaltigkeit –, als auch an die Apostelstele von Rungléo en Logonna-Daoulas (Bild 51; 17. Reiseweg, S. 170), wo die Skulpturen sicher älter sind.

An diesem Calvaire zeigt keine der Figuren starke Gefühlsäußerungen, im Gegenteil, das Ganze beeindruckt eher durch den tiefen, gesammelten Ernst, den es ausstrahlt.

In Irland gibt es in der Grafschaft Kildare ein »Apostelkreuz« aus dem 8. Jahrhundert, das Kreuz von Moone, das aber der Stele von Rungléo näher steht als der in Pléchatel, obwohl sich auch hier die Kreuzigung über der Apostelgruppe befindet.

Ab Pléchatel fährt man auf der D 84, bis rechts eine Straße zum Weiler Yvrieul abzweigt und nach etwa 300 Metern auf die D 42 stößt. Man nimmt die Allee, die links nach SAINT-ÉLOI DE BAGARON führt. Die heute säkularisierte und als Scheune benutzte Kapelle Saint-Éloi ist in Privatbesitz. Freundlicherweise ist die Besichtigung aber gestattet.

Das kurze rechteckige Schiff wird nach Osten von einem geraden Chorhaupt abgeschlossen, doch gab es einmal eine kleine halbrunde Apsis, deren Ansatz noch deutlich sichtbar ist.

Die Westfassade ist sehr schlicht. Ihren Dreiecksgiebel kann man in der benachbarten Scheune sehen. Das Rundbogenportal mit seinen zwei Bogenläufen zwischen zwei Strebepfeilern ist zugemauert.

An den Ecken dieser Fassade sind weitere, ziemlich stark hervortretende Strebepfeiler aus sorgfältig gemauerten Schieferquadern erhalten. In der Südwand öffnet sich ein zweites Rundbogenportal unter zwei Archivolten aus schmalen, sorgfältig zugerichteten Keilsteinen. Ein drittes, heute zugemauertes Portal in der Nordseite ging auf den Friedhof, dessen Umfriedung sich noch andeutungsweise erkennen läßt. Vier schmale Rundbogenfenster erhellen das Innere. Das kleine Gebäude ist schwer zu datieren. Von der Bautechnik her erinnert es an Saint-Philbert-de-Grand-Lieu (30. Reiseweg, S. 241) und an das bescheidenere Saint-Étienne-de-Guer (27. Reiseweg, S. 229).

In alten Dokumenten ist diese Kapelle als Kapelle einer *frérienne*, einer »Bruderschaft« ausgewiesen. Als *frérie* bezeichnete man eine Gruppe von Familien bzw. Haushalten, die gemeinsame Tätigkeiten und Interessen hatten, und nicht nur durch den ausgeübten Beruf verbunden waren (*confrérie*), sondern auch durch den Wohnsitz in einem relativ kleinen Gebiet (*frérie*). Es kam vor, daß sich eine solche *frérie* eine eigene Kapelle erbaute, und das scheint hier der Fall gewesen zu sein. Man findet denn auch in der Heide und in den Wäldern von Bagaron viele Spuren von Schmieden, die mit Holz betrieben wurden, sowie Schlackeansammlungen, die mindestens auf das 12. Jahrhundert zurückzugehen scheinen. Deshalb kann man annehmen, daß die Kapelle mitsamt ihren Nebengebäuden, die ziemlich genau in der Mitte diese Gebiets liegt und zudem dem heiligen Eloi (Eligius), dem Patron der Schmiede, geweiht war, für diese Handwerker und ihre Familien erbaut wurde, die auch auf dem angrenzenden Friedhof bestattet wurden.

Zurück auf die D 42, dann links bis »Le Sapin«, der Kreuzung mit der D 51; die D 51 führt nach MESSAC. Schon im Jahre 843 findet diese Pfarrgemeinde im Zusammenhang mit einem Sieg der Bretonen über die Franken Erwähnung. Damals gehörte sie zur Diözese Nantes. Sehr früh hatte die Abtei Paimpont Besitzungen in Messac. Die Mönche erbauten die Kirche, die große Analogien mit dem benediktinischen Grundriß aufweist. Grundformen sind erhalten, obwohl die Kirche in den letzten Jahrhunderten mehrmals umgebaut und restauriert wurde.

Auf das Hauptschiff, dem später zwei Seitenschiffe angefügt wurden, folgt ein Triumphbogen und dann ein schmalerer, von einer halbrunden Apsis abgeschlossener Chor. Die beiden Absidiolen, die einmal den Chor flankierten, existieren nicht mehr, sie wurden durch Kapellen für den örtlichen Adel ersetzt. Auf der Südseite ist ein romanisches Fenster erhalten, das das Langhaus erhellt.

Die alte Fassade wird zum Teil von einem Turmvorbau verdeckt, ist jedoch in ihrem romanischen Teil unversehrt. Wie in Grand-Fougeray besteht der Rundbogen der einzigen Archivolte aus abwechselnd weißen und braunen Keilsteinen.

Auf der Südseite öffnet sich ein Rundbogenportal mit doppelter Bogenstellung; es wird von einem hölzernen Vordach abgeschirmt, das auf zwei polygonalen Pfeilern aufliegt. Dieselbe Anordnung findet man auch in Saint-Jean-de-Béré in Châteaubriant (31. Reiseweg, S. 247) und in Saint-Martin de Lamballe (7. Reiseweg, S. 53). Vielleicht sind hierin die Vorstufen zu den tiefen steinernen Portalvorbauten der folgenden Jahre zu sehen.

Bemerkenswert ist das archaische Mauerwerk der Südwand, wo die mittelalterlichen Baumeister verschiedenfarbiges Material verwendeten, das dieser Mauer durch sein Farbenspiel einen besonderen Akzent verleiht.

Die Apsis wird von Strebepfeilern abgestützt, zwischen denen sich heute zugemauerte Schießschartenfenster öffneten. Der Chor ist mit einem großen Retabel ausgeschmückt, so daß keine Beleuchtung von außen mehr erforderlich war.

Zur Rückfahrt nach Redon geht es am Ortsausgang von Messac auf die D 777, die die Vilaine in Port-de-Guipry überquert und 7 Kilometer weiter in die D 177 mündet; von dort aus sind es noch 21 Kilometer bis zu unserem Ausgangsort.

29. Reiseweg: Im Westen von Nantes und im Norden der Loire

Michelin-Karte 63, Falte 14–16. Insgesamt 151 km

Am Zusammenfluß von Loire und Erdre gelegen und Tag für Tag den Gezeiten ausgesetzt, die in den breiten Flußmündungstrichter hineinfluten, ist NANTES eine seit der frühen Antike bekannte Hafenstadt. Sie war Hauptstadt des Volksstamms der Namneter und heißt in alten Dokumenten *Condevicnum* und *Portus Namnetus.* Als eine bedeutende gallorömische Stadt scheint sie schon im 2. Jahrhundert das Christentum angenommen zu haben.

Die romanische Zeit hat wenig Spuren hinterlassen. In der Kathedrale Saint-Pierre hat man 1886 unter dem Chor eine Krypta entdeckt. Sie war Ende des 10. Jahrhunderts, vielleicht Anfang des 11. Jahrhunderts, errichtet worden, um die sterblichen Überreste des 843 von den Normannen getöteten Bischofs Gohard (Gunhardus) aufzunehmen. Darüber befand sich der erhöhte Chor einer um 980 errichteten Kirche, die ihrerseits durch die romanische Kathedrale ersetzt wurde. Von letzterer ist heute außer einem Kapitell im Stadtmuseum nichts mehr erhalten.

Nach den noch vorhandenen Bauteilen ist anzunehmen, daß die Krypta einen Umgang besaß, so daß die Gläubigen um das Grab in der Mitte gehen konnten. Die Restaurierungsarbeiten, die derzeit im Gange sind, werden genauere Erkenntnisse über diese weit zurückreichenden Zeugnisse des religiösen Lebens in Nantes erbringen.

Anschließend sollte man die Kirche Saint-Donatien aufsuchen. Nordöstlich von der Kathedrale geht es durch die Rue du Maréchal Joffre und dann links durch die Rue Dufour, die auf den Kirchplatz mündet.

Auf dem alten Friedhof, der das Chorhaupt umgibt und früher außerhalb der Stadtmauern lag, steht ein kleines Bauwerk vom Anfang des 6. Jahrhunderts, die Kapelle Saint-Étienne. Sie wurde von Bischof Epiphanius errichtet, um die Reliquien des heiligen Stephanus aufzunehmen, die er aus dem Heiligen Land mitgebracht hatte. Der Bischof wurde dort gegen 535 beigesetzt.

Es ist ein kleiner rechteckiger Bau aus regelmäßigen kleinen Granitsteinen, deren Schichten von zunächst einfachen, dann doppelten Ziegelreihen unterbrochen werden. Das Mauerwerk ist in jeder Beziehung mit der Kapelle Sainte-Agathe in Langon vergleichbar (28. Reiseweg, S. 230), wenngleich die Anlage in Nantes einfacher ist. Wahrscheinlich noch in spätromanischer Zeit wurde die Fassade zerstört und die Apsis verändert.

Man verläßt Nantes in westlicher Richtung (Saint-Nazaire-Vannes) und nimmt die Schnellstraße N 165 bis zu der Kreuzung mit der N 171, die nach Savenay auf der Höhe von Escoublac zur D 99 wird und nach Guérande führt. Auf dieser Strecke umfährt man von Süden her den für seine Salzgärten berühmten Regionalpark Grande Brière.

GUERANDE (** RB, S. 345 ff.) wurde unter dem Namen *Grannona* von den Römern in der Absicht erbaut, hier ein Bollwerk gegen die Sachsen zu schaffen. Ihren heutigen Namen verdankt die Stadt den britannischen Einwanderern, die sie »Gwenn Rann« (weißes Land) nannten, sicher wegen der Salinen im Umland. Man hat in der Umgebung römische Salzverarbeitungsanlagen gefunden.

Die Kirche wurde im Laufe der Jahrhunderte wiederholt umgebaut. Es sind jedoch interessante Elemente aus dem 12. Jahrhundert erhalten sowie eine Kapitellskulptur, die in Motiv und Ausführung der in der Kirche von Merlévénez (22. Reiseweg, S. 201) gleicht und aus derselben Schule stammt.

Über die Treppe des Glockenturms erreicht man eine achteckige Außenkanzel aus dem 15. Jahrhundert rechts vom Westportal.

Man verläßt Guérande auf der D 51 und fährt nach La Chapelle-des-Marais auf der D 2 bis SAINT-GILDAS-DES-BOIS. Hier gab es wahrscheinlich schon im 6. Jahrhundert eine kleine Pfarrgemeinde unter dem Ortsnamen Lampridic.

Um 1020 schenkte der Lehnsherr von La Roche-Bernard, Simon, diese Ländereien der Abtei Saint-Sauveur in Redon (28. Reiseweg, S. 230). Diese Schenkung wird durch eine Stiftungsurkunde aus dem Jahre 1026 bestätigt. 1060 wird der Stifter in der Kirche beigesetzt. Die Abtei stellte sich unter den Schutz des heiligen Gildas. Die Abteikirche wurde recht bald Pfarrkirche.

Seit 1828 leben die Schwestern von der »Instruction chrétienne« im Kloster. Sie gewähren sehr freundlich Einlaß in ihren Garten, von dem aus man die von außen unzugängliche Apsis der Kirche sehen kann.

Die 1206 fertiggestellte Kirche aus rötlichem Sandstein ist aus kleinen, sehr regelmäßigen Bruchsteinen errichtet. Im 19. Jahrhundert ist sie umgebaut worden. Bei den Bombardements von 1944/45 wurden Dachstuhl und Gewölbe zerstört, dann aber im mittelalterlich-bretonischen Stil wiedererrichtet.

Von dem ersten Bauabschnitt (11. Jahrhundert) sind erhalten: die Basis des von Rundbogenfenstern durchbrochenen Vierungsturms, der nördliche, an den Ecken von doppelten Stützpfeilern verstärkte Querschiffarm mit einem Oculus im Giebel und ein Teil der Chorwand mit einer großen Rundbogenarkatur.

Das Langhaus entstand im Laufe des 12. Jahrhundets und ist äußerst nüchtern, was noch durch die Verwendung des warmtonigen, in sich schon dekorativen Sandsteins hervorgehoben wird.

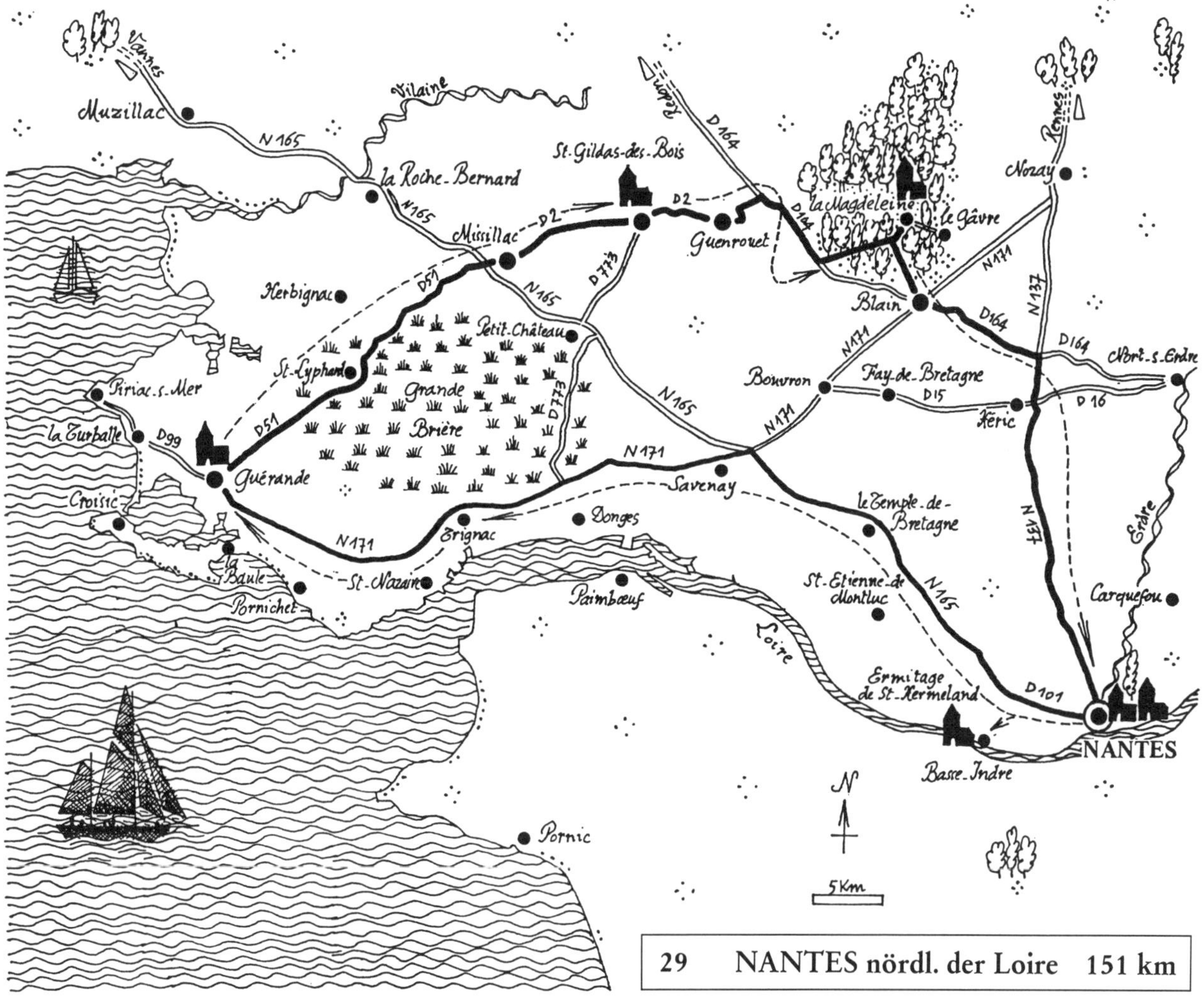

29 NANTES nördl. der Loire 151 km

Die leicht spitzbogigen Arkaden, die das sechsjochige Hauptschiff von den Seitenschiffen trennen und einfach gestuft sind, ruhen abwechselnd auf »schwachen«, einfachen Rundpfeilern mit einem ebenso einfachen Rundkapitell und »starken«, ebenfalls zylindrischen Pfeilern, in die aber Halbsäulen eingebunden sind. Dabei reichen die dem Hauptschiff zugewandten Halbsäulen bis zur Höhe des Arkadenscheitels empor. Auf der Südseite des Querschiffs gelangt man durch einen Rundbogen ins Seitenschiff; der entsprechende Bogen auf der Nordseite ist leicht zugespitzt. Das Schiff wird durch romanische Rundbogenfenster erhellt, die über jeder Arkade eingelassen sind und sich nach innen stark ausschrägen.

Die Vierung besteht aus vier leicht gestelzten Spitzbogenarkaden. Sie ruhen auf kreuzförmigen Pfeilern mit Kapitellen, die mit flachem Blattwerk verziert sind. Der Südwestpfeiler wurde erneuert und verstärkt. Wie in Redon (28. Reiseweg, S. 230) wölbt sich über der Vierung eine auf Trompen aufliegende Kuppel.

Der Chor wurde offensichtlich ganz zu Beginn des 13. Jahrhunderts umgebaut, aber die Apsis scheint noch größtenteils in ihrer ursprünglichen Form erhalten zu sein, wie aus manchen Details ersichtlich wird. Zwischen zwei Strebepfeilern öffnet sich ein Rundbogenfenster, das durch den Rundstab, der die beiden Strebepfeiler miteinander verbindet, noch betont wird. Auch die beiden unregelmäßigen Fenster in der Südwand der Apsis – das eine mit einem abgeflachten Rundbogen, das andere spitzbogig – bestätigen die Beibehaltung der ursprünglichen Bausubstanz.

Die schöne Westfassade öffnet sich in einem aus fünf Spitzbogenarkaden gebildeten Vorbau. Der innere, scharfkantige Bogenlauf ruht auf ebenfalls scharfkantigem Gewände, während die fünf übrigen Bogenläufe auf kleinen Säulen ruhen, deren Kapitelle mit Eichenlaub verziert sind. Die beiden stark hervortretenden Strebepfeiler an den Ecken der Fassade sind jeweils zweimal zu einem stark geneigten Traufdach abgestuft. Der warme Ton des Steins mildert die etwas herbe Strenge dieser Fassade, die aber trotz ihrer Schlichtheit sehr erlesen wirkt.

Wir setzen unseren Weg auf der D 2 bis zur Kreuzung L'Epinay-Lancé fort; dort geht es rechts auf die D 164 bis zum Wald von Gâvre, wo links ein Forstweg zur Kreuzung Belle-Étoile führt; man überquert sie und fährt, wie ausgeschildert, nach LA MAGDELEINE.

Das alte Dorf schart sich um die kleine Kapelle, die einmal zu einer Leproserie gehört hatte. Sie wurde vor 1202 gegründet und ging als Schenkung an die Abtei Blanche-Couronne, deren Priorat sie wurde. Am Gebälk ist noch die Jahreszahl 1199 als Entstehungsdatum zu lesen. Das kleine Gebäude hat ein einfaches rechteckiges, holzverkleidetes Schiff, das sein Licht durch drei Fenster erhält. Zwei sind stark ausgeschrägt und rundbogig, das dritte in der Fassade ist spitzbogig. Über der Fassade erhebt sich ein kleiner schiefergedeckter Glockenturm aus derselben Zeit.

Das südliche Seitenportal bewahrt noch seine ursprüngliche Form; außen setzt sich der Rundbogen aus einfach zugerichteten Bruchsteinen zusammen, innen befindet sich über der primitiven Abschlußvorrichtung der Tür ein archaischer hölzerner Türsturz.

Im Kirchenschiff bestand der Boden aus hartgetretener Erde, nur der Chor war mit breiten Schieferplatten gepflastert. Dieser Pflasterboden wurde Ende des 19. Jahrhunderts erneuert, gleichzeitig errichtete man eine Apsis mit drei schrägen Seitenflächen.

Eine schöne Piscina aus dem 13. Jahrhundert ist in das Mauerwerk eingelassen.

In der Kapelle wird eine alte Statue der Notre-Dame de Grâces aus dem 14. Jahrhundert verehrt. Die Madonna steht aufrecht und hält auf dem linken Arm das Kind vor der Brust, während sie es mit dem rechten umfängt. Als die Lepra aus dieser Gegend verschwunden war, hatte man die Kapelle nach ihr benannt, trotzdem hat sich aber bis heute der Name »La Magdeleine« erhalten.

Zurück nach Nantes fährt man entweder auf der D 42 nach Le Gâvre und weiter nach Blain oder aber wieder zur Kreuzung Belle-Étoile und von dort aus nach Blain; von Blain auf die D 164 und N 157, die von Norden in die Stadt führt.

Ein zusätzlicher Ausflug: Das Oratorium Saint-Hermeland auf der Ile d'Indret

Wenn man etwas länger in Nantes bleibt, sollte man sich auf einer Loire-Insel, der ILE D'INDRET, ein sehr interessantes Bauwerk ansehen. Die Insel erreicht man entweder mit einer ausschließlich Fußgängern vorbehaltenen Fähre, die von dem schönen Flußquai in Basse-Indre am rechten Loire-Ufer abgeht, oder aber, wenn man am linken Loire-Ufer über La Montagne hinausfährt und nach einem Kilometer auf eine 300 Meter lange, baumbestandene Chaussee gelangt, die die Insel mit dem Flußufer verbindet.

Die im 7. Jahrhundert erbaute Einsiedelei des heiligen Hermeland steht an der äußersten Westspitze der Insel. Der heilige Hermeland, ein aus Noyon in der Picardie stammender Benediktinermönch, kam auf Ersuchen des heiligen Pasquier (Pascharius), des Bischofs von Nantes, im Jahre 675 in Begleitung mehrerer Mönche aus der normannischen Abtei Fontenelle hierher. Er gründete auf der Insel Aindre (heute Indret) ein Kloster und starb dort im Jahre 684, nachdem er das Land nördlich der Loire christianisiert hatte. Sein Kloster wurde im 9. Jahrhundert, wahrscheinlich 843, von den Normannen zerstört.

Von der Klosteranlage des 7. Jahrhunderts ist ein seltsames Monument übriggeblieben: zwei aneinandergebaute halbkugelförmige Türme, jeder mit einer kleinen, einer Halbkuppel überwölbten Apsis; die Apsiden werden durch ein Fenster erhellt, dessen Rundbogen in den monolithen Fenstersturz eingemeißelt ist.

Ins Innere gelangt man über eine um die Außenmauer herumführende Treppe, denn das Bauwerk liegt im Verhältnis zum Bodenniveau erhöht.

Das Mauerwerk hat zwar seine Verzierungen eingebüßt, besitzt aber alle Charakteristika der Merowingerzeit und bestätigt damit die in der Regel genannte Datierung, wonach diese Ruinen der allerersten Einsiedelei des heiligen Hermeland zugeschrieben werden können.

Außerdem weiß man, daß das Kloster zwei Patronen, St. Peter und St. Paul, geweiht war; jeder wurde in einem eigenen Oratorium verehrt.

Vermutlich hat man es hier mit zwei aneinandergebauten Apsiden zu tun oder aber mit den Ruinen einer dieser seltenen »Bienenwaben«-Konstruktionen, von denen man in der Bretagne noch zwei weitere Beispiele findet: auf der Ile de Maudez und in der Umgebung von Perros-Guirec, beide im Departement Côtes-du-Nord.

30. Reiseweg: Nantes, südlich der Loire

Michelin-Karte 67, Falte 2–4. Insgesamt 156,6 km

Auf diesem Reiseweg durchfahren wir den äußersten Süden der Bretagne, ein von der Bucht von Bourgneuf gesäumtes, kaum durch Höhenzüge profiliertes Land, durchflossen von bedeutenden Flüssen wie der Sèvre Nantaise, die man von Clisson aus überschaut. Land der Sümpfe und der Seen, von Kanälen und *étiers* – Kanälen, durch die das salzhaltige Meerwasser herangeleitet wurde – wie von einem Gitter durchzogen.

Schon sehr früh war dieses Land besiedelt, wurde an seiner Atlantikküste Salz gewonnen. Von den Salinen sind jedoch nur noch wenige übriggeblieben, da die Bucht nach und nach versandete und der Ozean zurückweichen mußte.

Man verläßt Nantes in südlicher Richtung und überquert die Loire auf den Madeleine- und Pirmil-Brücken, fährt dann Richtung Poitiers auf der N 149, von der links die D 115 nach LE LOROUX-BOTTEREAU (** RB, S. 349 ff.) abbiegt. In der dortigen Pfarrkirche sind Fresken zu sehen, die eine Episode aus dem Leben des heiligen Gilles (Ägidius) schildern, in der der Heilige Karl den Großen zur Ordnung ruft.

Anschließend fährt man auf der D 37 nach Vallet. Am Ortsausgang gelangt man von der D 763 auf die D 116 und dann auf der Höhe von LE PALLET auf die N 149. Am Ortsausgang von Le Pallet (in Richtung Clisson) steht links von der Straße auf einer kleinen Anhöhe über dem Friedhof der Chor einer alten Kirche, der Kapelle Saint-Anne (Bild 78), die wahrscheinlich einmal die Schloßkapelle gewesen ist. Abaelard war in Le Pallet zu Hause. In einem seiner Briefe spricht er von einem Oppidum namens »Palatum«, was sich auf diesen kleinen befestigten Ort, der durch einen großen Burghügel mit quadratischem Bergfried verteidigt wurde, beziehen läßt. Auf dem Konzil von Agde im Jahre 506 nennt sich einer der Unterzeichner »Pierre, Bischof von Le Pallet.«

Von der sehr alten Kirche sind geringe Teile des Langhauses und der Chor erhalten, den ein schöner Bogen aus sorgfältig behauenen Steinen vom Schiff trennt. Das Ganze ist mit Granitquadern eingewölbt. Die mit einer Halbkuppel versehene Apsis erhält ihr Licht durch drei außen ungewöhnlich schmale Fenster, die sich nach innen durch die Ausschrägung stark erweitern. Zweierlei Arten Strebepfeiler stützen das Gebäude stark ab: Die einen verlaufen flach bis zum Dach; die anderen, die wie dicke Balken wirken, müssen nachträglich angefügt worden sein, denn einer davon verdeckt teilweise ein Fenster.

Auf der Nordseite ist bis zur Höhe des ersten Stockwerks eine starke Mauer hochgezogen. Über dem vom Chorinnern aus nicht sichtbaren Eingangsportal öffnet sich ein stark ausgeschrägtes Fenster. Auch ein Strebepfeiler ist noch erhalten. Vielleicht handelt es sich um den Rest eines ehemaligen Glockenturms, was sich aber von Lage und Anordnung her nur vermuten läßt.

Weiter geht es auf der N 149 bis CLISSON. Dieses mittelalterliche Städtchen liegt besonders malerisch gegenüber der Moine-Mündung und über dem Sèvre-Tal. Es wurde an einer strategisch äußerst günstigen Stelle als vorgeschobene Zitadelle der Bretagne errichtet und ist seit Urzeiten bewohnt. Vor der Revolution spielten die Herren von Clisson stets eine ruhmreiche Rolle in der Geschichte.

Aus romanischer Zeit sind noch drei Kirchen erhalten: La Trinité, die Dreifaltigkeitskirche, ist die älteste; sie wird schon im Jahre 855 urkundlich erwähnt.

La Madeleine ist eine Gründung der Templer, sie besitzt eine Glockenwand, für die sich in der Bretagne nur drei Beispiele – stets an Templer-Kirchen – finden. Saint-Jacques, ein ehemaliges Priorat der Abtei Saint-Jouin-de-Marnes ist heute Privathaus; man kann es nur von außen sehen, wo jedoch sein romanischer Charakter gänzlich erhalten ist.

Am Ortsausgang von Clisson nimmt man die D 117 in westlicher Richtung bis Aigrefeuille-sur-Maine, durchquert den Ort und fährt weiter auf der D 117 bis SAINT-PHILBERT-DE-GRAND-LIEU.

Der im 7. Jahrhundert als Sohn eines Würdenträgers am Hofe des Königs Dagobert geborene Filibert entschloß sich, in ein nach der Regel des heiligen Columban ausgerichtetes Kloster im Departement Seine-et-Marne einzutreten, wo er im Jahre 650 zum Abt gewählt wurde. Nach vielen Prüfungen und einem Aufenthalt im Gefängnis gründete er gegen 676 auf Noirmoutier, einer damals zur Diözese Poitiers gehörenden Insel, ein Kloster. Dort starb er und wurde in einem Sarkophag beigesetzt.

Bei den Normanneneinfällen flüchteten die Mönche auf ein Landgut auf dem Festland nach Déas. Dieses Gut verdankten sie der Freigebigkeit des Bischofs Ansoaldus von Poitiers, der ihnen im Juli 677 ein ihm gehörendes Landhaus sowie drei weitere Güter überlassen hatte. Diese Ländereien lagen nahe am See von Grand-Lieu.

Angesichts der wiederholten Normanneneinfälle beschlossen die Mönche, in Déas eine neue Abtei zu gründen, und errichteten im Jahre 815 die Kirche. 836 verließen sie Noirmoutier endgültig und überführten den Sarkophag mit den sterblichen Überresten des heiligen Filibert in ihr neues Kloster. Eigens für diesen Sarkophag errichteten sie ein kleines, kryptenartiges Gebäude mit flachem Dach, das sie vorsorglich hinter einer Mauer verbargen, so

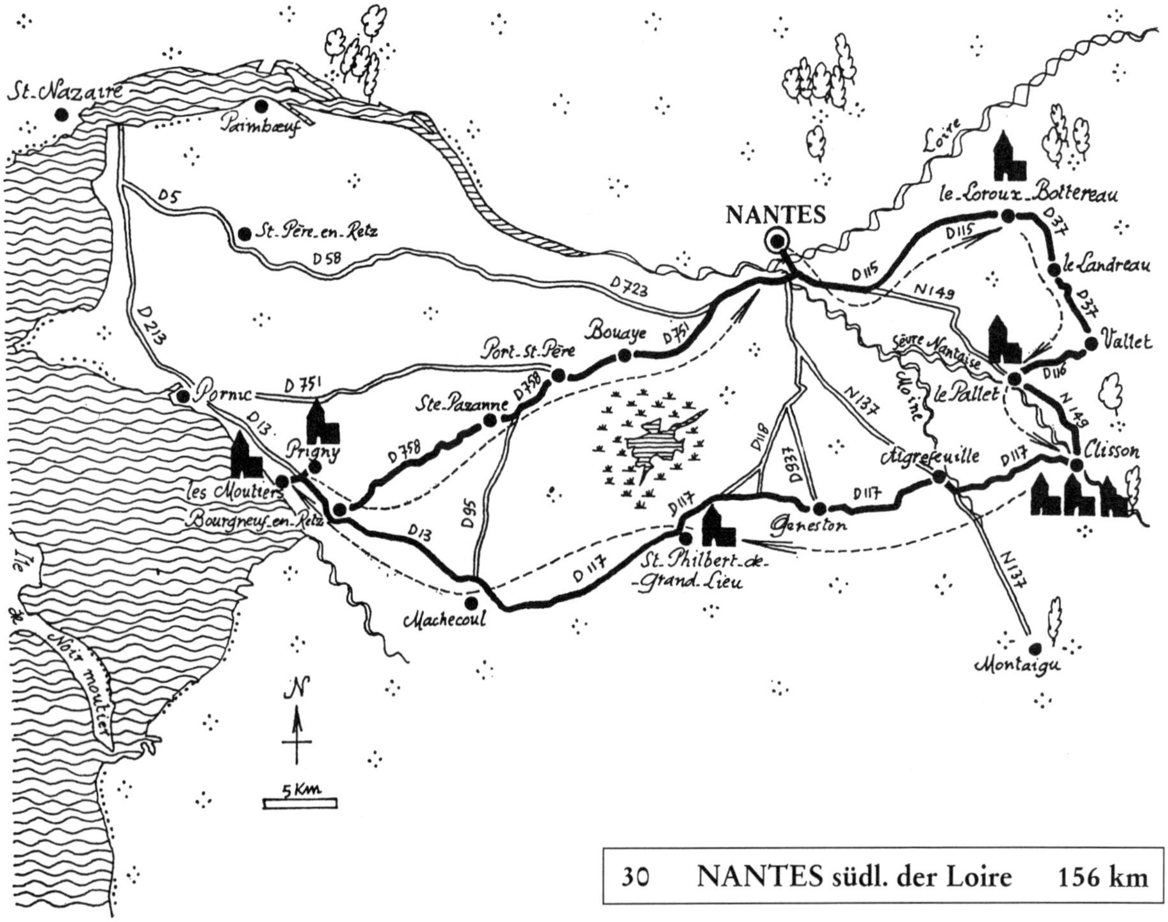

30 NANTES südl. der Loire 156 km

daß es den Normannen nicht gleich ins Auge fallen konnte. Es folgten aber weitere Normanneneinfälle, bei denen schließlich die Kirche abbrannte.

Die Mönche flohen mit den Reliquien des Heiligen und ließen sich zunächst in Cunault am Loire-Ufer nieder, kehrten nochmals nach Déas zurück, um dann aber diesen Ort endgültig zu verlassen, und – nach einem zweiten Aufenthalt in Cunault und weiteren Stationen in Messay im Poitou und Saint-Pourcain – schließlich im Jahre 875 ihren Exodus in Tournus (Saône-et-Loire) zu beenden. Um das 12. Jahrhundert nahm die Stadt Déas den Namen der Kirche Saint-Philibert an und fügte den Namen des in der Nähe gelegenen Sees hinzu.

Die Kirche ist ein wichtiges Zeugnis der Karolingerzeit und in dieser Hinsicht einmalig in Frankreich. Durch verschiedene Umbauten, die anscheinend schon Ende des 9. Jahrhunderts einsetzten, hat sie allmählich ihr heutiges Aussehen erhalten. Man hat jedoch auch Elemente der allerersten, zwischen 814 und 819 errichteten Kirche wiedergefunden; ihr Grundriß ist durch eine dunkle Linie auf dem Boden markiert. Vielleicht lassen sich sogar einige Spuren eines noch älteren Bauwerks erkennen. Von außen ist die Kirche nicht sonderlich interessant, die Mauern sind oft ausgebessert worden, die Fassade ist fast völlig neu.

Schon beim Eintreten überraschen die Dimensionen des Kirchenschiffs und die Anordnung und Struktur der massiven Rechteckpfeiler, auf denen die einfach gestuften Rundbögen ruhen (Bild 79). Diese Pfeiler bestehen aus abwechselnden Schichten von weißem Haustein und roten Ziegeln, in deren Lagen auch weinrote Schieferbruchsteine zu finden sind. Im 12. Jahrhundert wurden im Querschiff Veränderungen vorgenommen. Den als Rundbogen wiederhergestellten Nordbogen tragen zwei wiederverwendete römische Marmorsäulen mit Kapitellen. An dem sicher späteren Südbogen deutet sich ein leichter Spitzbogen an.

Der jetzige Chor mit Apsis und Krypta ist den Umbauten zuzuordnen, die im Jahre 836 vorgenommen wurden, um den Sarkophag des heiligen Filibert vor dem Normanneneinfall in Sicherheit zu bringen. Über eine kleine Treppe gelangt man in die Krypta. Dort sieht man noch den Marmorsarkophag des Heiligen. Die Mönche ließen ihn zurück, bedeckten ihn jedoch mit Erde und Schutt, um ihn vor der normannischen Zerstörungswut zu schützen. Erst 1865 wurde er wiederentdeckt.

Es sei vermerkt, daß abgesehen von dem weißen Haustein, der aus Steinbrüchen des Poitou kommt, fast alle Materialien aus örtlichen Steinbrüchen stammen und daß die Ziegel direkt aus der Erde von Déas gebrannt wurden und Ton enthalten, der schon von den Römern verwendet wurde.

Man setzt die Fahrt auf der D 117 fort, umgeht Machecoul im Norden und nimmt dann die D 13 nach PRIGNY. Die auf einer kleinen Anhöhe erbaute Kirche Saint-Jean-Baptiste macht mit ihrem massiven Glockenturm, der fast wie ein Donjon aussieht, und den wuchtigen Strebepfeilern, die sie auf derselben Seite erheblich verstärken, den Eindruck, als sei sie gebaut, um den Meeresstürmen standzuhalten, denn früher überschaute sie inmitten eines sehr geschäftigen Hafens das Meer, dessen Küste heute etliche Kilometer entfernt liegt.

In früheren Zeiten war Prigny der Hauptort, von dem Moutiers abhing. Seit 1815 aber hat das jetzt näher an der Küste gelegene Moutiers sich Prigny einverleibt. Bis zur Revolution hieß es BOURG-DES-MOUTIERS wegen der verschiedenen Klöster und Priorate, die im 11. und 12. Jahrhundert um eine Marienkapelle entstanden waren.

Diese Kapelle ist verschwunden, aber die Kirche Saint-Pierre, die Anfang des 11. Jahrhunderts errichtet und gegen Ende des gleichen Jahrhunderts umgebaut wurde, ist erhalten geblieben. Es ist ein großes Gebäude mit einem einzigen, wie ein Schiffskiel gewölbten Schiff. Die dem Atlantik zugewandte Südmauer hat keinerlei Öffnung. In Chroniken ist verzeichnet, daß es 1752 gefährlich war, diese von den Naturgewalten bedrohte Kirche zu betreten; sie hatte oft unter den Orkanen zu leiden, die über die Bucht von Bourgneuf hinwegfegten. Lediglich in die Nordmauer sind zwischen den Strebepfeilern Rundbogenfenster eingelassen. Die Kirche ist zwar ost-westlich ausgerichtet, aber bei dem Anbau der beiden kleinen Sakristeien wurde der Glockenturm erneuert und nun vor den Ostgiebel gesetzt. Eine dieser Sakristeien steht teilweise über den Resten des alten Glockenturms.

Die Westfassade hat ihren romanischen Aufbau bewahrt: Zwei Rundbogenportale boten zwischen den Strebepfeilern Zugang zum Schiff, das man heute durch einen kaum hervortretenden Vorbau auf der Nordseite betritt.

Im Innern füllt ein Triptychon aus dem 17. Jahrhundert (unter Denkmalschutz) die ganze Wand des Chorhaupts. Man stellt fest, daß auf der mittleren Tafel Petrus und Paulus Heiligenscheine in Form einer Jakobsmuschel tragen: Moutiers liegt an der Pilgerroute nach

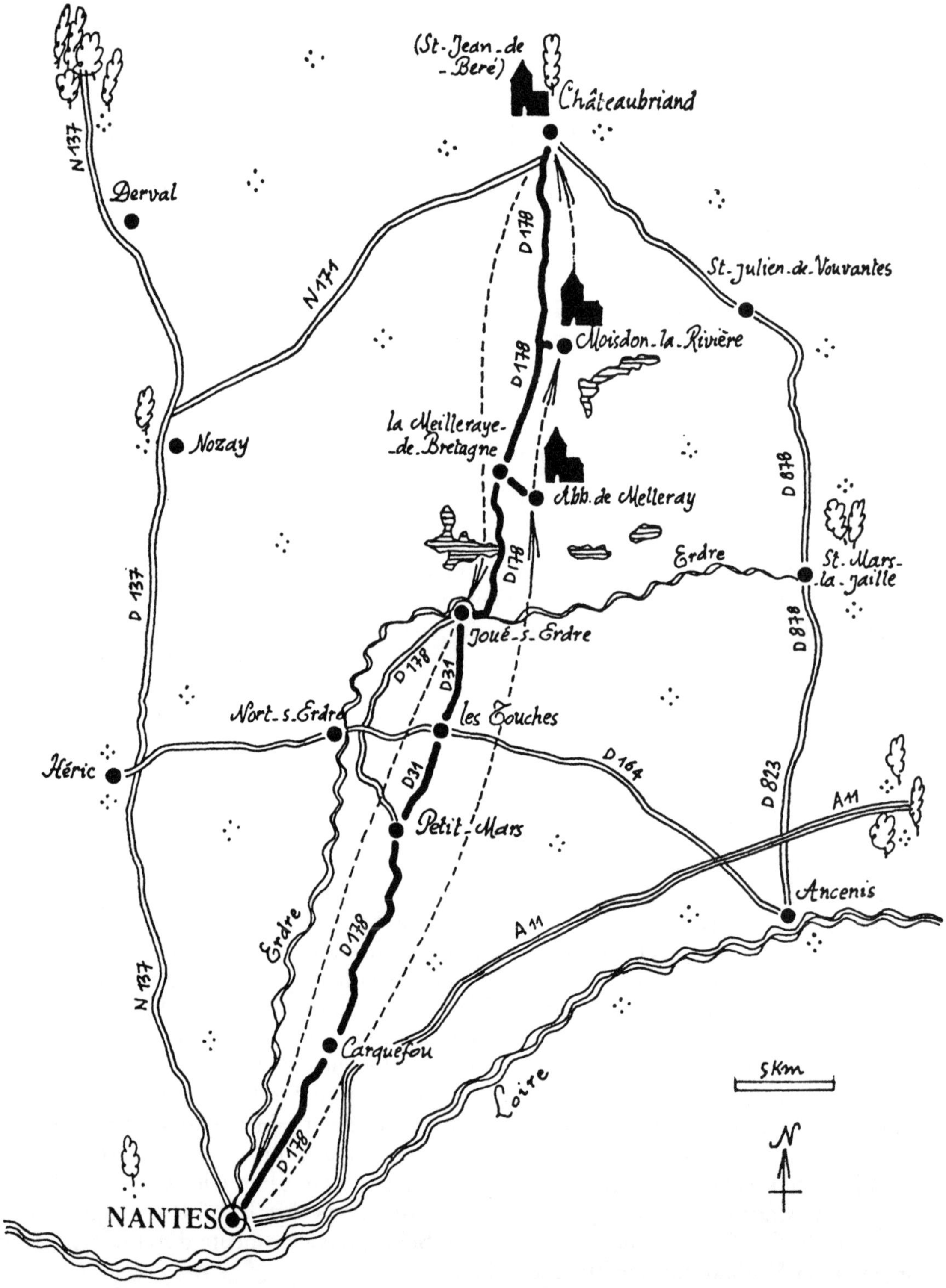

31 NANTES Nord 126 km

Santiago de Compostela. Auf dem Platz, der sich an der Nordseite der Kirche entlangzieht, steht eine Totenlaterne, die noch heute benutzt wird. Jedesmal, wenn jemand in der Gemeinde verstorben ist, wird sie angezündet.

Nach dem Besuch von Moutiers kehrt man nach Bourgneuf-en-Retz zurück, nimmt dort die D 758, die in Port Saint-Père auf die D 751 trifft, und erreicht Nantes von Süden her.

31. Reiseweg: Im Norden von Nantes

Michelin-Karte 63, Falte 17, 18,8. Insgesamt 126 km

Die Straße, die in einer gewissen Entfernung dem Lauf der Erdre folgt, kreuzt wiederholt die Römerstraße von Nantes nach Rennes. Die Erdre ist ein schöner, von Teichen begleiteter Fluß. Die Wälder, die an seine Ufer stoßen, tragen gelegentlich so unerwartete Namen wie »Wald des Glaubens« (*bois de la Foi*) und »Wald der Arche Noah« (*forêt de l'Arche*). Einige Ortsnamen lassen vermuten, daß es früher in dieser Gegend Schmieden gab. Ein anderer Wald mit dem Namen »Pflasterwald« (*forêt Pavée)* erinnert an die Römerstraße.

Man verläßt Nantes in nordöstlicher Richtung auf der D 178 (Richtung Nort-sur-Erdre). In Petit-Mars geht rechts, an der Kirche entlang, die D 31 ab, auf der man abkürzen kann; man kommt dann in Joué-sur-Erdre wieder auf die D 178, der man bis MEILLERAYE-DE-BRETAGNE folgt. Dort gelangt man dann auf der D 18 zur Abtei Melleray.

1134 wurde die Zisterzienserabtei zu Ehren Mariens von zwei Mönchen gegründet, die von der Abtei Pontrond in der Diözese Angers – einer Benediktinerabtei des Zisterzienserordens – entsandt worden waren, und vom Bischof von Nantes, Brictius (Brice), geweiht. Sieben Jahre später folgten weitere Mönche aus Pontrond nach. 1142 beginnen die Bauarbeiten für die Abtei und die Kirche. Im Jahre 1145 waren die Wohngebäude fertiggestellt. Die Kirche wurde im August 1183 vom Bischof von Nantes, Robert, geweiht. Abgesehen von einem Zeitraum von 25 Jahren in der Epoche der Französischen Revolution gab es hier ununterbrochen klösterliches Leben. 1817 übernahmen Trappisten die Abtei, die nun Notre-Dame de la Trappe de Melleray heißt.

Von den Bauwerken aus dem 12. Jahrhundert ist der größte Teil der Kirche erhalten – ein schönes Portal aus tiefrosa Granit führt zu den Wohntrakten – und des Vorratshauses, das man aber nicht besichtigen kann.

Im Laufe der Jahrhunderte wurde das Kircheninnere vielfach verändert, was aber glücklicherweise den Grundriß in seinen wesentlichen Zügen nicht beeinträchtigte. Eine gegen 1948 erfolgte Restaurierung konnte dem Bauwerk seine ursprünglichen, klaren Linien wiedergeben.

Das von Seitenschiffen flankierte und von zwei Querschiffarmen begleitete Hauptschiff öffnet sich – ohne Vierung – auf einen wenig tiefen, gerade abschließenden Chor.

Zwei romanische Fenster durchbrechen das massive Mauerwerk zu beiden Seiten des Eingangs. Auf kräftigen Viereckpfeilern mit einer einfach abgeschrägten, kaum hervorspringenden Deckplatte ruhen vier niedrige, schmucklose Spitzbogenarkaden. Über jeder Arkade befindet sich ein Fenster in der Art der beiden erstgenannten.

Drei große Arkaden mit doppeltem Bogenlauf reichen bis zur Höhe des oberen Rundbogens der Fenster im Hauptschiff hinauf. Zwei davon – ihre Bögen sind aus weißen Keilsteinen gesetzt – öffnen sich auf den nördlichen und südlichen Querschiffarm; die dritte – von Keilsteinen aus rosa Granit – gibt Zugang zum Chor. Seitliche Rundbogenfenster erhellen den Chor; die Stirnwand ist nach Zisterzienserart mit drei Fenstern versehen, die vor kurzem restauriert worden sind.

Im Schiff bestehen die Pfeiler aus demselben rosa Granit in einem ziemlich intensiven Farbton, was einen starken Kontrast zu dem weißen Anstrich bildet, mit dem man das ganze Gebäude übertüncht hat; der strenge Gesamteindruck dieses Bauwerks mit seinen besonders harmonischen Proportionen ist auf diese Weise abgemildert.

Hauptschiff und Querschiffarme haben durchgehende Tonnengewölbe, die Nebenschiffe Halbtonnengewölbe, der Chor ein Spitztonnengewölbe. Zwei verschieden große Seitenkapellen gehen von den beiden Querschiffarmen ab. Auf der Südseite hat man die alte Tür des Dormitoriums freigelegt. Bei Restaurierungsarbeiten entdeckte man unter dem Chorboden zwei wunderbar skulptierte Liegefiguren aus dem 13. Jahrhundert, einen Bischof und einen Ritter.

Schließlich sei noch auf die trichterförmigen Klanggefäße hingewiesen, die auf beiden Seiten in der Wand des Hauptschiffs zu sehen sind. Die Mönche loben einstimmig die ausgezeichnete Akustik der Kirche, die ihren Chorgesang besonders rein, ohne Nachhall erklingen läßt.

Wir fahren nach Meilleraye-de-Bretagne zurück und wieder auf die D 178 in Richtung MOISDON-LA-RIVIÈRE. Der Ort liegt auf einer Anhöhe am Fluß Don. Dem Kataster zufolge bestand hier ein römisches Lager, das die Römerstraße von Nantes nach Brest sowie den Flußübergang an der Furt durch den Don zu beschützen hatte. Um 1900 entdeckte man in der näheren Umgebung Schlacke sowie kleine Rundbauten aus Trockenstein, in denen man Eisenschlacke fand. Nach Urkunden aus den Archiven der Abtei Saint-Florent in Saumur ist diese Pfarrgemeinde sehr alt; die Kirche hat schon vor dem 11. Jahrhundert bestanden. Von dem ersten Bau ist das Langhaus – ohne Seitenschiffe – erhalten. Licht fällt durch vier innen stark ausgeschrägte romanische Fenster ein.

Die Vierung ist durch Spitzbogenarkaden eingefaßt, die auf kräftigen Pfeilern ruhen und sich auf die beiden kurzen Querschiffarme öffnen, die jeweils mit nach innen stark ausgeschrägten Rundbogenfenstern ausgestattet sind. Der Chor stammt aus späterer Zeit, wahrscheinlich aus dem 15. Jahrhundert. Über der Vierung erhebt sich ein Glockenturm, dessen massiver und gedrungener Unterbau, durchbrochen von langen, schmalen Fenstern, romanisch ist.

Die Westfassade hat in dem hohen Dreiecksgiebel, der von zwei wuchtigen Strebepfeilern flankiert wird, ihre romanische Struktur bewahrt. Das Eingangsportal und das darüberliegende Fenster sind verändert worden, doch kann man im Mauerwerk noch die Spuren der alten Rundbögen erkennen. Ein sehr sorgfältig gesetztes, ganz kleines romanisches Fenster ist oben im Giebel erhalten; man verwendete es später als Nische, in der nun eine Statuette steht.

Das Außengemäuer ist teilweise verputzt. Trotzdem kann man feststellen, daß es aus dunklen, aber doch warmgetönten Schieferbruchsteinen besteht, wie es sich besser an der schönen rotbraunen Steinfärbung an der Fassade erkennen läßt. Die Strebepfeiler, die das Schiff verstärken, sind ebenfalls aus Schieferquadern und reichen mit stark betonten, schiefergedeckten Traufdächern bis zum Dach empor.

Auf der D 178 geht es nach Châteaubriant zurück. Am westlichen Ende des Rathausplatzes geht man die Rue de la Vernisserie, dann links die Rue Jean Jaurès entlang zum Vorort Béré, um dort die Kirche SAINT-JEAN-DE-BÉRÉ zu besuchen (** RB, S. 341 ff.).

Die Kirche stammt aus dem 11. Jahrhundert; allerdings sind im Mauerwerk am südlichen Querschiffgiebel deutlich erkennbare Spuren eines noch älteren Gebäudes erhalten. Man weiß, daß der Bau nach der Fertigstellung des Chors und des Querschiffs unterbrochen und später unter der Leitung eines anderen Baumeisters weitergeführt wurde.

Die einschiffige Kirche Saint-Jean-de-Béré ist für die bretonische Romanik typisch, wir sahen im Departement Ille-et-Vilaine bereits ähnliche Beispiele. Das Eingangsportal, dessen Bögen sehr sorgfältig zugerichtet sind – wie auch die Bögen des darüberliegenden Fensters – fügt sich harmonisch in die einheitliche, hohe Fassade ein, die durch hoch hinaufreichende Strebepfeiler gegliedert ist.

Im Innern der Kirche verdienen die drei Retabeln unsere Aufmerksamkeit wegen ihrer Gesamtkonzeption. Ein Bildschnitzer aus dem Anjou schuf sie im 17. Jahrhundert.

Nach Nantes geht es auf demselben Weg zurück über die D 178, D 31 und wiederum die D 178.

Ortsregister

(kursive Seitenzahl = ausführliche Beschreibung)